[illegible]

[illegible],

PAR

[illegible] LECOMTE et [illegible]ÉNÉTRIER,

[illegible] d'institution à Vitteaux (Côte-d'Or),

[illegible] Société Asiatique de Paris.

A PARIS,

[illegible], LIBRAIRE, RUE DU VIEUX-COLOMBIER, 29;

ET CHEZ LES AUTEURS, A VITTEAUX (CÔTE-D'OR.)

[illegible]

# COURS

DE

# THÈMES LATINS.

X

*Les exemplaires voulus par la loi ont été déposés, et nous poursuivrons rigoureusement tout contrefacteur ou débitant de contrefaçons de cet ouvrage.*

*Tous les exemplaires sont revêtus de notre griffe.*

Em. Lecomte

Ménétrier

**En préparation :**

1° TRAITÉ D'ACCENTUATION GRECQUE,

2° RHÉTORIQUE FRANÇAISE,

PAR LES MÊMES.

# COURS

DE

# THÈMES LATINS,

PAR

**MM. Ém. LECOMTE et MÉNETRIER,**

Ex-directeurs d'institution, à Vitteaux (Côte-d'Or),

Membres de la Société Asiatique de Paris.

A PARIS,

CHEZ J. LECOFFRE, LIBRAIRE, RUE DU VIEUX-COLOMBIER, 29.

SE TROUVE AUSSI CHEZ LES AUTEURS, A VITTEAUX (CÔTE-D'OR).

1856.

## OUVRAGES DES MÊMES AUTEURS :

**GRAMMAIRE FRANÇAISE** complète, 5e édition, augmentée *d'un petit dictionnaire des verbes irréguliers, défectifs ou difficiles*. Prix, cart. . . . . . . . . . . . . . . . . . . . . . . . . . . 1 f. 35 c.

**GRAMMAIRE FRANÇAISE** de Lhomond, 3e édition, *complétée, mise dans un ordre meilleur, et augmentée d'un petit dictionnaire des verbes irréguliers, défectifs ou difficiles*. Prix, cart. . . . . . . . 60 c.

NOTA. — Cette petite Grammaire est en harmonie parfaite avec la Grammaire française complète.

**GRAMMAIRE LATINE** de Lhomond, *un peu complétée et mise dans un ordre meilleur*. Prix, cart. . . . . . . . . . . . . . . . . 1 f. 35 c.

**GRAMMAIRE GRECQUE**, 2e édition, *augmentée d'un dictionnaire des verbes irréguliers, défectifs ou difficiles*. Prix, cart. . . . . 2 f. 75 c.

NOTA. — Ces trois Grammaires, rapprochées l'une de l'autre, forment un cours d'enseignement grammatical complet, tel qu'il ne s'en est peut-être pas encore présenté de semblable. Quel avantage, en effet, pour l'élève de pouvoir étudier constamment, pour ainsi dire, à l'école du même maître, et de retrouver dans ses trois Grammaires, autant que le permet la différence des trois langues, la même marche, le même ordre, les mêmes divisions et souvent les mêmes exemples!

**PROSODIE LATINE**, 3e édition. Prix, cart. . . . . . . . . . . . . 1 f.

**COURS COMPLET D'EXERCICES FRANÇAIS**, 4e édition, considérablement augmentée (216 pages). Prix, cart. . . . . . . . . . . 1 f. 35 c.

**CORRIGÉ.** Prix. . . . . . . . . . . . . . . . . . . . . . . . . . . . . 1 f. 50 c.

**PETIT COURS D'EXERCICES FRANÇAIS**, 4e édition. Prix, cart. 60 c.

**CORRIGÉ.** Prix. . . . . . . . . . . . . . . . . . . . . . . . . . . . . . . 75 c.

**COURS DE THÈMES LATINS.** Prix, cart. . . . . . . . . . . . . » f. » c.
**CORRIGÉ.** Prix. . . . . . . . . . . . . . . . . . . . . . . . . . . . . . . » »

Ces différents ouvrages sont adoptés dans un très-grand nombre de Maisons d'éducation, telles que :

1o LES PETITS-SÉMINAIRES de *Langres*, *Pignelin*, *Semur*, *Meximieux*, *Strasbourg*, *Vernoux*, *Saint-Chéron*, *Sainte-Garde*, *Blois*, *Saint-Memmie*, *Nozeroy*, *Malines* (Belgique), *Hoogstraeten* (Belgique), *Basse-Wavre* (Belgique), *Verdun-sur-Meuse*, *Auxerre*, *L'Argentière*, *Chavagnes*, *Sables-d'Olonne*, *Saint-Martin-ès-Vignes*, *Châtel*, *Senaide*, *Bourges*, *Verrières*, *Laon*, *Saint-Omer*, *Pléaux*, *Servières*, *Montpellier*, *Montbrison*, *Nantes*, *Guérande*, *Belmont*, etc., etc.

2o LES COLLÉGES, INSTITUTIONS OU MAITRISES de *Saint-Etienne* (RR. PP. Jésuites), *Digne*, *Langres*, *Soissons*, *Annot*, *Forcalquier*, *Oloron*, *Poitiers*, *Saint-Nizier* à Lyon, *Notre-Dame-de-Sainte-Croix* au Mans, *Bourbonne-les-Bains*, *Aubenas*, *Albertville* (Haute-Savoie), *Angers*, *Narbonne*, *Pont-de-Beauvoisin*, *Autun*, *Colmar*, *Buis*, *Auxerre*, *Saint-Dizier*, *Toulouse*, *Ancenis*, *Châteaubriand*, *Chauvé*, *Nantes*, *Machecoul*, et plusieurs du diocèse de *Malines* (Belgique), etc., etc.

3o LES CONGRÉGATIONS RELIGIEUSES des sœurs du Saint-Sacrement à *Romans*, des sœurs de la Providence à *Séez*, des sœurs de Saint-Martin à *Bourgueil*, des sœurs de Saint-Régis à *Aubenas*, des sœurs de l'Education chrétienne à *Argentan*, des frères de l'Instruction chrétienne à *Saint-Laurent-sur-Sèvres*, des frères de Sion-Vaudemont à *Vézelise*, des sœurs de la Providence à *Langres*, des sœurs de Saint-François-d'Assise à *Lyon*, des sœurs de l'Union chrétienne à *Fontenay-le-Comte*, des sœurs de la Société de Sainte-Marie à *Angers*, des sœurs de la Miséricorde à *Billom*, des sœurs de la Présentation de Marie au *Bourg-Saint-Andéol*, des sœurs Ursulines du Sacré-Cœur à *Pons*, des frères-directeurs de l'Institution des sourds-muets et des jeunes aveugles à *Fives-lez-Lille*, des clercs de Saint-Viateur *aux Ternes*, des frères de la Croix-de-Jésus à *Moutiers-en-Tarentaise* (Savoie), etc., etc.

# THÈMES LATINS.

*Ce Cours de Thèmes se divise, comme la Grammaire latine elle-même, en deux parties.*

# PREMIÈRE PARTIE.

## CHAPITRE PREMIER.

### DU NOM.

#### Première Déclinaison.

DÉCLINEZ SUR ROSA : *Causa, æ,* la cause; *tabula, æ,* la table; *injuria, æ,* l'injure; *justitia, æ,* la justice; *malitia, æ,* la malice; *clementia, æ,* la clémence; *philosophia, æ,* la philosophie; *Sequana, æ,* la Seine; *Palæstina, æ,* la Palestine; *Hispania, æ,* l'Espagne; *Gallia, æ,* la France; *Anna, æ,* Anne; *Claudia, æ,* Claudie; *Fulvia, æ,* Fulvie; *leæna, æ,* la lionne; *cœna, æ,* le souper; *misericordia, æ,* la miséricorde (noms féminins).

*Incola, æ,* l'habitant; *agricola, æ,* le laboureur; *poeta, æ,* le poète; *propheta, æ,* le prophète; *patriarcha, æ,* le patriarche; *Caligula, æ,* Caligula; *Seneca, æ,* Sénèque; *Agrippa, æ,* Agrippa; *Nerva, æ,* Nerva; *alienigena, æ,* l'étranger; *nauta, æ,* le matelot; *conviva, æ,* le convive; *auriga, æ,* l'écuyer (noms masculins).

## Deuxième Déclinaison.

Déclinez sur Dominus : *Herus, ri,* le maître; *medicus, ci,* le médecin; *ludus, di,* le jeu; *monachus, achi,* le moine; *architectus, ti,* l'architecte; *morbus, bi,* la maladie; *avunculus, li,* l'oncle; *nidus, di,* le nid; *lectus, ti,* le lit; *legatus, ti,* l'ambassadeur; *episcopus, pi,* l'évêque; *pædagogus, gi,* le maître d'école; *numerus, ri,* le nombre; *equus, equi,* le cheval; *baculus, li,* le bâton; *musicus, ci,* le musicien (noms masculins).

Déclinez sur Puer : *Ager, agri,* le champ; *aper, apri,* le sanglier; *culter, cultri,* le couteau; *gener, generi,* le gendre; *liber, libri,* le livre; *magister, magistri,* le maître; *vir, viri,* l'homme; *oleaster, oleastri,* l'olivier sauvage (noms masculins en *er*).

Déclinez sur Templum : *Membrum, i,* le membre; *periculum, i,* le danger; *atramentum, i,* l'encre; *odium, i,* la haine; *fœnum, i,* le foin; *pabulum, i,* la pâture; *stabulum, i,* l'étable; *flagitium, i,* le désordre; *principium, i,* le commencement; *ovum, i,* l'œuf; *mendacium, i,* le mensonge; *prodigium, i,* le prodige; *monumentum, i,* le monument; *castellum, i,* le château (noms neutres).

## Troisième Déclinaison.

Déclinez sur Soror : *Virgo, virgin is,* la vierge; *arbor, arbor is,* l'arbre; *hirundo, hirun-*

*din is*, l'hirondelle; *voluptas*, *voluptat is*, le plaisir; *uxor*, *uxor is*, l'épouse; *lex*, *leg is*, la loi; *fortitudo*, *fortitudin is*, la force; *virtus*, *virtut is*, la vertu; *hiems*, *hiem is*, l'hiver (noms féminins); — *dux*, *duc is*, le général; *rex*, *reg is*, le roi; *judex*, *judic is*, le juge; *consul*, *consul is*, le consul; *frater*, *fratr is*, le frère; *flos*, *flor is*, la fleur; *dolor*, *dolor is*, la douleur; *pavo*, *pavon is*, le paon; *sermo*, *sermon is*, le discours; *princeps*, *princip is*, le prince; *auctor*, *auctor is*, l'auteur (noms masculins).

Déclinez sur Corpus : *Olus*, *oler is*, le légume; *opus*, *oper is*, l'ouvrage; *vulnus*, *vulner is*, la blessure; *fœdus*, *fœder is*, l'alliance; *nemus*, *nemor is*, la forêt; *facinus*, *facinor is*, l'attentat; *munus*, *muner is*, la charge (noms neutres).

Déclinez sur Avis : m. *Civis*, *is*, le citoyen; f. *nix*, *niv is*, la neige; m. *fons*, *font is*, la fontaine; f. *clavis*, *is*, la clef; f. *ovis*, *is*, la brebis; f. *urbs*, *urb is*, la ville; m. *mons*, *mont is*, la montagne; f. *nox*, *noct is*, la nuit (noms dont le génitif pluriel est en *ium*).

## Quatrième Déclinaison.

Déclinez sur Manus : *Casus*, *ûs*, l'accident; *concentus*, *ûs*, le concert; *cœtus*, *ûs*, l'assemblée; *currus*, *ûs*, le char; *exercitus*, *ûs*, l'armée; *ritus*, *ûs*, la coutume; *cantus*, *ûs*, le chant (noms masculins). — *Nurus*, *ûs*, la belle-fille; *socrus*, *ûs*, la belle-mère (noms féminins).

DÉCLINEZ SUR CORNU : *Genu,* le genou; *tonitru,* le tonnerre.

## Cinquième Déclinaison.

DÉCLINEZ SUR DIES : *Requies, requi ei,* le repos; *macies, maci ei,* la maigreur ; *fides, fid ei,* la foi; *acies, aci ei,* l'armée; *species, speci ei,* l'apparence; *glacies, glaci ei,* la glace; *ingluvies, ingluvi ei,* la gourmandise ; *res, rei,* la chose.

---

### RÈGLE DES NOMS,

#### OU MANIÈRE DE JOINDRE DEUX NOMS ENSEMBLE.

#### THÈME 1er.

*Liber Petri.* — (GRAMM., n° 16.)

**L'arche de Noé. La justice de Dieu. La main de l'enfant. La crainte du Seigneur. Le commencement de la sagesse. Le Seigneur des armées. La paix du cœur. Les commandements de l'Eglise. Le loup des forêts. Les roses du jardin. Les livres des enfants. Le royaume des cieux. Les ministres du roi. Les légumes du jardin. Le courage des martyrs. L'histoire du peuple de Dieu. L'entrée du royaume des cieux. La porte du temple de Salomon.**

#### THÈME 2e.

**La cabane du pauvre. Les arbres du verger. L'ardeur du soleil. Le temps des fruits. La sagesse de Salomon. La voix de Jacob. Les mains d'Esaü. Le nombre des villes de France. Les oiseaux des**

champs. La finesse du renard. Les eaux du déluge. Les armées des rois. Les plumes des corbeaux. Les sangliers des bois. Le sommet des montagnes de la Suisse. Les devoirs de l'hospitalité. Les monuments de la ville. La beauté des jardins du roi. Les portes du palais du prince.

THÈME 3e.

Les délices du paradis. Le bras du Seigneur des armées. Les bienfaits de la religion. Le cours des fleuves de l'Amérique. La malice des hommes. La colère du maître du tonnerre. Le père des pauvres. Les remords de la conscience. Les mœurs de la multitude. Les devoirs de l'élève. Les branches des arbres. Les frères de Joseph. Les chants du matelot. La réputation des chefs de l'armée. Les flots de la mer. La crainte du Roi des rois. La doctrine des Apôtres. La foi d'Abraham. La fermeté de l'espérance. La haine du mensonge. La maturité des fruits de la terre. Les fruits de la paix.

---

# CHAPITRE II.

## DE L'ADJECTIF.

### § 1er. Adjectifs qualificatifs.

#### I.

#### Première classe d'adjectifs qualificatifs.

DÉCLINEZ SUR BONUS, A, UM : *Pius*, *pia*, *pium*, pieux, pieuse ; *longus*, *longa*, *longum*, long, longue; *largus, larga, largum*, large; *sonorus, a, um*, sonore; *conspicuus, a, um*, remarquable; *avidus, a, um*, avide; *dignus, a, um*, digne; *superbus, a, um*, orgueilleux; *divinus, a, um*, divin; *lucidus, a, um*, lucide; *benignus, a, um*, bénin, bénigne.

DÉCLINEZ SUR NIGER, A, UM : *Æger, ægra, ægrum*, malade; *impiger, impigra, impigrum*, laborieux, laborieuse; *sacer, sacra, sacrum*, sacré; *tener, tenera, tenerum*, tendre; *prosper, prospera, prosperum*, heureux; *macer, macra, macrum*, maigre.

NOTA. — Il sera bon de faire décliner aux élèves des noms et des adjectifs joints ensemble, tels que les suivants; l'élève les mettra au même cas, suivant les différentes terminaisons :

N. f. *Rosa jucunda*, la rose agréable;
G. *Rosæ jucundæ*, de la rose agréable.

—

N. m. *Amicus sincerus*, l'ami sincère;
G. *Amici sinceri*, de l'ami sincère.

—

N. n. *Templum vastum*, le temple vaste;
G. *Templi vasti*, du temple vaste.

—

N. m. *Homo miser*, l'homme malheureux;
G. *Hominis miseri*, de l'homme malheureux.

—

N. f. *Virgo sacra*, la Vierge sacrée;
G. *Virginis sacræ*, de la Vierge sacrée.

—

N. n. *Tempus prosperum*, le temps heureux;
G. *Temporis prosperi*, du temps heureux.

N. f. *Regio longinqua*, la contrée éloignée;
G. *Regionis longinquæ*, de la contrée éloignée.

---

N. m. *Asinus sobrius et impiger*, l'âne sobre et laborieux;
G. *Asini sobrii et impigri*, de l'âne sobre et laborieux.

---

N. n. *Pecus lætum et liberum*, le troupeau joyeux et libre;
G. *Pecoris læti et liberi*, du troupeau joyeux et libre.

## II.

### Seconde classe d'adjectifs qualificatifs.

DÉCLINEZ SUR PRUDENS : *Loquax*, gén. *loquac is*, babillard, babillarde; *tremens*, *trement is*, tremblant, tremblante; *fallax*, *fallac is*, trompeur, trompeuse; *elegans*, *elegant is*, élégant; *nocens*, *nocent is*, coupable; *absens*, *absent is*, absent; *ferax*, *ferac is*, fertile; *solers*, *solert is*, adroit.

DÉCLINEZ SUR FORTIS : *Agrestis*, *agreste*, sauvage; *nobilis*, *nobile*, noble; *suavis*, *suave*, doux; *gravis*, *grave*, pesant; *debilis*, *debile*, faible; *illustris*, *illustre*, illustre; *admirabilis*, *e*, admirable; *similis*, *e*, semblable; *docilis*, *e*, docile; *amabilis*, *e*, aimable; *lethalis*, *e*, mortel.

DÉCLINEZ SUR CELEBER : m. *Saluber*, f. *salubris*, n. *salubre*, salutaire; *alacer*, *alacris*, *alacre*, actif, active; *terrester, terrestris, terrestre*, terrestre; *acer, acris, acre*, vif, vive.

NOTA. — Pour ces adjectifs surtout, il sera bon de faire décliner aux élèves des noms et des adjectifs joints ensemble, tels que les suivants :

N. m. *Servus patiens*, le serviteur patient;
G. *Servi patientis*, du serviteur patient.

---

N. f. *Mulier loquax*, la femme babillarde;
G. *Mulieris loquacis*, de la femme babillarde.

---

N. n. *Solum ferax*, le sol fertile;
G. *Soli feracis*, du sol fertile.

---

N. f. *Mater amabilis*, la mère aimable;
G. *Matris amabilis*, de la mère aimable.

---

N. n. *Venenum lethale*, le poison mortel;
G. *Veneni lethalis*, du poison mortel.

---

N. m. *Vir acer et fortis*, l'homme prompt et courageux;
G. *Viri acris et fortis*, de l'homme prompt et courageux.

---

N. n. *Astrum cœleste*, l'astre céleste;
G. *Astri cœlestis*, de l'astre céleste.

---

N. m. *Dux audax et velox*, le général audacieux et prompt;
G. *Ducis audacis et velocis*, du général audacieux et prompt.

N. n. *Cacumen viridans*, le sommet verdoyant;
G. *Cacuminis viridantis*, du sommet, etc.

---

N. m. *Judex solers*, le juge adroit;
G. *Judicis solertis*, du juge adroit.

---

*Résumé de toutes les déclinaisons.*

Le maître donnera le génitif, ou mieux, l'élève le cherchera lui-même dans son dictionnaire.

DÉCLINEZ : m. *Agricola lœtus*, le laboureur joyeux; m. *dolor acer*, la douleur vive; f. *arbor sylvestris et opaca*, l'arbre sauvage et épais; f. *columba timida et levis*, la colombe timide et légère; n. *cadaver deforme*, le cadavre hideux; n. *nomen felix et celebre*, le nom heureux et célèbre; f. *ovis simplex et obediens*, la brebis simple et obéissante; m. *cervus pavens*, le cerf tremblant; n. *funus mœstum et lugubre*, le convoi triste et lugubre; f. *cedrus sublimis et odora*, le cèdre élevé et odoriférant; m. *nauta intrepidus et audax*, le matelot intrépide et audacieux; n. *fulgur minax*, l'éclair menaçant; f. *aqua dulcis et jucunda*, l'eau douce et agréable; n. *caput augustum*, la tête auguste; m. *ager sterilis*, le champ stérile; m. *mons sublimis et arduus*, la montagne élevée et escarpée.

§ 2. **Adjectifs numéraux.**

DÉCLINEZ :

N. m. *Unus vir*, un seul homme;
G. *Unius viri*, d'un seul homme.

N. f. *Una fides*, une seule foi;
G. *Unius fidei*, d'une seule foi.

---

N. m. pl. *Duo fortes milites*, deux soldats courageux;
G. *Duorum fortium militum*, de deux, etc.

---

N. f. pl. *Duæ virtutes*, les deux vertus;
G. *Duarum virtutum*, des deux vertus.

---

N. m. *Primus dies*, le premier jour;
G. *Primi diei*, du premier jour.

---

N. f. *Decima pagina*, la dixième page;
G. *Decimæ paginæ*, de la dixième, etc.

---

N. n. pl. *Tria tabernacula*, les trois tentes;
G. *Trium tabernaculorum*, des trois, etc.

---

N. f. pl. *Quinque virgines fatuæ*, les cinq vierges folles;
G. *Quinque virginum fatuarum*, des cinq vierges folles;

---

N. f. pl. *Sex hydriæ plenæ*, les six urnes pleines;
G. *Sex hydriarum plenarum*, des six, etc.

---

## RÈGLE DES ADJECTIFS,

### OU MANIÈRE DE JOINDRE UN ADJECTIF AVEC UN NOM.

### THÈME 4e.

*Deus sanctus.* — (GRAMM., nº 24.)

La cigale joyeuse. La belle rose. Les fourmis laborieuses. La gloire éternelle. La Vierge sainte.

Les seigneurs bons. La nation puissante. Les heures rapides. Les sœurs sages. La grande tempête. Le lion courageux. La musique agréable. Les jours courts. La nuit épaisse. L'injustice odieuse. La grande bonté de Dieu. Les pierres du temple saint. Le second jour. Les trois vertus.

### THÈME 5e.

La religion chrétienne. Les grands jardins de la reine. Les belles roses. Le temps heureux. Les armées célèbres. La prudence de l'homme sage. Les hommes savants. Les citoyens paisibles. Les armées courageuses. Les deux grandes tables. La valeur des nations puissantes. Les temps heureux. Les temps célèbres. Les livres saints. Les sages règlements du maître prudent. Les peuples voisins. Les généraux habiles. La réponse ingénieuse. Les arbres du Paradis terrestre. La récompense de l'enfant docile.

### THÈME 6e.

Le cinquantième jour. Le troisième chapitre. Deux hommes célèbres. Trois monuments remarquables. L'histoire de trois soldats courageux. Cinq chariots rapides. Le deuxième chapitre du premier livre. La septième page du volume. Les neuf premiers mois de l'année. La chasse agréable. La frayeur du lièvre timide. La millième partie des étoiles. La course des trois cavaliers. La piété des deux sœurs. Deux cents villes. Trois cents chameaux. La charge de deux cents mules.

### THÈME 7e.

L'ouvrier laborieux. Les armées françaises. Les réponses ingénieuses de l'écolier. Les projets utiles du prince. Les nuées épaisses. Le cerf agile. Les cerfs agiles. L'ombre de la forêt touffue. Les immenses plaines. Le rocher escarpé. Les bons ouvrages. Les empires florissants. La promesse trompeuse. Les douleurs aiguës. Les brebis timides. Le vieillard vénérable. Les vases sacrés. Les guerres cruelles. Les magistrats chrétiens. La destinée incertaine. Les destinées incertaines. La fête solennelle.

### THÈME 8e.

Les beaux ouvrages des poètes anciens. Les leçons de deux sages philosophes. Le repentir des enfants paresseux. Les fleurs agréables du jardin. La crainte de la guerre menaçante. Le sort des braves soldats. Les grandes armées du roi victorieux. Les mulets entêtés et indociles. Les champs stériles et déserts. La lumière douce et agréable du jour. La joie de l'enfant sage et obéissant. Les deux premières nuits. La mort de cinq généraux habiles.

### THÈME 9e.

Les fleuves rapides. Les montagnes élevées. Le sort de deux amis constants et fidèles. Les exemples des hommes instruits et prudents. Le vice honteux et nuisible. Les visages des bons pères. Le travail continuel de la fourmi active et prévoyante.

Le chemin étroit du ciel. La vie heureuse et tranquille des patriarches. Les réponses ambiguës des oracles. La piété sincère de l'élève sage et modeste. Les feuilles tremblantes des arbres de la forêt. L'histoire agréable du peuple de Dieu.

### § 3. Comparatifs et superlatifs.

FORMEZ le comparatif et le superlatif dans les adjectifs suivants (1) : *Frigidus*, froid ; *divinus*, divin ; *jucundus*, agréable ; *devotus*, dévoué ; *mitis*, doux ; *exiguus*, petit ; *sincerus*, sincère ; *dignus*, digne ; *æquus*, équitable ; *conspicuus*, remarquable ; *justus*, juste ; *impius*, impie ; *nobilis*, noble ; *segnis*, paresseux ; *cupidus*, désireux ; *similis*, semblable ; *affinis*, allié à ; *longinquus*, éloigné ; *æger*, malade ; *tener*, tendre ; *celeber*, célèbre ; *acer*, vif ; *saluber*, salutaire ; *austerus*, austère ; *rarus*, rare ; *brevis*, court ; *amabilis*, aimable ; *nocens*, coupable ; *imprudens*, imprudent ; *ferox*, *ferocis*, fier ; *pervicax*, *pervicacis*, entêté ; *sapiens*, sage ; *munificus*, libéral.

DÉCLINEZ les noms et les comparatifs ou superlatifs suivants :

N. m. *Vir sanctior*, l'homme plus saint ;
G. *Viri sanctioris*, de l'homme plus saint.

N. f. *Rosa pulchrior*, la rose plus belle ;
G. *Rosæ pulchrioris*, de la rose, etc.

---

(1) L'élève les écrira sur son cahier de cette sorte : *Frigidus, frigidior, frigidissimus, etc.*

N. n. *Templum sanctius*, le temple plus saint,
G. *Templi sanctioris*, du temple plus saint.

---

N. f. *Soror magis pia*, la sœur plus pieuse;
G. *Sororis magis piæ*, de la sœur plus pieuse.

---

N. n. *Opus facilius*, l'ouvrage plus facile;
G. *Operis facilioris*, de l'ouvrage, etc.

---

N. f. *Amicitia tenerrima*, l'amitié très-tendre,
G. *Amicitiæ tenerrimæ*. *ou* la plus tendre.

---

N. m. *Frater maximè pius*, le frère très-pieux,
G. *Fratris maximè pii*. *ou* le plus pieux.

---

N. f. *Uva melior*, le raisin meilleur;
G. *Uvæ melioris*, du raisin meilleur.

---

N. n. *Fatum pejus*, le destin pire;
G. *Fati pejoris*, du destin pire.

---

N. m. *Miles tàm fortis*, le soldat aussi courageux;
G. *Militis tàm fortis*, du soldat aussi, etc.

---

N. f. *Mensa minùs magna*, la table moins grande;
G. *Mensæ minùs magnæ*, de la table, etc.

---

N. f. *Stella minimè fulgens*, l'étoile la moins brillante;
G. *Stellæ minimè fulgentis*, de l'étoile, etc.

## THÈME 10e.

*Dans les deux thèmes suivants, l'élève fera accorder les comparatifs et les superlatifs avec les noms auxquels ils se rapportent, d'après la règle* Deus sanctus.

Le maître savant, plus savant, très-savant. La lecture agréable, plus agréable, très-agréable. Le Seigneur puissant, plus puissant, très-puissant. Les soldats de l'armée courageuse, plus courageuse, très-courageuse. Le général le plus célèbre. La maison la plus élevée. Le prince généreux, plus généreux. Les temps célèbres, plus célèbres. Les travaux utiles, plus utiles, très-utiles. La rose aussi belle, moins belle, la moins belle.

## THÈME 11e.

L'hiver froid, plus froid, très-froid. Les dangers de la guerre menaçante, plus menaçante, très-menaçante. Les plumes des oiseaux légers, très-légers. L'enfant le plus sage. L'armée malheureuse, plus malheureuse. L'élève paresseux, plus paresseux, très-paresseux. Le frère pieux, plus pieux, le plus pieux. La leçon facile, plus facile, très-facile. La chose la plus remarquable. Le temple le plus vaste. Le palais très-grand. La porte plus petite. L'eau très-bonne ; le vin meilleur. Les généraux prudents, plus prudents, très-prudents. L'expérience du maître savant, aussi savant, moins savant, le moins savant. La vie heureuse des hommes pieux, plus pieux, très-pieux.

## RÈGLE DES COMPARATIFS ET DES SUPERLATIFS.

### § 1er. Comparatifs.

### THÈME 12e.

*Doctior Petro.* — (GRAMM., n° 28.)

Auguste plus habile qu'Antoine. César plus prudent qu'Alexandre. Le père plus sage que le fils. La campagne plus agréable que la ville. Le soleil plus brillant que la lune. Les Grecs plus courageux que les Perses. Le chien plus fidèle que le chat. Le travail plus utile que l'oisiveté. Le loup plus vorace que le renard.

### THÈME 13e.

Le frère plus grand que la sœur. Les maîtres plus savants que les élèves. La mère plus prudente que la fille. Le Dieu du ciel plus puissant que les rois de la terre. Les cerfs plus agiles que les sangliers. Le bœuf plus patient que le cheval. Le mensonge pire que la faute. La maison du pauvre plus petite que la maison du riche. Les astres plus grands que la terre. Le vin meilleur que l'eau. Louis plus libéral et plus bienveillant que Charles.

### § 2. Superlatifs.

### THÈME 14e.

*Altissima arborum.* — (GRAMM., n° 29.)

Le plus juste des hommes. Le plus éloquent des orateurs. La plus belle des fleurs. La plus précoce des plantes. Le plus pieux des écoliers. Le plus rusé des capitaines. Le plus savant des historiens. Le meilleur (*optimus*) des princes. Le plus petit (*minimus*) des prophètes. Le plus sage et le plus juste des rois.

THÈME 15e.

Le plus modeste des jeunes gens. La plus grande des villes. La plus avare des femmes. Le plus beau des temples. Le plus terrible des animaux. Le plus bienveillant des hommes. Les discours de Cicéron, le plus éloquent des orateurs. La valeur de César, le plus sage des généraux. Les ouvrages d'Homère, le plus grand des poètes. La magnanimité de saint Louis, le plus pieux des princes. Le plus célèbre des auteurs.

---

# CHAPITRE III.

## DU PRONOM.

### § 1er. Pronoms personnels.

DÉCLINEZ : m. *Ego ipse*, moi-même, GÉNIT. *meî ipsius*, de moi-même; f. *tu ipsa*, toi-même (en parlant à une femme), GÉNIT. *tuî ipsius*, de toi-même. — Pluriel, m. *Nos ipsi*, nous-mêmes; f. *vos ipsæ*, vous-mêmes.

### § 2. Pronoms possessifs.

DÉCLINEZ : m. *Meus pater*, mon père; f. *mea soror*, ma sœur; n. *meum genu*, mon genou; f. *sua socrus, ûs*, sa belle-mère; n. *nostrum pecus*, *oris*, notre bétail; f. *tua facies*, *ei*, ton visage; m. *tuus amicus et meus*, ton ami et le mien, GÉNIT. *tui amici et mei*, de ton ami et du mien; f. *vestra pars et nostra*, votre part et la nôtre, GÉNIT. *vestræ partis et nostræ*, de votre part et de la nôtre; n. *suum munus et tuum*, sa charge et la tienne, GÉNIT. *sui muneris et tui*, de sa charge et de la tienne.

### § 3. Pronoms démonstratifs.

DÉCLINEZ : m. *Hic liber*, *bri*, ce livre; f. *hæc epistola*, *æ*, cette lettre; n. *hoc volumen*, *inis*, ce volume; m. *hic sapiens magister*, *ri*, ce maître sage; n. *hoc templum majus*, ce temple plus grand, GÉNIT. *hujus templi majoris*, de ce temple plus grand; f. *hæc mensa et illa*, cette table-ci et celle-là, GÉNIT. *hujus mensæ et illius*, de cette table-ci et de celle-là; m. *ille puer et hic*, cet enfant-là et celui-ci, GÉNIT. *illius pueri et hujus*, de cet enfant-là et de celui-ci; m. *is auctor*, cet auteur, GÉNIT. *ejus auctoris*; m. *idem homo*, le même homme, GÉNIT. *ejusdem hominis*; f. *eadem lectio*, la même leçon, GÉNIT. *ejusdem lectionis*.

### § 4. Pronoms indéfinis.

DÉCLINEZ : m. *Alius magister*, *tri*, un autre maître; f. *alia regio*, *nis*, un autre pays; n. *aliud prodigium*, *ii*, un autre prodige; m. *nullus vir*, *i*, aucun homme (point de pluriel); f. *sola virtus*, *tis*, la vertu seule; m. *totus exercitus*, *ûs*, l'armée tout entière; f. *omnis plebs*, *plebis*, tout le peuple ; n. plur., *multa miracula,* plusieurs miracles, *ou* beaucoup de miracles.

### § 5. Pronoms relatifs.

DÉCLINEZ : m. *Quidam rusticus, i,* un certain paysan, GÉNIT. *cujusdam rustici ;* n. *quoddam negotium, ii,* une certaine affaire ; m. *quisnam vir,* quel homme (avec interrogation) ? GÉNIT. *cujusnam viri,* de quel homme ? f. *quœnam mater,* quelle mère ? GÉNIT. *cujusnam matris,* de quelle mère ? m. *quisque nauta, œ,* chaque matelot.

---

## RÈGLE DES PRONOMS,

OU MANIÈRE DE FAIRE ACCORDER LES PRONOMS AVEC LES NOMS DONT ILS TIENNENT LA PLACE.

### THÈME 16e.

*Deus qui ; Virginis quœ.* — (GRAMM., n° 38.)

Le père qui... La rose qui... Le peuple qui... La feuille qui... Les arbres qui... Les bras qui... Ce livre. Cette table. Ces fruits. Mon frère. Ma sœur. Notre toit. Votre maison. Sa tante. Ses enfants. Vos troupeaux. Cet exemple. Ces monuments. Cette campagne. Mes sœurs sages et prudentes. Nos bergers vigilants. Ces temps malheureux. Les armées de notre prince. Moi-même ; de moi-même. Nous-mêmes ; à nous-mêmes.

### THÈME 17e.

Le maître qui... La veuve qui... Les enfants

qui... Les nations qui... Cette heure qui... Notre beau troupeau qui... Cet exemple salutaire. Cette grande douleur. L'oncle de ma mère. Les cheveux de votre tête. Nos yeux et nos oreilles. Nos villes qui... Ces riches provinces qui... Les biens célestes qui.... Les lièvres qui... Ce jeune homme imprudent. La vertu de nos magistrats. Les ennemis de votre patrie.

### THÈME 18e.

La foi de nos pères. Les mystères ineffables de notre sainte religion. Les heureux habitants de ce hameau. Jésus-Christ lui-même. L'Esprit-Saint lui-même. Le même baptême, la même foi, les mêmes espérances. Les pères eux-mêmes, les mères elles-mêmes. L'homme de qui... La femme de qui... Le prince à qui... La reine à qui... Quel maître?... Quelle femme? Les mêmes maîtres. La même province. Ces guerres cruelles qui... Les Juifs eux-mêmes qui... Ce temple qui... Le courage de nos guerriers célèbres. Nos têtes qui...

### THÈME 19e.

Les hommes de qui... Les rois auxquels... Le chagrin qui... La grande fertilité de nos champs et des vôtres. Cette rose-ci et celle-là. La vingtième page de ce livre. Ces cinq feuilles de papier. La grandeur du Dieu auquel... Les princes dont (*ou* de qui)... La femme dont... Les nations dont... Ce hameau. Cette forêt. Ceci et cela. Ce volume-ci et celui-là. Le même écrivain. Les mêmes hoses. Du même homme; au même homme. Les eux mêmes chevaux. L'éloquence étonnante du ıême orateur de qui... Moi-même qui... Ma mère ıême qui...

# CHAPITRE IV.

## DU VERBE.

### PREMIÈRE SECTION.

#### Verbes actifs.

CONJUGUEZ SUR AMARE : *Adorare, adoro, adoavi, adoratum*, adorer; *probare, probo, proavi, probatum*, éprouver; *plantare, planto, lantavi, plantatum*, planter; *mutare, muto, muavi, mutatum*, changer; *vastare, vasto, vastavi, astatum*, ravager; *usurpare, usurpo, usurpavi, surpatum*, usurper; *laborare, laboro, laboravi, iboratum*, travailler; *judicare, judico, judicavi, idicatum*, juger; *separare, separo, separavi, eparatum*, séparer; *sublevare, sublevo, sublevavi, sublevatum*, soulager.

CONJUGUEZ SUR MONERE : *Adhibere, adhibeo, dhibui, adhibitum*, employer; *tenere, teneo, enui, tentum*, tenir; *censere, censeo, censui, ensum*, penser; *terrere, terreo, terrui, territum*, pouvanter; *movere, moveo, movi, motum*, mouoir; *habere, habeo, habui, habitum*, avoir; *augere, augeo, auxi, auctum*, augmenter; *debere, ebeo, debui, debitum*, devoir.

CONJUGUEZ SUR LEGERE : *Agere*, *ago*, *egi*, *actum*, agir; *reprimere*, *reprimo*, *repressi*, *repressum*, réprimer; *corrumpere*, *corrumpo*, *corrupi*, *corruptum*, corrompre; *regere*, *rego*, *rexi*, *rectum*, régir; *defendere*, *defendo*, *defendi*, *defensum*, défendre; *ducere*, *duco*, *duxi*, *ductum*, conduire; *perdere*, *perdo*, *perdidi*, *perditum*, perdre; *trahere*, *traho*, *traxi*, *tractum*, tirer.

CONJUGUEZ SUR AUDIRE : *Comperire*, *comperio*, *comperi*, *compertum*, découvrir; *linire*, *linio*, *linivi*, *linitum*, enduire; *nutrire*, *nutrio*, *nutrivi*, *nutritum*, nourrir; *munire*, *munio*, *munivi*, *munitum*, munir; *finire*, *finio*, *finivi*, *finitum*, finir; *sepelire*, *sepelio*, *sepelivi*, *sepultum*, ensevelir; *polire*, *polio*, *polivi*, *politum*, polir.

---

## Règle des Verbes actifs,

OU MANIÈRE DE JOINDRE A CES VERBES : 1° LEUR SUJET ; 2° LEUR RÉGIME DIRECT.

### THÈME 20e.

*Ego audio.* — (GRAMM., n° 59.)

Je lis. Il étudie. Nous chantons. Le lièvre court. Dieu est. Les plantes furent. Le maître enseigne. Les enfants dorment, ont dormi, dormiront. Absalon fuyait. David pleura. Que je sois. Que le maître soit. Que nous fussions. Que les maîtres fussent. Les écoliers jouent. Les troupeaux mugissent. Ma mère était. Nos frères seront. Les pères ont été. Le peuple aimerait, aurait aimé. Que j'écoute, que j'aie écouté. Que mon frère écoute, qu'il ait écouté.

### THÈME 21e.

Votre sœur étudie. Le jeune Samuel obéissait. Le chien de votre maître aboie. Paul se promène (*ambulare*). César et Pompée combattirent. Les corps célestes furent, seraient, auraient été. Que tu sois. Que les plantes soient. Les dons du Saint-Esprit seront. L'enfant qui pleure. La mère qui aime. Les pères qui travaillent. Les oiseaux volent. Les poissons nagent. Pierre et Paul prêchaient. Joseph et Nicodème vinrent. Marie et Joseph obéirent. La fille et la mère filent.

### THÈME 22e.

Votre frère et votre sœur lisent. Philippe et Alexandre régnèrent. Platon et Aristote enseignent, ont enseigné. O mon ami, obéissez et travaillez. Les deux rois périrent. Le chef le plus célèbre des ennemis succomba. J'étudierais. Charles aurait étudié. Que j'écrivisse; que le maître écrivît. Mon frère et moi, nous étudions; vous et votre ami, vous causez. L'histoire du peuple de Dieu plaira. Ces trois temples très-beaux subsistent. Le mensonge et la paresse déplaisent.

### THÈME 23e.

*Amo Deum.* — (GRAMM., nº 60.)

Nous aimons la musique. Vous aimez la promenade. Lisez, ô mon enfant, la sainte Ecriture. Les maîtres avertiront les enfants. Les soldats aiment la guerre. Judas livra Jésus. Jésus avertit Judas. Dieu envoya le déluge. Le monde promet des biens périssables. Alexandre tua Clitus. Visitons les pauvres. Socrate enseignait la philosophie. Les magistrats punissent le crime.

### THÈME 24e.

J'adore le Seigneur. Cultivons la terre. Moïse gardait les troupeaux. Le chat mange la souris. Tu pratiqueras la vertu. Le chasseur tue les oiseaux. Sylla abdiqua la dictature. Tobie ensevelissait les morts. Les bergers entendirent les anges qui chantaient. Saül cherchait les ânesses de son père. Les loups égorgent les troupeaux. Les fils de Jacob vendirent Joseph. Les apôtres avaient fermé les portes du Cénacle.

### THÈME 25e.

Les Juifs lapidèrent saint Etienne. Donnez ces fleurs. Louons le Seigneur. Nous sauverons nos âmes. Le maître qui avertit les enfants. Le philosophe qui considère le cours des astres. Aimez Dieu, ô mon ami, honorez vos parents, et écoutez vos maîtres. Nos sœurs qui lisent ce livre. Dieu promet (*promittere*), a promis, aura promis une récompense éternelle. Les hommes sages blâment, blâmeront, auraient blâmé les jeunes gens entêtés et indociles. Vous et moi nous méprisons les richesses.

## DEUXIÈME SECTION.

### Verbes passifs.

CONJUGUEZ : *Adorari*, être adoré; *judicari*, être jugé; *separari*, être séparé; — *adhiberi*, être employé; *moveri*, être ému; *augeri*, être augmenté; — *reprimi*, être réprimé; *corrumpi*, être corrompu; *regi*, être régi; — *comperiri*, être découvert; *uniri*, être uni; *nutriri*, être nourri, *et tous les autres verbes actifs qu'on a donnés à conjuguer, page* 25.

---

### Règle des Verbes passifs,

OU MANIÈRE DE JOINDRE À CES VERBES LEUR RÉGIME INDIRECT.

### THÈME 26e.

*Amor à Deo.* — (GRAMM., n° 66.)

L'agneau est mangé par le loup. Le bouc fut trompé par le renard. Ce puits a été creusé par Jacob. Joseph fut acheté par Putiphar. Le bon larron fut exaucé par N. S. Jésus-Christ. Le tonnerre a été entendu par moi. Les enfants pieux sont bénis de Dieu. Abel fut tué par Caïn. La porte du Paradis était gardée par un ange. Les Juifs furent sauvés par Mardochée et par Esther. Les devoirs sont corrigés par le maître. Rome a été bâtie par Romulus. Le temple de Jérusalem fut bâti par Salomon. Je suis accablé d'ennui. Ces arbres ont été renversés par le vent. Je fus saisi par le froid. Vous êtes retenu par la maladie.

### THÈME 27e.

La terre est couverte de neige. Les fruits qui sont produits par les arbres de nos jardins. La religion chrétienne a été prêchée par les Apôtres. La conduite du jeune Samuel était approuvée de Dieu et des hommes. Jésus-Christ fut tenté par le diable. Cette maison est achetée par votre ami ; il a fait une bonne acquisition. La lettre était écrite par vous : j'ai reconnu votre écriture. Les voleurs avaient été arrêtés par nos magistrats. Cette lettre a été écrite par le ministre du prince. Saint Pierre fut délivré par un ange. Béthulie était assiégée par Holopherne. Ce prix a été remporté par moi. Les ailes des oiseaux sont soutenues par l'air.

---

## TROISIÈME SECTION.

### Verbes neutres.

Conjuguez les verbes neutres suivants : *Ambulo, as, avi, atum, are,* se promener; *nato, as, avi, atum, are,* nager; *volo, as, avi, atum, are,* voler (1re conjug.); — *placeo, es, placui, placitum, placere,* plaire; *studeo, es, studui* (point de supin), *studere,* étudier; *faveo, es, favi, fautum, favere,* favoriser (2e conjug.); — *curro, is, cucurri, cursum, currere,* courir; *succedo, is, successi, successum, succedere,* succéder; *satisfacio, is, satisfeci, satisfactum, satisfacere,* satisfaire (3e conjug.); — *obedio, is, ivi, itum, ire,* obéir; *servio, is, ii, itum, ire,* servir; *esurio, is, ii, itum, ire,* avoir faim (4e conjug.).

---

## Règle des Verbes neutres.

### THÈME 28e.

*Studeo grammaticæ.* — (GRAMM., no 68.)

Ma sœur étudie l'histoire. Le froid nuit aux plantes. La guerre a nui et nuira à tous les peuples. La foi d'Abraham plut à Dieu. David servait le Seigneur. Nous favoriserons les enfants pieux. Etudiez la géographie. Dieu maudit le serpent. Les richesses nuisent aux bonnes mœurs. L'élève laborieux satisfait ses maîtres. Servons Dieu et secourons les malheureux.

### THÈME 29e.

J'enviais le bonheur de votre mère. Le jeune homme qui obéit à ses parents plaît au Seigneur. L'homme porte souvent envie aux autres hommes. J'ai étudié les poètes anciens. Nous avons servi le prince, et nous avons satisfait à tous nos devoirs. Les princes favorisent les travaux utiles. Je rencontrai votre oncle. Mon père a rencontré votre cousin. Cela me déplaît. Cette injustice déplaira à tous ceux qui craignent Dieu, et qui aiment le prochain.

---

## QUATRIÈME SECTION.

### Verbes déponents.

CONJUGUEZ : *Gratulari, gratulatus sum* ou *fui,*

féliciter; *suspicari, suspicatus sum*, soupçonner; *depopulari, depopulatus sum*, ravager; *venari, venatus sum*, chasser (1re conjug.); — *profiteri, eor, eris, professus sum*, déclarer; *intueri, eor, eris, intuitus sum*, regarder; *misereri, eor, eris, misertus sum*, avoir pitié (2e conjug.); — *persequi, persequor, eris, persecutus sum*, poursuivre; *pati, patior, pateris, passus sum*, souffrir; *egredi, egredior, eris, egressus sum*, sortir (3e conjug.); — *potiri, potior, iris, potitus sum*, jouir; *opperiri, opperior, iris, oppertus sum*, attendre; *partiri, partior, iris, partitus sum*, partager (4e conjug.).

---

## Règle des Verbes déponents.

### THÈME 30e.

*Imitor patrem; blanditur nutrici*, etc. — (GRAMM., n° 72.)

J'admire les saints. L'enfant imite le maître. Le Seigneur exhorte les hommes. La reine admira la sagesse de Salomon. Les Égyptiens poursuivirent les Israélites. Imitons Notre-Seigneur Jésus-Christ. Je suis les exemples des saints. Vous avez promis (*polliceor*) une récompense. L'Ange accompagnait Tobie. Le chasseur poursuivait, poursuivit, avait poursuivi, poursuivra, aurait poursuivi les bêtes des forêts. Le loup aurait attaqué le chien (*aggredior*). Le Seigneur menaçait son peuple. Nous admirons la justice.

### THÈME 31e.

J'ai félicité votre frère. Ma mère a félicité ma sœur. Respectez les hommes savants. Les mères flattent les enfants. Le vainqueur eut pitié des vaincus. Votre frère se sert de vos livres. Nous révérons l'auteur de la nature. Dieu a pitié des hommes. Je me réjouis de vos succès. Nous jouissons d'une bonne santé. Les flatteurs caressent les princes faibles. Les Hébreux abusaient de la patience du Seigneur. Saint Paul se réjouissait des souffrances.

### THÈME 32e.

Phocion s'acquittait des devoirs d'un bon général. Nous exhortions les citoyens honnêtes. Les apôtres accompagnaient Jésus. Nous respectons nos aïeux, et nous imiterons nos pères. Les juges auront pitié de cet homme malheureux. Mithridate faisait usage de poison. César a acquis une grande renommée. Les saints ont acquis la véritable gloire; ils se réjouissent de notre bonheur.

---

## CINQUIÈME SECTION.

### Verbes impersonnels.

CONJUGUEZ les verbes impersonnels suivants: *Claret*, il est clair; *accidit*, il arrive; *contingit*, idem; *evenit*, idem; *expedit*, il est avantageux; *licet*, il est permis; *refert*, il importe; *interest*, il importe, il est de l'intérêt de; *videtur*, il paraît, il semble; *placet*, il plaît; *patet*, il est évident; *ningit*, il neige; *pluit*, il pleut; *grandinat*, il grêle, etc.

# CHAPITRE V.

## DU PARTICIPE.

DÉCLINEZ : m. *Puer vagiens*, l'enfant pleurant, GÉNIT. *pueri vagientis*, de l'enfant pleurant; f. *mater amans*, *matris amantis*, la mère aimant; n. *monstrum nascens*, *monstri nascentis*, le monstre naissant; n. *oppidum capiendum*, la ville devant être prise, GÉNIT. *oppidi capiendi*, de la ville devant être prise; m. *rex potiturus*, le roi devant se rendre maître, GÉNIT. *regis potituri*, du roi devant se rendre maître; f. *rana interrogans*, la grenouille interrogeant, GÉNIT. *ranæ interrogantis*, de la grenouille interrogeant; f. *plebs rebellatura*, le peuple devant se révolter, GÉNIT. *plebis rebellaturæ*, du peuple devant se révolter.

---

### Règle des participes.

### THÈME 33$^{e}$.

*Gallus escam quærens.* — (GRAMM., n° 77.)

Ma sœur étudiant, mes sœurs étudiant. Mon frère lisant l'histoire, mes frères lisant l'histoire. Le fils aimant, étant aimé, devant aimer, devant être aimé. La vertu pratiquée, les vertus pratiquées. Le père ayant imité, la mère ayant imité. Les fils devant imiter le père, les sœurs devant imiter la mère. La reine appelant le roi. La chose devant être faite. Le tonnerre étant entendu, devant être entendu. Les temples étant purifiés, devant être purifiés. Les grenouilles demandant un roi. L'agneau dévoré par le loup. Ève écoutant le serpent.

### THÈME 34e.

Les animaux mangeant l'herbe. Mes sœurs étudiant la grammaire. Les chrétiens devant imiter Jésus-Christ. Les peintres se servant, s'étant servis de couleurs. La reine ayant admiré Salomon. La voix de Dieu appelant Adam. Les mères ayant exhorté, devant exhorter les enfants. La ville devant être prise par Alexandre. Les Romains devant vaincre les Carthaginois. La récompense devant être promise par le père. Le renard flattant, ayant flatté le corbeau. Les citoyens favorisant la noblesse. L'incendie devant être éteint par les citoyens. Les leçons du maître devant être écoutées et retenues par les élèves. Les magistrats punissant les voleurs. Nos conseils devant être suivis par le prince.

---

# CHAPITRE VI.

## DE L'ADVERBE.

### THÈME 35e.

(GRAMM., no 78 et suiv.)

J'ai lu aujourd'hui, hier. Je lirai demain, après demain. Pourquoi dormez-vous? Je ne dors pas.

Est-ce que vous travaillez? Oui. Vous mourrez certainement; aimez donc Dieu. Nous étudions ensemble. Il viendra peut-être. Le jeune Samuel répondit sagement, plus sagement, très-sagement. Nos soldats combattirent vaillamment, plus vaillamment, très-vaillamment. Vous répondez mal, plus mal, très-mal.

### THÈME 36e.

Cicéron parlait éloquemment, très-éloquemment. Je vivais librement, plus librement, le plus librement. Il mourut misérablement, plus misérablement, très-misérablement. Cet auteur écrit bien, très-bien; celui-ci écrit plus mal, très-mal. Je pense comme vous. Je n'agis pas comme vous. J'étudierai peut-être l'astronomie. Assez de neige. Un peu d'eau et un peu de vin. Moins de paresse. Plus de diligence. Trop d'orgueil. Plus d'affabilité.

---

## CHAPITRE VII.

### DE LA PRÉPOSITION.

### THÈME 37e.

(GRAMM., n° 81 et suiv.)

Auprès du mur. Contre le ciel. Devant la maison. Chez le roi. Autour de la table. En deçà du fleuve. A l'égard de Dieu, envers le prochain. Hors de la ville. Au-dessous du soleil. Entre les morts; parmi les docteurs. Au dedans du temple. A cause de notre salut. Proche de l'église. En la puissance des hommes. Par le Dieu vivant. Pendant deux ans. Derrière la porte. Après trois jours. Excepté moi. Suivant la loi.

## THÈME 38e.

Depuis le commencement. Sans Dieu, sans religion. A l'insu du maître. En présence de Dieu et des anges. Avec le père, avec la mère. Je ne parle pas de cet homme. Je me tais sur cette affaire. Je suis inquiet touchant mon frère, touchant ma sœur. Devant les magistrats. En comparaison de l'Évangile, en comparaison de Moïse. Jésus-Christ est mort pour moi, pour toi, pour nous, pour tous les hommes.

## THÈME 39e.

Je suis en France. Je vais en Italie. Je demeure dans la ville. Je vole en Afrique. Mon livre est sous la table. Le vaisseau descend sous les flots. Je me repose sous un chêne. Aristote vécut sous Philippe et sous Alexandre. Les ours grimpent sur les arbres. Marie est placée au dessus des anges. Cicéron a écrit sur la philosophie. Jusqu'à la tête, jusqu'au menton, jusqu'au cou, jusqu'aux Alpes, jusqu'aux yeux. Vers l'occident, vers le midi, vers le Danube. Viens avec moi, avec nous. Je chante avec toi, avec vous. L'homme avec qui je parle, la femme avec qui tu parles.

# CHAPITRE VIII ET IX.

## DE LA CONJONCTION ET DE L'INTERJECTION.

### THÈME 40e.

(GRAMM., nos 84 et 85.)

Dieu créa Adam et Ève. En outre, il les plaça dans un lieu délicieux. Mais, hélas! ceux-ci lui désobéirent, et c'est pourquoi Dieu les punit. Pleurons donc la faute de notre premier père : car, nous aussi, nous sommes punis, parce que nous avons péché avec lui et en lui. C'est pourquoi nous n'avons ni bonheur, ni paix sur cette terre. Lorsque vous lisez. Si vous écoutez, si vous parlez. O douleur! ô honte! ô remords! Hélas! les années s'écoulent. Ah! malheureux! Ecoutez, sinon je vous punirai. Je préfère ou Cicéron, ou Démosthène. Pourquoi jouez-vous? Courage, mon ami. Etudiez, si vous désirez être aimé de Dieu et de vos parents.

# SUPPLÉMENT

## A LA PREMIÈRE PARTIE DE LA GRAMMAIRE LATINE.

## CHAPITRE PREMIER.

### DU NOM.

#### THÈME 41e.

1re *et* 2e *déclinaison*. — (GRAMM., nos 87, 88, 89, 90 et 91.)

La mère sage favorise les *filles* pieuses et donne une récompense aux *servantes* fidèles. Dieu favorise les *âmes* humbles. Les anciens se servaient de *mules* et de mulets. O mon *fils*, lisez l'histoire, et cependant étudiez la *musique*. Jésus appela saint *André*. Didon reçut *Enée*. O *Horace!* ô *Virgile!* célèbres poètes. O mon *fils*, ô mes fils, retenez bien les règles de la *grammaire*. Saint Augustin enseigna la *rhétorique*. David aimait *Jonathas*. O *Dieu*, ayez pitié de nous! O *Agneau* sans tache, écoutez-nous! Les païens adoraient plusieurs *dieux*. Les Grecs et les Romains eux-mêmes sacrifiaient aux *dieux* et aux *déesses*. O *Orphée*, tu pleurais ton épouse *Eurydice!* Les avantages de la *rhétorique*. Le temple de *Cybèle*. La mort d'*Anchise*. Les armes de *Philoctète*. O *Pompée!* ô Marc *Antoine!* O *Grégoire!*

#### THÈME 42e.

3e *déclinaison*. — (GRAMM., nos 92, 93, 94, 95, 96.)

Jésus éprouva la soif. J'ai vu la Saône. J'ai traversé le Tibre. Noé construisit un vaisseau. Donnez la clef. Donnez le bassin et l'eau. Le sommet des montagnes. Le murmure des fontaines. La beauté des villes. Les inconvénients des procès. La hauteur des tours de la ville. David aimait les autels du Dieu Très-Haut. Cette ville possède plusieurs tribunaux. Esaü poursuivait les animaux des bois. Cet homme a beaucoup voyagé; il a parcouru la terre et les mers.

### THÈME 43e.

Annibal connaissait tous les stratagèmes de la guerre. Alexandre étudiait continuellement les poëmes d'Homère. L'apôtre saint Jean détestait l'hérésie. Ovide cultiva avec succès la poésie. Virgile composa l'Enéide. Le pays des Arcadiens. Le roi des Phrygiens. Le courage des héros. Le plus rusé des rats. La sublimité des dogmes de notre sainte religion. Les beautés de la poésie grecque. Cet habile capitaine se servit de deux stratagèmes très-singuliers. Le sphinx proposait des énigmes.

### THÈME 44e.

*4e déclinaison et autres noms irréguliers.* — (GRAMM., nos 97 et 98.)

Les solitaires de la Thébaïde demeuraient dans des cavernes. Les anciens se servaient d'arcs. Les prophètes annonçaient le Messie aux tribus d'Israël. Ce voyageur a parcouru les lieux les plus agréables de la terre. Les jeux les plus récréatifs sont... Le père de Jupiter. Le travail tranquille des bœufs. L'affaiblissement des forces du corps. La passion et la mort de Jésus. La beauté des jardins et des maisons de César. La joie du père de famille. La nécessité du serment. Les Romains adoraient surtout Jupiter Capitolin. Ce père de famille donne le foin à ses bœufs. Toute l'armée obéit à ce sénatus-consulte. Aimons Jésus, imitons la sainteté de Jésus.

---

# CHAPITRE II.

## DE L'ADJECTIF.

### THÈME 45e.

*Adjectifs qualificatifs, numéraux,* etc. — (GRAMM., nos 99, 100, 101, 102 et 103.)

Le sort des riches et des pauvres. O Dieu, exaucez les vœux de ces suppliants. L'éléphant est le plus gros des quadrupèdes. J'admire la sobriété et la simplicité des vieux Romains. Homère est le plus sublime des vieux poètes. Quatre mille hommes périrent; neuf mille furent blessés. Trois mille deux cents cavaliers accoururent, et six mille quatre cents fantassins les suivirent. Le roi avait une armée de cent mille cavaliers et de trois cent mille fantassins. Les vieux monuments de la France. La cent millième partie de l'univers. La cent troisième partie de l'Europe. Un homme riche, plus riche, très-riche. Diogène pauvre, plus pauvre, très-pauvre. Un livre très-ancien. Le vin le plus nouveau. Paul jeune, plus jeune que Pierre. Un homme méchant. Une femme méchante, plus méchante, très-méchante. Un homme frugal, plus frugal, très-frugal.

---

# CHAPITRE III.

## DU PRONOM.

### THÈME 46e.

(GRAMM., n° 104 et suiv.)

O Jésus! O Agneau, vous avez eu pitié de nous. Chacun (*unusquisque*) de nous. Le sort de chacun de nous. Qui que ce soit qui vous interroge. Envoyez qui vous voudrez. Quel que soit celui des deux qui réponde. Choisissez lequel des deux vous voudrez. J'obéirai à chacun de vous. De quelque espèce que soient ces fruits. Quelque grand que soit ce jardin. Quelque grande que soit cette maison. Quelque grands que soient ces temples. Quelque petit que soit votre village. Quelque petite que soit cette classe. Si quelqu'un dit. Si quelquefois vous avez dit. Est-ce que quelqu'un vient? Qui de nous réfléchit? Qui de vous étudie? Quiconque apprend la grammaire. Quelque nombreux que soient les serviteurs de ce père de famille. Cette mère de famille a donné une récompense à chacune de ses filles.

# CHAPITRE IV.

## DU VERBE.

### THÈME 47$^{e}$.

(GRAMM., page 108 et suiv.)

Je *me réjouis*. Tu t'*es réjoui*. Votre mère s'est réjouie, se réjouira de vos succès (*à l'abl.*). Je ne puis me réjouir. Tous les hommes *peuvent* pécher. Le peuple romain *osait* les plus grandes choses. Il *osa* déclarer la guerre à Antiochus. Les femmes carthaginoises *osèrent* défendre leur ville. Tu *portes* tes livres. Nous porterons les nôtres. Porte ce sou à ce pauvre. Rébecca *offrit* de l'eau à Eliézer. Ces larrons ont *emporté*, emportent, auraient emporté les trésors du prince.

### THÈME 48$^{e}$.

Annibal *pouvait* vaincre les Romains. David *haïssait* les impies. Judith *osa* tuer Holopherne. J'*irai* en Espagne. Vous allez en Italie. Mon oncle reviendra demain. Cet élève *deviendra* savant (*au nomin.*). Tu *veux devenir* architecte (*au nomin.*). Que je veuille ou que je ne veuille pas. Je voudrais. Vous voulez, vous avez voulu, vous voudriez, vous auriez voulu. Nos soldats *ont traversé* le fleuve. Tu *as honte*, nous avons honte. Ma mère se *repent*; elle s'est repentie.

### THÈME 49$^{e}$.

Avant le déluge, les hommes *devinrent*, étaient

devenus très-méchants (*au nomin.*). Ils *avaient osé* mépriser les avertissements de Dieu. Tu deviendras, nous deviendrons, que tu devinsses, je deviendrais, je serais devenu, que nous fussions devenus. Tu *veux aller ;* il veut devenir ; ils voudront sortir. Le prophète Nathan *alla trouver* David. Le roi se *repentit*; il eut honte de sa faute (*au génit.*). Les saints *aimaient mieux* obéir que (*quàm*) de commander (*à l'infin.*). Tu *ne veux pas* étudier ; tu aimes mieux jouer. Nous *avons offert*, vous offrirez, que vous offriez. Je *m'ennuie*, il s'ennuyait, elle s'ennuiera, elles se sont ennuyées.

### THÈME 50e.

Les Juifs indociles *ne veulent pas*, n'avaient pas voulu, ne voudront pas, n'auront pas voulu écouter la voix du Seigneur. Je *me souviens*, je me souviendrai toujours de ma mère (*gén.* ou *accus.*). O Dieu, ô Christ, ô Seigneur, *souvenez-vous* de David et de vos promesses! Ce sage philosophe *hait,* haïssait, haïra le mensonge. Le père de famille *se repent.* Le roi François Ier s'*ennuyait* de sa captivité (*au gén.*). Les Juifs seuls *connaissaient* le vrai Dieu. Tu *as eu honte*, nous avons eu honte.

### THÈME 51e.

Mon oncle ira, est allé en Russie. Va, licteur, frappe la tête du coupable, Mon maître est sorti ; il reviendra bientôt. Va, serviteur, porte cette lettre. Saint Paul aimait mieux donner que (*quàm*) de recevoir (*à l'infin.*). Allons, nous aussi, disait saint Thomas, et mourons avec Jésus. Allez, mes chèvres, allez, troupeau jadis florissant. Cet enfant, ne voulant pas étudier, restera ignorant (*au nom.*). César se repentit de sa clémence. Qu'il se repente, qu'elle se soit repentie, nous nous serions repentis. L'homme paresseux a honte, il a eu honte, qu'il ait honte.

### THÈME 52e.

Les Mages se réjouirent, s'étaient réjouis. L'Esprit de Dieu était porté sur les eaux. Tu es porté, l'enfant est porté par la mère. Que nous fussions portés, nous serons portés. L'Agneau de Dieu est offert sur nos autels. Votre tante se fâche; elle s'est fâchée, elle se fâchera. Dieu a pitié de nous (*au génit.*); il aura pitié de son peuple. O mon fils, vous vous repentirez! O hommes, vous vous repentirez! Les enfants ne voulant pas écouter le maître. La petite fille voulant imiter sa sœur. Les Juifs allant dans le temple. Les Egyptiens périront dans les eaux de la mer Rouge.

### THÈME 53e.

Apportez mes livres. Ma fille, souvenez-vous de votre père! Mes filles, souvenez-vous de votre mère! J'offrirai à Dieu, disait David, mes vœux et mes prières. Les anciens de la nation allèrent trouver Roboam. La reine de Saba ne se repentit pas de son voyage; elle avait osé traverser les déserts les plus arides. Judas Machabée offrit des victimes dans le temple. Les fourmis allant et revenant. Les apôtres traversant le détroit. Les disciples étaient devenus tristes. Eve osa écouter le serpent et offenser Dieu.

THÈME 54e.

Les laboureurs ont coutume de se réjouir de la moisson. Cet enfant connaît l'histoire de tous les dieux et de toutes les déesses de la fable ; il hait les vices de ces honteuses divinités. Les Ninivites furent fâchés de leurs désordres (*au génit.*). Le jeune Scipion fut fait général (*au nomin.*) de toutes les troupes. Les habitants de Sodome et de Gomorrhe ne se repentirent point, et ils périrent. Dieu a pitié des hommes, quand ceux-ci se repentent. Le prince diffère, a différé, différera, aurait différé son voyage.

THÈME 55e.

Ce jeune peintre pourra devenir très-habile. Les Spartiates revenaient victorieux (*au nomin.*) ou périssaient bravement. Je fus fâché de mon imprudence, et je me repentis de ma faute. Mon fils, ne différez pas votre conversion ; allez trouver le médecin spirituel : il aura pitié de votre faiblesse, et vous reviendrez guéri et joyeux. Je sortirai demain, et j'irai trouver les juges. Je ne différerai pas ; car je veux connaître le procès de mon ami, et je voudrais pouvoir mieux informer (*monere*) nos magistrats. O Pompée, tu as péri misérablement !

THÈME 56e.

Jephté se repentit de son serment. Les Athéniens se repentirent de la mort de Socrate. Les animaux périssaient, ont péri, eussent péri. Les chameaux traversent, traverseront, auront traversé les déserts. Les prêtres offrent, offraient, avaient offert, offriraient des sacrifices au Dieu très-grand. Allez, mon fils, courez, volez, et revenez. Mes enfants, allez trouver votre maître. Ma sœur s'ennuie; elle s'est ennuyée; elle s'était ennuyée. Les Gabaonites iront trouver Josué. Dieu ne veut point la perte du genre humain; mais il hait et haïra toujours le péché. Ces deux mères de famille se repentent; elles s'étaient repenties; elles se repentiront.

# SECONDE PARTIE,

OU

# SYNTAXE.

## CHAPITRE PREMIER.

### DU NOM.

#### § 1er. Syntaxe d'accord.

THÈME 57e.

*Ludovicus rex.* — (GRAMM., no 111.)

Saül roi, de Saül roi, à Saül roi. David roi et prophète, de David roi et prophète, à David roi et prophète. Aimons Jésus-Christ, rédempteur des hommes. Servons Dieu, notre créateur et notre père. Cicéron orateur célèbre, de Cicéron orateur célèbre, à Cicéron orateur célèbre. Les ruses d'Annibal, général Carthaginois. Dijon est la patrie de Bossuet, évêque très-savant et fort célèbre.

THÈME 58e.

Les Romains, nation valeureuse. La force des Gaulois, peuple belliqueux. L'argent, auteur de nos maux. Le temps, maître excellent. Brutus et Cassius, meurtriers de César. Athènes, ville de Grèce. Les chiens, animaux fidèles et domestiques. La fierté du paon, oiseau superbe. Socrate, philosophe athénien, pratiquait la justice, vertu très-précieuse dans une république. Je causais avec votre père, homme savant. Je me sers de lait, remède excellent.

## § 2. Syntaxe des compléments.

### THÈME 59e.

*Liber Petri* (1); *Urbs Roma; Puer egregiæ indolis.*
(GRAMM., nº 112.)

Les aventures de Télémaque. Les voyages du jeune Anacharsis. Les poèmes admirables d'Homère. La ville de Lyon. Le fleuve du Rhône. Le mois de mai. Aristote, homme d'une érudition immense. Ulysse, guerrier d'une prudence singulière et d'une éloquence rare. Enée, prince d'une grande piété, fonda la ville de Lavinium; il avait quitté la ville de Troie, sa patrie; il était fils de Vénus. Le peuple athénien était d'une légèreté incroyable. Tibère, homme vindicatif et de mœurs dissolues, succéda à Auguste, premier empereur des Romains. L'apôtre saint Paul annonça l'Evangile à la ville de Corinthe et à la ville d'Athènes. La vue de l'ange Gabriel troubla Marie, épouse de Joseph et mère de Jésus-Christ. Romulus et Numa furent d'un caractère différent. Le fleuve du Nil arrose et engraisse les campagnes de l'Egypte.

### THÈME 60e.

*Tempus legendi, legendæ historiæ; Culpa est mentiri.*
(GRAMM., nº 113.)

Le temps de jouer et le temps d'étudier. La nécessité de mourir. Le sage connaît le temps de

(1) Voyez, sur la règle *Liber Petri*, les thèmes déjà donnés dans la Première Partie, page 8; on pourra les faire reprendre aux élèves, si on le juge à propos.

parler et le temps de se taire. L'espérance de voir le ciel. Le plaisir d'entendre la musique. Le désir de vaincre les ennemis. Les pharisiens cherchaient les moyens de perdre Jésus. Catilina avait formé le projet de brûler Rome et de massacrer plusieurs citoyens. C'est une faute de médire. C'est un crime de favoriser les impies. C'est une bonne œuvre de secourir les pauvres. C'est une erreur de croire cela. Ce fut une noire perfidie de condamner Aristide. Ce serait un bonheur de mourir pour la foi.

### THÈME 61e.

Les apôtres reçurent le pouvoir de remettre les péchés et d'opérer des miracles. Ce serait un horrible sacrilége de recevoir indignement le corps et le sang de Jésus-Christ. Annibal chercha toujours l'occasion de faire la guerre et de nuire aux Romains. Ce fut une grande joie pour Ulysse (*tournez* à Ulysse) de revoir Ithaque, sa patrie, et Pénélope, son épouse. Les habitants de la ville d'Ephèse honoraient surtout la déesse Diane, fille de Jupiter et sœur d'Apollon. Saint Louis, roi de France, prince d'une justice rare et d'une piété plus rare encore, goûtait souvent le plaisir de soulager les malheureux. Il prenait le temps d'écouter les plaintes de ses sujets; car il sentait la nécessité de remplir les devoirs d'un bon roi. J'aurai la joie d'embrasser ma mère. J'aurai le plaisir de jouir de votre présence. Alexandre eut la gloire de fonder Alexandrie.

# CHAPITRE II.

## DE L'ADJECTIF.

### § 1er. Syntaxe d'accord.

#### THÈME 62e.

*Deus sanctus* (1). — *Pater et filius boni.*
(Gramm., nos 114 et 115.)

Les immenses jardins du roi. Les dents des animaux féroces. Les admirables vertus de la Vierge très-sainte. Le général et le soldat courageux. Le bœuf et le cheval très-utiles. La France et la Belgique voisines et amies. L'histoire et la géographie nécessaires. Rome et Carthage ennemies (2).

#### THÈME 63e.

*Pater et mater boni.* — (Gramm., n° 116.)

Adam et Eve justes et heureux. La mère et le fils contents. Le frère et la sœur studieux et dociles. Mon oncle et ma tante infirmes et vieux.

---

(1) Voyez les thèmes déjà donnés sur la règle *Deus sanctus*, dans la Première Partie, page 14; on pourra les faire reprendre aux élèves.

(2) Comme les règles des adjectifs sont très-nombreuses, nous croyons que, pour éviter la monotonie et les longueurs, il est préférable de ne donner d'abord aux élèves que quelques phrases sur chacune d'elles, et de leur présenter ensuite une récapitulation où ces mêmes règles se retrouvent à différentes fois, mêlées et confondues. Nous ferons de même pour plusieurs autres espèces de mots, tels que le pronom, le verbe, etc.

L'âne et la chèvre très-utiles. Le cerf et la biche timides et légers. Le roi et la reine indulgents.

### THÈME 64e.

*Virtus et vitium contraria.* — (GRAMM., même n° 116, REMARQUE.)

La rose et le lis très-beaux. La fraude et le mensonge nuisibles. La science et l'étude nécessaires. L'eau et le vin très-utiles. La récréation et le jeu très-agréables. La douleur et la mort inévitables. La maison et le jardin vastes et agréables. La pauvreté et l'opulence contraires. L'oisiveté et la gourmandise très-nuisibles. Le lion et le troupeau ennemis. Le chien et la bergerie amis.

### THÈME 65e.

*Turpe est mentiri.* — *Verè sapientes.* (GRAMM., nos 117 et 118.)

Il est doux de travailler. Il est avantageux de faire l'aumône. Il est louable de servir le prince. Il serait agréable de voyager. Il a été et il sera glorieux de mourir pour la patrie. Les vrais philosophes. Les vrais savants. Le véritable pauvre méprise les richesses. Le vrai chrétien imite Jésus-Christ. Les vrais pénitents portent la croix. Il sera toujours agréable et avantageux d'étudier la philosophie de Socrate, ce vrai sage.

### THÈME 66e.

*Deus est sanctus.* — (GRAMM., n° 119.)

Le ciel est beau. L'eau est limpide. Le vent sera

violent. Le vice est commun; les vertus sont rares. La ville de Rome et la ville d'Athènes furent célèbres. Marius et Sylla furent l'un et l'autre très-cruels. La mère et le fils étaient également tristes et silencieux. Le soleil et la lune sont très-utiles. La rose et le lis sont très-beaux. La fraude et le mensonge seront toujours nuisibles. Il importait à César d'être clément. O mon fils ! il vous est permis d'être heureux! Il n'est pas permis à tous les hommes d'être savants. Il est d'un enfant d'être simple et obéissant.

### THÈME 67e.

*Graculus rediit mœrens.* — (GRAMM., même nº 119, 2e REMARQUE.)

Le renard s'en alla confus. Votre fils sera grand, et sera appelé fils du Très-Haut. Adam et Eve furent créés justes et saints; il leur était permis (*tournez* : il était permis *à eux*), de vivre heureux. Saint Paul est surnommé l'Apôtre des nations. Cicéron fut désigné pour consul. Démosthènes passe pour le plus éloquent des orateurs. Henri, frère du roi de France, fut élu roi de Pologne. Annibal était regardé comme le plus rusé des capitaines. Il nous est permis de devenir pieux. Je fus choisi comme chef de l'expédition.

---

## § 2. Syntaxe des compléments.

### THÈME 68e.

*Avidus laudum.* — (GRAMM., nº 121.)

Le peuple est désireux de spectacles. Raphaël

était habile dans la peinture. Démosthènes était avide de la lecture des ouvrages de Thucydide, historien célèbre. Marius, général romain, manquait d'éloquence; mais il était très-habile dans l'art militaire. J'étais désireux d'entendre la musique. Vous fûtes avide d'obtenir le consulat, et d'acquérir de la gloire.

### THÈME 69e.

*Id mihi utile est.* — (GRAMM., n° 122.)

La découverte de l'imprimerie est très-utile aux hommes qui ont du goût pour la science. Dieu fut irrité contre Sodome. Les Athéniens étaient accoutumés à vivre dans l'oisiveté. Cela me sera très-avantageux. Les Français sont accoutumés à faire la guerre.

### THÈME 70e.

*Similis patris* ou *patri.* — *Populabundus agros.*
(GRAMM., nos 123 et 124.)

Tibère n'était pas semblable à Auguste. Ce nombre-ci est égal à celui-là. Sainte Marcelle était alliée aux anciens Scipions. Annibal ravageant la campagne s'avança contre Rome. Le peuple, plein d'admiration (*mirabundus*) pour Jésus, louait le Seigneur. Les empereurs romains, évitant (*vitabundus*) les camps, achetaient la paix.

### THÈME 71e.

*Propensus ad lenitatem.* — *Prædilus virtute.*
(GRAMM., nos 125 et 126.)

Trajan était porté à la clémence. L'empereur

Théodose était prompt à se mettre en colère, mais il était en même temps porté à oublier les injures. Le bœuf est propre à labourer, et le cheval à faire la guerre. Milon le Crotoniate était doué d'une force extraordinaire. Diogène vivait content de sa pauvreté. Votre mère paraît digne de compassion. Ce prince fut jugé digne du trône.

### THÈME 72e.

*Mirabile visu.* — (GRAMM., n° 127.)

Le fer est difficile à travailler. Un véritable ami est difficile à trouver. La vie de Joseph est admirable à lire. Chose difficile à croire. Dieu est facile à servir, et les hommes, au contraire, sont difficiles à contenter. La langue grecque est agréable à étudier. Les princes indulgents et généreux ne sont pas difficiles à servir. L'univers offre un spectacle admirable à voir.

---

## *RÉCAPITULATION de toutes les règles de l'Adjectif.*

(GRAMM., depuis le n° 114 jusqu'au n° 128.)

### THÈME 73e.

Thémistocle et Annibal, célèbres généraux, moururent malheureux. Ma mère était partie bien triste; elle est revenue plus gaie. Un jeune arbre est facile à redresser. Méprisons les hommes enclins au vice. Fabius était porté à temporiser, et Minutius était porté à livrer bataille. Pleins de respect (*venerabundus*) pour Marie, honorons et imitons la mère de Dieu. L'homme privé de raison est semblable à la brute. L'avare, non content de ses trésors, est encore désireux du bien d'autrui. Louis, roi de France, ne se souvenait pas des injures. Goliath, géant d'une stature démesurée, était plein d'arrogance; il cherchait l'occasion de nuire aux Israélites. Il est ridicule d'avoir de la jactance, mais c'est une lâcheté de fuir devant les ennemis. Il sera agréable aux élus d'avoir vécu saintement, et ce sera une honte pour les réprouvés (*tournez :* aux réprouvés) d'avoir offensé Dieu.

### THÈME 74e.

Saint Jérôme avait du goût pour la solitude, et il était plein de la science des Ecritures. Socrate passait pour le plus sage des Grecs. Il eut plusieurs disciples qui devinrent très-savants. Les sots qui sont riches, ont coutume d'être insolents. L'empereur Vitellius était enclin à l'ivrognerie. Archimède était habile à inventer des machines de guerre. Marius, désireux d'obtenir le consulat, représenta Métellus, son général, comme un homme avide du commandement, inhabile dans l'art militaire, et ne désirant point terminer la guerre de Jugurtha. Les capitaines modernes seront toujours curieux de connaître les guerres de César, et d'étudier les Commentaires de cet homme célèbre. Les Siciliens avaient beaucoup de goût pour entendre les tragédies d'Euripide. Catilina était allié aux plus illustres familles de la ville de Rome.

## THÈME 75e.

Sémiramis passe pour une reine très-habile. L'or et le diamant sont regardés comme très-précieux. Cherchez, ô mon fils, l'occasion d'apprendre l'histoire; car celui qui ignore les faits passés, manque d'expérience. Ce vénérable vieillard s'appelait (*tournez* : était appelé) Siméon. Ces deux poèmes sont admirables à lire. L'Enéide de Virgile est agréable à étudier. Personne ne vit content de son sort. Les Sarrasins, ravageant les villes et les campagnes, envahirent la partie méridionale de la France. Abdalonyme fut jugé digne du sceptre et de la couronne, et il fut fait roi de la ville de Sidon. La géographie est nécessaire à tous les voyageurs. Il sera avantageux aux Romains de détruire la ville des Carthaginois; ils chercheront bientôt l'occasion de perdre ce malheureux peuple.

## THÈME 76e.

Les enfants qui évitent (*vitabundus*) l'oisiveté, plaisent au Seigneur. Le jeune Cyrus, fils de Cambyse, était jaloux d'acquérir de la gloire. Nous naissons misérables et enfants de colère. Votre oncle et votre tante sont revenus seuls. Le chien et le chat de mon maître dormaient tranquilles. Tous les hommes veulent être heureux; mais il est permis à quelques-uns seulement d'être exempts de maux. La foi et l'humilité sont agréables à Dieu. Joseph et Benjamin étaient chers à Jacob. C'est une méchanceté insigne de tromper un aveugle. Il est dur de servir le démon. Eve fut curieuse de goûter le fruit défendu. Le roi Xerxès était plein d'un sot orgueil.

THÈME 77e.

Les apôtres étaient accoutumés à souffrir les injures, la prison et les plus durs tourments. Vivons pleins de soumission à la volonté de Dieu, et nous serons heureux. Le fleuve du Rhône traverse Lyon, ville populeuse. Il est dur de mendier; mais il est honteux de voler. Mes sœurs ont paru contentes de mes progrès. Vos parents ont toujours vécu heureux et pleins de piété. Il est difficile de commander; il est plus aisé d'obéir. Il aurait été imprudent de poursuivre les ennemis. Cette épître de saint Paul est difficile à comprendre. Cet enfant n'est pas prompt à obéir. C'est une gloire de vaincre les ennemis de la patrie; mais il est plus beau encore de vaincre ses passions. Le fleuve du Rhin n'est pas facile à traverser. Je suis désireux de recevoir vos lettres. Je serais curieux d'aller trouver le roi.

---

## § 3. Syntaxe des compléments des comparatifs et des superlatifs.

THÈME 78e.

*Doctior Petro* (1). — (GRAMM., no 128.)

L'or est plus précieux que l'argent. Le soleil est

---

(1) Voyez les thèmes déjà donnés sur la règle *Doctior Petro,* dans la Première Partie, page 20.

plus gros que la terre. Je ne connais personne plus instruit que ce maître. J'ai acheté un livre plus beau que le vôtre. J'ai étudié la vie et les actions de César, général plus habile que Pompée. Salomon fut plus prudent que Roboam. David fut plus juste et plus agréable à Dieu que Saül.

### THÈME 79e.

*Felicior quàm prudentior.* — (GRAMM., n° 129.)

Cicéron était plus éloquent que vaillant. Ce prisonnier parla plus hardiment que prudemment. Etudiez des livres plus utiles qu'agréables. J'avais pour maître (*habebam magistrum*) un homme plus érudit qu'éloquent, et plus téméraire que modeste. Il était moins juste que sévère. Vivez plus sobrement que magnifiquement.

### THÈME 80e.

*Doctior est quàm putas.* — (GRAMM., n° 130.)

La ville de Toulouse est plus belle que je ne pensais. Le port de la ville de Marseille est plus vaste que vous ne l'avez dit. Rien n'est plus agréable que d'étudier la musique. Fabius fut plus prudent que n'aurait été un autre général.

### THÈME 81e.

*Majori virtute prœditus.* — (GRAMM., n° 131.)

Aristide était plus vertueux que Thémistocle. Les véritables grands hommes sont ordinairement plus vertueux que riches. Le péché est plus haïssable (*odio dignus*) que la peste. Le consulat était moins honorable (*honore dignus*) que la dictature. Cette action est plus louable que blâmable (*laude, vituperatione dignus*). L'homme le plus ingénieux (*ingenio prœditus*). La femme la moins ingénieuse.

### THÈME 82e.

*Altissima arborum, etc.* (1). — (GRAMM., n° 132.)

Le plus agréable des jardins. Le plus beau des temples. Le plus petit des hommes. Le plus grand des rois. Le plus pauvre de la ville. L'homme le plus vertueux. Le plus pieux des rois. La rose est la plus belle des fleurs. La guerre et la peste sont les plus horribles de toutes les calamités. Ton fils et ta fille sont les plus savants de l'école.

### THÈME 83e.

*Validior manuum.* — (GRAMM., n° 133.)

Le plus long des deux bras. Le plus habile de ces deux architectes. Horace est le plus élégant de ces deux poètes. Le plus riche de vos deux oncles. La plus malheureuse de ces deux femmes. L'histoire romaine est la plus agréable à lire de ces deux histoires. Hector était le plus brave des deux princes; mais Pâris était le plus jeune.

---

## *RÉCAPITULATION de toutes les règles des Comparatifs et des Superlatifs.*

### THÈME 84e.

Les lois de Dracon étaient plus sévères que

---

(1) Voyez, sur la règle *Altissima arborum*, les thèmes déjà donnés, Première Partie, page 20.

justes. Rien ne sera plus glorieux que de régner avec Jésus-Christ. Ce monument est le plus remarquable de la ville. Je crois votre cousin l'homme le plus riche de l'univers. Cet académicien a parlé plus longuement que sagement; il paraît plus enclin à blâmer les autres, que savant à bien faire lui-même. Godefroy, guerrier d'une grande bravoure, était en même temps très-pieux. Nous sommes assurément moins sages et moins vertueux que nos ancêtres. La ville prise fut trouvée plus grande qu'elle ne paraissait. Le plus vigoureux des deux bras est le bras droit. Cicéron vainquit Catilina, ennemi plus redoutable qu'Annibal. Le renard passe pour plus adroit que fort et courageux. Le serpent était le plus rusé des animaux.

### THÈME 85e.

Ces deux problèmes sont plus difficiles à résoudre qu'il ne semble. C'est un bonheur de fréquenter les hommes vertueux, et rien n'est plus agréable à lire que la Vie des Saints, ces héros chrétiens. Les vrais sages sont plus prompts à se taire qu'à beaucoup parler. L'histoire est plus utile à étudier que la musique. Vous avez là un chien plus beau que le chien même d'Alcibiade. Le plus robuste de ces deux frères est le plus jeune. J'ai acheté un jardin plus grand que le vôtre. Je juge ce remède le plus propre à rétablir ma santé. De ces deux statues, celle-ci paraît la plus belle. Rien n'est plus touchant à lire que l'histoire de Joseph vendu par ses frères.

# CHAPITRE III.

## DU PRONOM.

### § 1. Syntaxe d'accord.

#### THÈME 86e.

*Hic liber est meus* (1). — (GRAMM., nº 134.)

Ces plumes sont les miennes. Ces troupeaux sont les vôtres. Ce chien et ce chat sont les miens. Ce jardin et cette maison sont les tiens. Le père et le fils qui sont bons. Adam et Eve qui furent créés. Le frère et la sœur qui seront dociles. L'injustice et le mensonge qui seront punis. Les nations voisines, qui connaissaient les vertus de Salomon, étaient désireuses de le voir. Ce temple, qui est magnifique, fut long à construire. La vérité et le mensonge, qui sont opposés. Mon oncle et ma tante, qui sont malades. Les légumes qui croissent dans les jardins. Le vin et l'eau, qui sont très-nécessaires aux hommes. Le bélier et le troupeau qui gagnent les pâturages. La justice et la prudence, qui sont deux vertus.

#### THÈME 87e.

Ces tonneaux, qui sont pleins de vin, sont les miens. Le lièvre et le renard, qui vivent dans les bois. La viande et le pain, qui nourrissent nos

(1) Voyez les thèmes déjà donnés sur le pronom, dans la Première Partie, page 23.

corps. Les miracles qui prouvent la divinité de Jésus-Christ. L'animal qui est appelé singe. L'astre qui est appelé soleil, est plus grand que la terre. Le temple et la ville qui furent bâtis par ce prince très-pieux. Marie et Joseph, qui vivaient pauvres et contents. Jésus opéra un miracle, et nourrit le peuple qui avait faim. Le fleuve qui est appelé la Seine, traverse la ville de Paris. L'empire qui est appelé la Russie, est plus vaste que la France. La mer, qui est aussi appelée l'Océan. La faute qui est appelée péché originel. Notre âme est plus précieuse que notre corps, qui un jour pourrira. Le loup et la louve, qui dévorent les troupeaux. La mort et le jugement, qui épouvantent les impies.

### § 2. Syntaxe des compléments.

#### THÈME 88e.

1. *Me, te, se, nous, vous.* — (GRAMM., n° 135.)

Je t'appelle. Vous me blâmez. Le Seigneur nous écoute. Le maître vous donnera une récompense. L'étude nous sera toujours nécessaire. Les vices nous nuisent. La foi et l'humilité sont deux vertus qui nous sont très-avantageuses. Cela me plaît. Le ciel me favorise. Des bains te sont nécessaires. La coupe de Joseph se trouva dans le sac de Benjamin.

#### THÈME 89e.

Celui qui s'humilie sera exalté, et celui qui s'exalte sera humilié. Le vrai chrétien se méprise.

Jésus ne se plaignit point; il se tut. Isaac se promenait dans les champs. L'enfant prodigue se repentit. O Dieu, vous m'aimez et je vous aime. Cette contrée se trouve en Asie. Je m'appelle Pierre, et mon frère s'appelle Paul. Les Tyriens s'adonnaient au commerce. Les Epîtres de saint Paul se lisent dans nos églises.

### THÈME 90e.

Régulus ne s'ébranla point des menaces des Carthaginois. Le vaisseau se dirigea vers le rivage. Quand l'occasion de faire le bien se présentera. Les choses se passaient de la sorte chez les Romains. Annibal et Scipion s'admiraient. Le feu qui brûlera les impies, ne s'éteindra jamais. La terre se meut, et le soleil reste immobile. Racine et Boileau s'estimaient; ils se témoignaient toujours de l'amitié. César et Pompée se portaient envie; bientôt ils se haïrent.

### THÈME 91e.

II. *Le, la, les.* — (GRAMM., n° 136.)

Salomon demanda la sagesse, et il l'obtint. Alexandre attaqua les Perses et les défit. Nous adorons Dieu et nous le prions. Le père de famille l'ordonna, et les serviteurs le firent. Tous les maîtres aiment les enfants sages et les favorisent. J'aime la philosophie et je l'étudie. Ma leçon est plus facile à retenir que je ne le croyais d'abord. Votre sœur est plus pieuse encore qu'elle ne le paraît. J'étudie vos ouvrages, et je les admire.

## THÈME 92e.

III. *Leur, en, y.* — (GRAMM., nº 137.)

Dieu favorisa les Israélites : il leur donna une loi sainte. Scipion était très-jeune; cependant le peuple romain lui confia une armée. Les enfants sont tous ignorants; l'étude leur est nécessaire. J'ai visité la ville de Rome, et j'en ai admiré les monuments. Vos sœurs sont arrivées; votre mère leur a donné une récompense. César assiégea la ville d'Alise, et il s'en empara. Thésée entra dans le labyrinthe, et il en parcourut les détours.

## THÈME 93e.

J'ai embrassé la religion chrétienne, et j'y serai fidèle. Le salut est la seule chose nécessaire; donnez-y vos soins. Thémistocle proposa un avis injuste; Aristide s'y opposa. Jésus aimait ses apôtres, et il en était aimé. Il leur dit : Vous m'avez suivi, je vous récompenserai. Darius avait favorisé Bessus, et il en fut trahi.

## THÈME 94e.

La langue grecque est plus facile à apprendre que je ne le croyais; je m'y appliquerai dorénavant avec beaucoup de soin. Héliogabale fut élevé à l'empire; il en était certainement indigne. La grâce de Jésus-Christ nous est offerte, et très-souvent nous y résistons. Deux batailles ont été livrées; vous n'y avez pas assisté. La mort viendra; il faut s'y préparer. Nous connaissons la bonté de Dieu, et nous en abusons. Aimons le autres, et nous en serons aimés.

### THÈME 95e.

*Pater amat suos liberos.* — (GRAMM., nº 138.)

Dieu nous aime comme ses enfants. Coriolan résista aux prières de ses concitoyens, mais il céda aux larmes de sa mère. Ce général aime ses soldats, mais il punit leurs désordres. Racine est le plus éloquent de ces deux poètes; son style est admirable. Saint Louis était un prince d'une grande piété; sa justice le rendait l'arbitre des querelles des princes voisins.

### THÈME 96e.

Peu à peu Salomon devint sourd à la voix de son Dieu; il chercha les moyens de satisfaire ses passions. Ce tendre père embrassa son fils, et, oubliant ses fautes, il lui rendit son amitié. Epaminondas et Pélopidas furent deux généraux habiles; leur valeur rendit la ville de Thèbes la plus florissante de toutes les républiques de la Grèce. Pompée fut tué devant les yeux de son épouse et de ses enfants; sa mort est digne de pitié.

### THÈME 97e.

Les anciens Romains aimaient leur patrie. J'admire l'esprit des Athéniens; mais je blâme leur légèreté. J'ai vu votre frère; je lui ai rendu ses livres. O Alexandre, tu rendis à Porus tous ses Etats! Jésus aimait ses apôtres; sa douceur était ncomparable. Les apôtres aimaient leur maître; eur simplicité lui était agréable. Prions souvent Dieu, nous qui sommes ses enfants, afin que ce ère plein de bonté nous accorde son secours. Les uifs tuèrent Jésus, leur sauveur et le nôtre.

### THÈME 98e.

*nimi dotes dotibus corporis præstant.* — (GRAMM., n° 140.)

Les biens du ciel l'emportent sur ceux de la erre. Les troupes du roi des Perses étaient plus ombreuses que celles de Miltiade. Cette maison st plus vaste que celle de votre père. Celui qui ravaille, est digne de son salaire. Ceux qui prient, eront exaucés. Ce que vous dites, est vrai. Ce qui lut à Parménion, déplut à Alexandre, son maître. Celui des deux qui causera, sera puni. Celle des eux qui sera la plus savante, sera récompensée.

### THÈME 99e.

*Deus qui regnat.* — (GRAMM., n° 141.)

Le froid qui glace et le chaud qui brûle, sont galement nuisibles aux hommes, à leurs champs t à leurs troupeaux. Les mères qui se désolent, es hommes qui combattent. Le repos et le travail, qui sont opposés. Le cheval et la voiture qui vous appartiennent. O prince, choisissez qui vous voudrez! O Dieu, maître du ciel et de la terre, tu rejettes qui tu veux, et tu choisis qui tu veux!

### THÈME 100e.

*Deus quem amo.* — (GRAMM., n° 142.)

Les dieux que les nations adoraient, étaient des

démons. L'homme que Dieu aime, est celui qui le prie et qui soulage ses semblables. Les vers que Virgile composa. Les ouvrages que Cicéron écrivit. La musique que j'étudie; la géographie que je veux étudier. Les enfants que vous favorisez. Le ciel et la terre que Dieu créa. L'animal que nous appelons renard, est plus rusé que celui que nous appelons loup. Le frère et la sœur que j'instruis; la mère et la fille que j'estime.

### THÈME 101e.

La mule et le mulet que j'ai achetés sont forts et robustes. Ce bras et cette main que vous voyez. L'astre que nous appelons soleil. Jésus et Marie, que tous les vrais chrétiens aiment. Les psaumes de David, que j'étudiais, me paraissaient admirables. Le vin et l'eau que nous buvons. Le ciel que nous contemplons; la terre que nous habitons; les étoiles, que les astronomes disent être plus nombreuses que les grains de sable de la mer; toutes les créatures, enfin, publient la gloire de leur auteur.

### THÈME 102e.

*Deus cujus providentiam miramur.* — (GRAMM., n° 143.)

Saint Augustin, dont vous avez lu la vie, a composé beaucoup d'ouvrages. La ruse dont se servit Démosthènes, fut celle-ci. Méritons les bienfaits dont Dieu nous comble. Je donnerai à cet enfant la récompense dont il est digne. Fénélon a composé un livre dont le titre est; Les Avenures de Télémaque. La force dont vous êtes loué, l'esprit que vous avez, la santé dont vous jouissez, sont des dons de Dieu.

## THÈME 103e.

*Puer cui id utile est.* — (GRAMM., n° 144.)

Le prince à qui j'ai parlé. La reine à qui j'ai écrit. Les hommes à qui déplaît la vérité. Le maître auquel je parle. Les Éphésiens, auxquels l'Evangile fut annoncé par saint Paul. Salomon, par qui le temple fut bâti. L'empereur Auguste, à qui il était avantageux de feindre. Cicéron fut celui par qui Ligarius obtint sa grâce. Le jeu et l'oisiveté auxquels se livre votre frère, lui seront nuisibles.

## THÈME 104e.

*Quis vestrûm,* ou *ex vobis,* ou *inter vos.*—(GRAMM., n° 145.)

Qui des hommes désire mourir? Qui de vous, mes amis, est avide d'entendre la lecture? Un de vous, dit Jésus à ses apôtres, me trahira. Quelqu'un de notre société s'écria. Clovis, roi des Francs, tua un de ses soldats. Personne d'entre nous n'entendit. Je ne connais personne de toute cette foule. Chacun de nous a ses défauts.

## THÈME 105e.

*Uter est doctior, tu-ne, an frater?* — (GRAMM., n° 146.)

Qui des deux est le plus éloquent, de Cicéron ou de Démosthènes? Qui des deux fut le plus brave, d'Alexandre ou de César? Qui des deux sait le mieux sa leçon, de vous ou de votre cousin? Qui des deux poètes aimez-vous le mieux, de Racine ou de Corneille? Lequel de ces deux écoliers favorisez-vous, Pierre ou Paul? Auquel des deux donnerez-vous une récompense? Laquelle préférez-vous, la musique, ou l'histoire? Duquel vous servez-vous, de ce livre-ci, ou de celui-là?

## THÈME 106e.

Qui frappe? Qui enverrez-vous? Qui désire être malheureux? Qui cherchez-vous? Qui demandez-vous? Qui aimez-vous, Dieu, ou le monde? Qui commit un plus grand péché, de Judas, qui trahit Jésus-Christ, ou de Pilate, qui le condamna? Lequel devons-nous préférer, l'âme, ou le corps? Qui des deux vous récompensera? A qui confiez-vous votre cause? De qui parlez-vous? Par qui Rome fut-elle bâtie?

## THÈME 107e.

*Quid agis? Cui rei studes?* — (GRAMM., no 147.)

Que fait votre père? Que voulait Jésus? Que lisez-vous? Que cherchent les hommes? et que trouvent-ils? Quoi de plus abominable que la trahison de Judas? Quoi de plus sévère que les lois de Dracon? Que sera-ce, si...? Qu'étudiiez-vous hier? et qu'étudierez-vous demain? Qu'avez-vous fait ce matin? Qui fréquentez-vous? et qu'étudient ceux que vous fréquentez? De quoi vous servez-vous? A quoi vous livrez-vous?

### THÈME 108e.

*Quænam mater liberos suos non amat?* — (GRAMM., n° 148.)

Quel poète n'aime pas ses ouvrages? Quel chrétien ne désire obtenir le ciel? Quelle est la ville de France la plus peuplée? Quel livre lisez-vous? Quel auteur préférez-vous? Quel général n'est pas désireux de gagner la victoire? Quel plaisir y a-t-il dans la vie? Quelle douceur y a-t-il dans l'indocilité? Quels hommes célèbres avez-vous vus dans vos voyages? Quel bien faisons-nous?

### THÈME 109e.

*Quota hora est? Septima.* — *Quanta pernicies!*
(GRAMM., nos 149 et 150.)

Quelle heure est-il? Neuf heures. Quelle heure sera-t-il quand vous viendrez? Trois heures. Quelle page est-ce? La vingtième? Quel jour du mois sera le jour de votre départ? Quel chapitre lisez-vous? Le chapitre neuf. Quelle pureté dans Marie! Quelle humilité dans Jésus! Avec quelle patience il instruisait ses disciples! Quelle sagesse il montrait dans ses discours!

---

## *RÉCAPITULATION de toutes les règles des Pronoms.*

(GRAMM., depuis le n° 134 jusqu'au n° 151.)

### THÈME 110e.

La loi donne à chacun d'entre nous le droit de choisir son avocat. Le jeune homme que je vous envoie, est sage et discret; vous pouvez lui confier ce que vous voudrez. Les jeunes gens qui écoutent leurs maîtres, deviennent peu à peu plus graves et plus modestes; ils perdent leurs défauts et leur légèreté. Qu'y a-t-il de plus nuisible que l'oisiveté? Quoi de plus utile que le travail? Qui des deux fut le plus vertueux, d'Aristide ou d'Epaminondas? Tous admiraient la puissance de Jésus-Christ, à qui la mer et les vents obéissaient. J'ai reçu le livre que je demandais; il contient des choses ingénieuses et agréables que j'ai lues avec plaisir. C'est un ouvrage dont je vous recommande la lecture, et que j'étudierai souvent moi-même. Je vous l'enverrai bientôt; profitez-en. Il est doux de satisfaire ses parents. C'est un bonheur d'aimer Dieu et d'en être aimé. L'occasion de tuer Saül se présenta deux fois à David.

## THÈME 111ᵉ.

Antoine, dont la flotte fut défaite par celle d'Octave, perdit l'empire et la vie. L'empereur Julien l'Apostat, irrité contre le Dieu qu'adoraient les chrétiens, favorisa les idoles et leurs ministres. Ce fut une grande joie pour les apôtres (*tournez:* aux apôtres) de revoir leur maître après sa résurrection. Eve cueillit le fruit défendu et le goûta. Les anges servent Dieu et exécutent ses ordres. Les présents que vous avez envoyés à ce prince, ont été très-bien reçus. La liqueur que nous appelons vin, est agréable. Les enfants que vous favorisez, deviendront bientôt des hommes utiles à leur patrie et propres à la défendre. Pompée, dont vous admirez les actions, était très-avide d'honneurs et de gloire. Le prince dont je parle, régna après Sésostris. La santé et la force dont vous abusez, vous seront enlevées un jour. L'amour et l'estime que je vous porte, sont très-sincères. Ce prince, quoique vainqueur, perdit presque tous ces animaux, inconnus aux Romains, que nous nommons éléphants. Judas, désespéré, se livra au démon. O mon fils, lisez attentivement les poëmes d'Homère et de Virgile que je vous envoie, et étudiez-les.

## THÈME 112e.

Socrate avait une femme très-méchante, dont il souffrait patiemment le mauvais caractère. Varron, un des consuls, voulut livrer la bataille; son collègue ne le voulait pas. Elisabeth dit : Mon fils ne s'appellera point Zacharie, mais il s'appellera Jean. Si nous cherchons l'occasion de pécher et de faire le mal, elle se présentera certainement. Les Romains, à qui Cinéas porta les présents du roi Pyrrhus, ne voulurent point les accepter. Cette bourse est la mienne; cet habit et ce manteau sont les vôtres. Vous me flattez. Je vous obéis. Le maître nous punira. Marie et Jean, que Jésus crucifié regardait, étaient accablés de douleur. Comment s'appelle votre mère? Elle s'appelle Anne. Platon se promenait avec ses disciples. La barque s'emplissait d'eau : les apôtres s'effrayaient; mais Jésus commanda aux vents et aux flots, et la tempête s'apaisa; la chose se passa ainsi. Souvent la belle-mère et la bru se haïssent. J'ai ramassé des coquillages rares et curieux qui se trouvent sur le rivage de la mer; j'attendrai l'occasion de vous les envoyer.

### THÈME 113e.

La mer Noire, que nous appelons aussi Pont-Euxin, est encore plus agitée et plus sujette aux tempêtes que je ne l'avais cru. J'ai quitté hier ma mère et ma sœur; je leur écrirai bientôt. Cherchons, et nous trouverons; Jésus-Christ nous l'a promis. Mes enfants, écoutez les avis de votre père mourant, et soyez-y dociles. Nous avons traversé la Bourgogne, et nous en avons admiré l'heureuse fécondité. Le roi perdit son anneau; son ministre infidèle le trouva et s'en servit. Les enfants ont leurs défauts; mais ils ont aussi leurs qualités: la simplicité et la confiance leur sont naturelles. Je préfère la ville de Paris à celle de Londres. Ces vins sont préférés à ceux d'Espagne. Les chevaux du ministre l'emportaient sur ceux du roi. Les deux avocats par qui j'ai gagné ma cause, se sont acquis une grande réputation; ils m'ont rendu un grand service (1). Qui des deux fut le plus malheureux, d'Alcibiade ou de Thémis-

---

(1) *Rendre service* s'exprime à volonté par l'une ou l'autre de ces trois manières : 1° *alicui officium præstare;* 2° *in aliquem officium conferre;* 3° *de aliquo benè mereri.* Exemple : l'homme à qui j'ai rendu service, *homo cui officium præstiti*, ou *in quem officium contuli*, ou *de quo benè meritus sum.*

tocle? Lequel des deux fut le plus habile capitaine, de Lucullus ou de Pompée?

### THÈME 114e.

Qui de ses soldats n'aimait pas Turenne? Auquel de ses devoirs ce grand homme manqua-t-il jamais? Louis XIV le pleura, et toute la France avec lui. Le courage et l'habileté que Zénobie, reine de Palmyre, montra dans la guerre qu'elle soutint contre les Romains et leur empereur Aurélien, l'ont rendue digne de l'admiration de la postérité. Elle eut trois fils, qu'elle montrait souvent au peuple ornés de la pourpre impériale. Que sont les plaisirs que les jeunes gens recherchent? quel avantage procurent-ils? Les hommes dont le cœur est pur, jouissent d'une paix et d'une félicité que rien ne trouble. Le père de ces orphelins, qui est un de mes parents, m'a recommandé son fils et sa fille, que je recevrai avec plaisir. Bientôt Romulus et Rémus, par qui les premiers fondements de Rome furent jetés, devinrent ennemis et se haïrent mutuellement. L'ange Gabriel, par qui l'incarnation du Verbe fut annoncée à Marie, fut aussi celui par qui le jeune Tobie fit heureusement son voyage.

### THÈME 115e.

Quel parti favorisaient Tibérius et Caïus Gracchus, son frère, le parti du peuple, ou celui des grands? Que demandait Salomon, la sagesse, ou la fortune? Qu'étudiait habituellement Démosthène? lequel des auteurs grecs lisait-il? A quoi s'appliquait Archimède, ce célèbre géomètre de Syracuse? Les Romains n'aimaient pas Tibère et Livie, dont ils connaissaient la cruauté et la fourberie. Quel homme désire la dernière place? Les saintes femmes, à qui l'ange apparut, s'effrayèrent d'abord. Ceux à qui nous avons rendu service, deviennent quelquefois nos ennemis les plus difficiles à apaiser. Le lépreux adora Jésus-Christ, et lui dit : Seigneur, vous pouvez me guérir; Jésus lui dit : Soyez guéri. La religion est une chose très-importante : donnez-y tous vos soins. Récitez les leçons que vous avez étudiées. Les prés verdoyants et les jardins fleuris qui ornaient ce vallon, me paraissaient admirables à voir.

### THÈME 116e.

Le traître Bessus, dont la perfidie fut découverte, ne put éviter le supplice dont il était digne. Qui voyons-nous content de sa fortune? Qui des poètes français admirez-vous surtout? Quels sont les historiens doués d'une plus grande sagacité que Tacite? Quoi de plus admirable que la vie de votre père? quelle probité il montrait dans toutes ses actions! avec quelle équité il partageait sa tendresse entre ses enfants. Le festin est prêt; mais ceux qui y étaient invités n'en sont pas dignes. Le sphinx proposa une énigme à Œdipe; Œdipe y répondit. La modestie se trouve dans les vrais savants. Les blés se coupent avant l'hiver, dont le froid durcit la terre. Éphestion, qu'Alexandre aimait et qui était digne de l'amitié de son roi, était d'une taille un peu plus grande que le conquérant des Indes. Quels généraux furent plus pauvres que Phocion et Aristide? Jésus expira entre deux voleurs; quelle heure était-il? Environ trois heures après midi.

Nota. — Pour que les élèves n'oublient pas les règles qu'ils ont apprises précédemment, à mesure qu'ils en apprennent de nouvelles, on fera bien de leur faire faire les thèmes suivants, où nous avons fait entrer toutes les règles qu'on a vues jusqu'ici, même celles de la Première Partie.

## COURTE RÉCAPITULATION

*De toutes les règles du Nom, de l'Adjectif et du Pronom.*

### THÈME 117e.

Les Romains regardaient la ville de Rome, leur patrie, comme destinée à commander à l'univers. David tua Goliath, géant d'une stature démesurée. Eumènes, général d'Alexandre le Grand, soutint les droits des enfants de ce prince contre Antiochus et Ptolémée, deux autres généraux du même Alexandre, très-habiles aussi, mais plus ambitieux qu'Eumènes. Saint Louis prenait le temps d'obliger les petits et les grands. Fréquentons les hommes qui sentent l'avantage de pratiquer la vertu et d'éviter tous les vices honteux. Le roi et la reine étaient portés à la clémence. L'étude et la science sont très-nécessaires aux enfants des princes, qui sont destinés à gouverner les empires. Romulus était accoutumé à faire la guerre, et les Romains furent semblables à ce prince. Les thèmes que je vous dicte, sont plus faciles à faire que vous ne pensez. Mon maître est facile à servir.

### THÈME 118e.

C'est un orgueil excessif de vouloir avoir toujours raison. C'eût été un grand malheur de perdre la bataille. Jésus choisit douze d'entre ses disciples, et les nomma apôtres. Plusieurs empereurs romains persécutèrent les chrétiens; mais, ensuite, plusieurs d'entre eux les ont favorisés. Cicéron n'était pas habile dans la guerre, mais il avait du goût pour l'éloquence. Aaron fit un veau d'or (*aureum*), et les Israélites l'adorèrent; le grand-prêtre était plus blâmable que le peuple. Judas, surnommé Machabée, était le plus distingué de ses sept frères. Énée a toujours été regardé comme le plus pieux de tous les Troyens. Je connais le philosophe que vous regardez comme plus érudit qu'Aristote lui-même, et que je juge, au contraire, être plus éloquent que savant. Le roi Xerxès n'était pas accoutumé à entendre la vérité.

### THÈME 119e.

Aristote, accablé d'années, désirait nommer son successeur. Théophraste, Lesbien, et Ménédème, Rhodien, deux de ses plus savants disciples, enviaient l'honneur de succéder à ce grand homme. Aristote demanda une bouteille pleine de vin de Lesbos, et une autre pleine de vin de Rhodes; et lorsqu'il les eut goûtés : Ces vins, dit-il, sont assurément très-bons; mais, cependant, le vin de Lesbos est le meilleur et le plus agréable : je le juge donc le plus propre à rétablir ma santé. Ainsi, il nomma Théophraste son successeur. Qui de vous n'admire l'adresse du philosophe? Un des historiens de l'antiquité l'a jugée très-grande. (Thébaut.)

### THÈME 120e.

Catilina était plein de valeur. Il ne manquait ni d'esprit ni de talents, et il aurait été utile à sa patrie, s'il eût réprimé ses passions honteuses. Mais il était accoutumé à la mollesse et porté à mépriser les gens de bien (*viri probi*). Irrité contre les citoyens honnêtes, il forma le projet de perdre la république et de massacrer les magistrats utiles à l'État. Il aimait le jeu et les plaisirs. Il semblait né pour le malheur de Rome. La mort de ce citoyen factieux fut avantageuse à la république. La conjuration qu'il avait tramée fut découverte par Cicéron, le plus vigilant des deux consuls. (Id.)

### THÈME 121e.

Henri le Grand fut porté à la douceur, et montra toujours une bonté digne d'admiration. Content de ses États, il respectait les peuples voisins. Cependant il était très-habile dans l'art de la guerre; il était doué de plus grands talents que le roi qui l'avait précédé; mais il désirait le bonheur de son peuple, et, ainsi, il aimait la paix. Il était d'un caractère porté à pardonner à ses ennemis et à mépriser les injures. Il fut assassiné par un monstre furieux. Ce prince, digne d'un meilleur sort, mérita les regrets de toute la France. Il était doué de toutes les qualités qui font les héros. Ses sujets le regardaient comme leur père commun, et l'appelaient le bon Henri. Il était curieux de connaître les hommes d'un vrai mérite, et il favorisait tous ceux qui servaient bien leur patrie. (Id.)

### THÈME 122e.

Ce sera la gloire du règne de Louis XIV, d'avoir produit les hommes les plus distingués dans tous les genres. L'Inde produit beaucoup d'éléphants, animaux robustes et intelligents, propres à faire la guerre et à transporter les fardeaux. La manière de les prendre et de les instruire est curieuse à lire dans les auteurs. Les mœurs des animaux que nous appelons castors, sont curieuses à étudier. Pratiquons la justice, vertu plus avantageuse que ne le sont les plus grandes richesses. Il est agréable d'étudier les beaux-arts. Votre maître me paraît difficile à satisfaire. Il est permis aux simples soldats d'être ignorants, mais ce sera toujours une grande faute pour un général (*mot à mot :* à un général) d'être et de passer pour un homme qui manque d'expérience. Pythagore recommandait la frugalité, mère de toutes les vertus. Un philosophe qui s'appelait Démocrite, pleurait sans cesse; un autre philosophe qui s'appelait Héraclite, riait toujours : qui des deux vous paraît avoir été le plus raisonnable?

# CHAPITRE IV.

## DU VERBE.

### § 1er. Syntaxe d'accord.

#### THÈME 123e.

*Ego audio.* — *Petrus et Paulus ludunt* (1).
(GRAMM., nos 151 et 152.)

Les hommes périrent dans le déluge. Lysandre et Agésilas honorèrent Sparte, leur patrie. Votre frère et votre cousin étudient la musique et la poésie. Isaac et Ismaël ne pouvaient vivre ensemble; ils se querellaient. Le raisin et la pomme se cueillent en automne. Le bruit du tonnerre et l'éclat des éclairs effrayaient les Hébreux.

#### THÈME 124e.

*Ego et tu valemus.* — (GRAMM., no 153.)

Jésus-Christ dit aux Juifs : Mon père et moi nous agissons toujours. O Sylla! toi et Marius vous auriez dû faire la paix. Saül dit au grand prêtre : Vous, et la maison de votre père, vous mourrez tout à l'heure. Le grand prêtre répondit :

(1) Voyez, sur ces règles, les thèmes déjà donnés dans la Première Partie, page 26.

Ma famille et moi nous vous sommes très-fidèles. Malheureux Adam, toi et ton épouse vous avez péché !

### THÈME 125e.

*Turba ruit* ou *ruunt.* — (GRAMM., n° 154.)

La multitude demanda la mort de Jésus et la délivrance de Barabbas. Toute la ville rendit grâce à Cicéron. Le peuple aimait César. Toute l'armée regretta Turenne. Tout le peuple attendait Zacharie. Le peuple romain pleura amèrement l'empereur Tite.

### THÈME 126e.

*Ego qui audio, tu qui doces,* etc.
(GRAMM., n° 154, REMARQUE.)

Moi qui parle. Vous qui écoutez. Eux qui chantent. Elle qui prie. Le lièvre et le cerf qui courent. La foule qui se précipite. Vous et moi qui sommes les enfants de Dieu, aimons-le. David et Jonathas qui s'aimaient. Adam et Eve, qui ont péché, ont aussi fait pénitence. Le loup et le chien, qui sont ennemis. La colère et la vengeance qui animaient Edouard, roi d'Angleterre, le rendirent d'abord sourd aux prières des habitants de Calais.

---

## § 2. Syntaxe des compléments.

### I. Verbe sum.

### THÈME 127e.

*Ego sum pius Æneas.* — (GRAMM., n° 155.)

Le ciel est pur. Les fruits qui sont les plus beaux à voir, sont quelquefois les plus mauvais à manger. Il est permis à un père de famille d'être sévère. J'ai un cheval. Vous avez une voiture. Il y a le temps de parler, et il y a le temps de se taire. Il y avait là trois cents soldats. Il y aura plusieurs concerts. Cela vous causera du chagrin. Votre mauvaise santé cause de l'inquiétude à votre père. Votre arrivée nous a causé une grande joie.

### THÈME 128e.

*Defuit officio.* — (GRAMM., n° 156.)

Un habile général manquait aux Carthaginois : ils demandèrent Xantippe, Athénien. L'apôtre saint Thomas était absent du Cénacle, lorsque Jésus vint. Brutus, tu oses assister au supplice de tes fils! Les deux armées étaient présentes au combat des Horaces contre les Curiaces. Le père de Virginie était alors absent de Rome. Saint Ambroise présida au concile d'Aquilée.

## II. Verbes actifs.

### THÈME 129e.

*Amo Deum* (1). — (GRAMM., n° 158.)

Jacob aimait Joseph. Chérissons nos parents. Pratiquons la vertu. Les Apôtres apportèrent devant Jésus cinq pains et deux poissons. Dieu ne veut point la mort des pécheurs, mais leur conversion. Le capitaine du navire, homme très-pieux et habile dans la marine, invoquait le secours de la Vierge Marie, dominatrice des mers.

(1) Voyez, sur cette règle, les thèmes déjà donnés dans la Première Partie, page 27.

### THÈME 130e.

*Musica me juvat* ou *delectat.* — (GRAMM., n° 159.)

La poésie me charme (1). Les chants de l'alouette réjouissent le laboureur. La modestie convient aux enfants. Une mort cruelle attendait Régulus. La honte est réservée au crime. La gloire a des charmes pour les âmes généreuses. Dieu voit tout ; rien ne lui est caché (*latere*, accusat.). Une couronne qui ne se flétrira point, attend les vrais chrétiens. J'attends mon père. Cette punition vous attend. Les Juifs attendaient le Messie.

### THÈME 131e.

*Admonui eum periculi* ou *de periculo.* — (GRAMM., n° 161.)

Deux des conjurés avertirent Cicéron des noirs desseins de Catilina. Ce général fut averti de l'arrivée des ennemis. Jésus dit aux Apôtres : Je vous avertis d'une chose, un de vous me trahira. Votre père a été informé de vos succès. Craignez la compagnie de cet homme, je vous en avertis. Informez-moi de votre arrivée.

### THÈME 132e.

*Insimulare aliquem furti.* — (GRAMM., n° 162.)

Joseph accusa ses frères d'un crime abominable. L'orateur romain convainquit Verrès de concussion. Saint Polycarpe fut condamné au feu. Un philosophe impie qui niait l'existence de Dieu,

(1) *Charmer, avoir des charmes, réjouir* (dans le sens de *faire plaisir*), etc., se rendent en latin par *juvare* ou *delectare.*

fut condamné à quitter la ville d'Athènes. L'esclave, convaincu d'avoir trahi son maître, fut condamné à mort. Ses compatriotes condamnèrent Socrate à boire la ciguë.

### THÈME 133e.

*Do vestem pauperi.* — (GRAMM., n° 163.)

Dieu accorda la sagesse à Salomon, la force à Samson, la sainteté à David. Le sénat laissa la liberté à toutes les villes de la Grèce. J'ai donné à cet enfant des livres propres à exciter en lui l'amour de la vertu. Procurez-nous des plumes, du papier et de l'encre.

### THÈME 134e.

*Doceo pueros grammaticam.* — (GRAMM., n° 164.)

Platon enseigna la philosophie à Aristote; celui-ci, à son tour, l'enseigna à Alexandre. Les sénateurs cachèrent à César le complot tramé contre lui. Jésus-Christ ne cachait point la vérité aux Juifs; il enseignait à tous la voie du salut. Demandons à Dieu le pardon de nos fautes. J'ai demandé au roi la grâce de cet homme.

### THÈME 135e.

*Hæc via ducit ad virtutem.* — (GRAMM., n° 165.)

La vertu conduit au bonheur. La mère du jeune Symphorien excitait elle-même son fils au martyre. L'avarice poussa Judas à la plus noire trahison. Enfants paresseux, la fourmi vous invite au travail. Jacob et les frères de Joseph furent amenés au roi Pharaon.

## THÈME 136e.

*Scribo ad te* ou *tibi epistolam.* — (GRAMM., n° 166.)

Pline, convaincu de l'innocence des chrétiens, écrivit alors une lettre à l'empereur Trajan. Donnez une récompense au jeune homme qui vous portera ma lettre. La robe de Joseph fut portée à Jacob. Les magistrats enverront les coupables au supplice. Rapportez-moi les livres que je vous ai prêtés.

## THÈME 137e.

*Implere dolium vino.* — (GRAMM., n° 167.)

César avait comblé Brutus de biens et d'honneurs; mais Brutus conspira contre lui. Dieu privera de sa grâce les enfants paresseux. Les triumvirs dépouillèrent un grand nombre de citoyens de leurs biens. Un des soldats remplit une éponge de vinaigre et la présenta à Jésus. Soyez remplis, dit saint Paul, de la grâce du Saint-Esprit.

## THÈME 138e.

*Christus redemit hominem à morte* ou *ex morte.* (GRAMM., n° 168.)

O Dieu, arrachez le vice de nos cœurs. Moïse délivra son peuple de la servitude des Egyptiens. Rien ne pouvait détourner Alexandre de ses entreprises, ni les hommes, ni la nature même. Les méchants seront séparés des bons comme la paille est séparée du bon grain. Mon fils, détournez vos yeux des spectacles frivoles.

### THÈME 139e.

*Id audivi ab amico* ou *ex amico meo*.— (GRAMM., n° 169.)

Les saintes femmes apprirent d'un ange la résurrection du Sauveur. Nous apprîmes par votre lettre les maux qui ravagèrent vos contrées. Nous connaissons l'artisan par l'ouvrage. Les apôtres s'informèrent de Jésus du sens de la parabole. J'ai appris du courrier que vous m'avez envoyé, l'agréable nouvelle de votre guérison.

### THÈME 140e.

*Accepi litteras à patre meo.* — (GRAMM., n° 170.)

Alexandre reçut de Darius une lettre pleine de hauteur à laquelle il répondit. Les Samaritains reçurent l'Evangile de Jésus-Christ lui-même. Nous attendons de Dieu une vie meilleure. Le Sauveur demanda à Dieu son père le salut de nous tous. J'ai emprunté à votre père deux cent mille écus. Quelle grâce avez-vous obtenue du prince ? Qu'espérez-vous encore de lui ?

### THÈME 141e.

*Accepi magnam voluptatem ex litteris tuis.*
(GRAMM., n° 170, 1re REMARQUE.)

Les Grecs et les Perses ressentirent une égale douleur de la mort d'Alexandre. Rébecca avait puisé de l'eau à la fontaine, et elle l'offrit à Eliézer. Des fruits agréables à voir et délicieux à manger pendaient aux branches des arbres. La maladie de votre ami est très-dangereuse; je le juge à la mine et aux discours du médecin. Vous avez pleuré; je le vois à vos yeux. Allumez ma lampe à la vôtre. Le roi connut son malheur à l'air triste et abattu de ses serviteurs.

### THÈME 142e.

*Inquiram eâ de re; Equuleum filiolo emi.*
(GRAMM., n° 170, 2e REMARQUE.)

Je vous dirai à ce sujet... Informez-vous de cela... Je vous répondrai à cela... Abraham acheta d'un prince voisin un sépulcre à Sara, *ou* pour Sara, son épouse. Demandez cette grâce au roi *pour* moi. J'ai acheté un perroquet à mon fils; je lui ai fait venir (1) en même temps deux caisses pleines de coquillages tirés des bords de la mer. Achetez-moi ma maison *pour* votre gendre.

***RÉCAPITULATION** de toutes les règles précédentes, et en particulier de toutes les règles des verbes actifs.*
(GRAMM, depuis le n° 151 jusqu'au n° 171.)

### THÈME 143e.

Philippe, père d'Alexandre, trompait les Athéniens et leur écrivait des lettres pleines d'adresse. Un étroit sentier conduisait à la citadelle; les ennemis y parvinrent avec beaucoup de peine. Mon enfant, va au ruisseau et apporte-moi de l'eau fraîche. Vos maîtres ont eu l'indulgence de cacher votre faute à vos parents. Saint Paul enseigna l'Evangile aux Corinthiens; il avait appris

(1) J'ai fait venir, *jussi afferri,* mot à mot j'ai ordonné être apporté deux caisses, etc. (accusat.).

de Jésus-Christ même les vérités qu'il annonçait. La bataille que les ennemis nous ont livrée, a été perdue par eux; je le sais du général lui-même. Je demanderai de l'argent à mon père ou à ma mère. Annibal parvint aux frontières de l'Italie avec toute son armée. Les mages portèrent à l'enfant Jésus de l'or, de l'encens et de la myrrhe.

### THÈME 144e.

Il ne sera jamais permis à un prince d'être lâche. Il est utile et même nécessaire à un jeune homme d'être studieux. Cicéron avait reçu de la nature toutes les qualités qui font les grands hommes; il obtint de ses concitoyens les premières magistratures, et s'en acquitta avec honneur. Henri IV, assiégeant la ville de Paris, envoya des vivres aux habitants, qui étaient affamés. Alcibiade fut accusé d'avoir renversé les statues de Mercure; les juges le condamnèrent à mort. Démosthènes fut absous des fautes qui lui étaient imputées par Eschine, son rival. La mort de Saül et de Jonathas causa de la douleur à David. Nous n'osâmes pas assister au supplice de ce malheureux. Plusieurs citoyens manquèrent à la réunion. De grands combats et une gloire encore plus grande étaient réservés à l'apôtre saint Paul. O mon fils, attendez patiemment la récompense que le Seigneur vous a promise. La pêche fait plaisir à mon frère aîné (*natu major*), mais la chasse me charme davantage.

### THÈME 145e.

Mentor enseignait à Télémaque le grand art de gouverner les hommes, et ne lui cachait aucun moyen de les rendre meilleurs. Il l'exhortait souvent à imiter (*ad imitandum*) la sagesse et les belles actions (1) d'Ulysse, qui s'était distingué parmi tous les princes grecs. Le jeune homme l'écoutait avec attention, et se rendait digne des soins du sage vieillard. Mentor l'avertissait de tous les dangers qui attendent la jeunesse imprudente qui se livre à ses passions; il lui enseignait même les moyens de les éviter. Ulysse, en partant pour le siége de Troie, avait confié le soin de sa maison à Mentor; et bientôt après, ce vieillard voyagea avec Télémaque, et lui enseigna l'art de régner et de soutenir la gloire de son père. (Théb.).

### THÈME 146e.

Démosthènes était informé des desseins de Philippe, roi de Macédoine, et il avertissait souvent ses concitoyens des dangers qui attendaient la Grèce. Doué d'une mâle éloquence et d'une grande fermeté, il réveilla le courage des Grecs, et déconcerta tous les projets du roi de Macédoine. Cet orateur, plus redoutable dans la tribune que brave dans un combat, nous a laissé des discours admirables que je vous conseille de lire. Jamais personne ne se livra plus ardemment à

(1) Belles actions, *præclarè facta* ou *gesta*.

l'étude que Démosthènes. Il s'éloignait de la société, et se tenait renfermé dans un cabinet souterrain, où il travaillait sans distraction et se perfectionnait dans l'art de bien dire. (Id.).

### THÈME 147e.

Les Grecs accusèrent Miltiade de trahison; il fut absous de la peine de mort, mais il fut condamné à une grosse amende. Votre procès est d'une grande importance, mais vous pouvez tout espérer de l'intégrité des juges; bannissez donc de votre esprit toute inquiétude, et si vous avez quelque loisir, lisez les livres que je vous ai envoyés. Aristide avait rendu les plus grands services à sa patrie, et avait comblé de gloire la ville d'Athènes; cependant il fut dépouillé de tous ses biens et privé de tous ses droits. Les Spartiates tenaient leurs enfants séparés de la société des hommes plus âgés. Le père de ce jeune homme a composé un ouvrage qui a obtenu de tous les savants la plus grande approbation; la lecture de cet ouvrage vous causera du plaisir, à vous qui voulez puiser aux sources les principes de l'éloquence. Je reconnus le mérite de cet avocat au discours éloquent qu'il prononça en présence d'une assemblée nombreuse. (Id.).

### THÈME 148e.

Marius et Sylla, qui étaient rivaux, remplirent Rome de deuil et de sang. Qui de vous, disait le Sauveur aux Juifs, me convaincra de mensonge et de péché? Je reconnais à votre silence la justice des reproches que votre maître vous adresse. Denys, tyran de Syracuse, faisait des vers; il les récitait en présence de ses courtisans, puis leur demandait leur avis. La crainte de déplaire au prince avertissait chacun de sa réponse. Le philosophe Philoxène, qui ne lui cacha point la vérité, fut puni par le prince. Nous avons reçu de nos ancêtres l'art de cultiver la terre et de fondre les métaux. Cet auteur a emprunté à plusieurs historiens les choses qu'il raconte. J'ai emprunté cette somme d'argent d'un de mes amis, qui me la redemandera bientôt. Aimons ceux qui nous avertissent de nos défauts. Demandons à Dieu la foi, l'espérance, la douceur, et nous les obtiendrons infailliblement de sa divine bonté.

### THÈME 149e.

L'honneur de vaincre Annibal était réservé à Scipion; le choix de ce général fit plaisir au peuple. Les hommes, dit le Sage, se font connaître à leur rire. Le père Bourdaloue, célèbre prédicateur, demanda plusieurs fois à ses supérieurs la permission de quitter la chaire; mais ils la lui refusèrent. A quelle source avez-vous puisé les bruits de guerre que vous rapportez? Le philosophe Cléanthe, pendant le jour, assistait aux leçons de Zénon, et pendant la nuit, il puisait de l'eau à un puits. L'homme par qui vous avez obtenu votre grâce du prince, a été disgracié derlièrement. Une croix convenait à un Dieu sauveur. Absalon, que la vengeance de Dieu attendait, resta suspendu à un arbre. Cette réponse convenait à un Spartiate accoutumé à dire la vérité, mais elle ne fit point plaisir à Darius, accoutumé à entendre les flatteries. Siméon et Anne attendaient le salut d'Israël.

### III. Verbes neutres.

#### THÈME 150e.

*Studeo grammaticæ* (1). — (GRAMM., n° 172)

Saint Bernard, abbé de Clairvaux, assista à plusieurs conciles et servit utilement l'Eglise. Les Ninivites se convertirent, et Dieu les épargna. Dieu bénit les enfants pieux, et il maudit les fils rebelles. Enfants, contentez vos parents, et satisfaites à tous les devoirs qui vous sont imposés.

#### THÈME 151e.

*Magna calamitas tibi imminet,* etc.; *Id mihi accidit,* etc.
(GRAMM., n[os] 173 et 174.)

La perte des moissons menace le laboureur. Un rocher abrupte menaçait nos têtes. Un grand malheur menace mon frère. Le chef des voleurs a été arrêté; une mort certaine le menace. Le roi de Sparte menaça Thémistocle. Les impies sont punis : cela est arrivé au cruel Aman. Travaillez : cela vous sera avantageux. Jésus menaça la mer

(1) Voyez, sur cette règle, les thèmes déjà donnés dans la Première Partie, page 31.

et les vents. Une soif cruelle menaçait l'armée romaine. Le trône échut au plus jeune (*natu minor*) des deux frères.

## THÈME 152e.

*Hoc ad me pertinet.* — (GRAMM., n° 175.)

La punition des crimes appartient aux magistrats. Cette affaire me regarde seul. Il ne nous appartient pas de juger. Pour ce qui me regarde, je suis très-désireux de vous voir bientôt. Les découvertes qui ont rapport aux sciences, et celles qui se rapportent à l'agriculture, seront toujours utiles aux hommes. Le bien de la patrie regarde tous les citoyens. Ce livre ne vous appartient pas.

## THÈME 153e.

*Abundat divitiis; nullâ re caret.* — (GRAMM., n° 176.)

Crésus, roi de Lydie, regorgeait de biens; il ne manquait d'aucune des choses qui rendent la vie agréable. Il se réjouissait de son bonheur, et ne prévoyait point les malheurs qui le menaçaient. La sagesse lui manquait, et ainsi il manquait de la qualité la plus précieuse. Les femmes juives se réjouissaient de la victoire de David, mais Saül ne s'en réjouit point.

## THÈME 154e.

*Interdico tibi domo meâ.* — (GRAMM., n° 177.)

Mahomet a interdit l'usage du vin aux musulmans. César interdit la Gaule aux Germains. Je me suis interdit tous les plaisirs dangereux. Les jeux que je vous ai interdits sont ceux qui rendent l'âme molle et efféminée. Socrate interdisait sa maison aux faux amis; je veux leur interdire aussi la mienne.

### IV. Verbes déponents.

### THÈME 155e.

*Miserere pauperum* (1). — (GRAMM., n° 179.)

Une âme généreuse est portée à oublier les injures. Alexandre lui-même eut pitié de Darius, assassiné par le traître Bessus. Le Seigneur s'est souvenu de nos pères Abraham, Isaac et Jacob, et il a eu pitié de nous. Rappelle-toi mes paroles. Les hommes peuvent oublier les bonnes actions, mais Dieu s'en souvient. Je me rappelle encore l'état affreux dans lequel je trouvai ce malheureux captif.

### THÈME 156e.

*Homo irascitur mihi.* — (GRAMM., n° 180.)

Saint Louis, roi de France, s'irritait contre ceux qui blasphémaient le nom du Seigneur. Les maîtres menacent les enfants paresseux. J'ai eu le plaisir de féliciter hier cet illustre général de la victoire qu'il a remportée. Les juges menaçaient les chrétiens de la prison, des fouets, et d'autres supplices plus cruels encore. Secourons les pauvres, et félicitons les gens de bien des aumônes qu'ils font.

### THÈME 157e.

*Imitor patrem.* — (GRAMM., n° 181.)

Judas Machabée et ses frères ont supporté de

(1) Voyez, sur les verbes déponents, les thèmes déjà donnés dans la Première Partie, page 32.

grands travaux; c'est pourquoi ils se sont acquis une gloire immortelle. Le jeune Tobie, que l'ange accompagnait, atteignit heureusement le terme de son voyage. Saint Ambroise dit à l'empereur Théodose : Vous avez imité David homicide, imitez David pénitent.

### THÈME 158e.

*Fruor otio.* — (GRAMM., n° 182.)

Mécène, favori d'Auguste, se félicitait de la société d'Horace et de Virgile, poètes célèbres. Darius, irrité contre Babylone, l'assiégea et s'en rendit maître. Acquittons-nous exactement de tous nos devoirs. Demandons à Dieu le pain dont nous nous nourrissons. Les biens dont Crésus se glorifiait lui furent enlevés par Cyrus. Faites usage de remèdes propres à vous guérir.

## V. Verbes passifs.

### THÈME 159e.

*Amor à Deo* (1). — (GRAMM., n° 184.)

Annibal fut vaincu par Scipion, près de Zama. Clitus fut tué par Alexandre dans un festin. Alcibiade avait été condamné à mort par ses concitoyens. Le droit d'assister aux séances fut accordé par le sénat à un jeune enfant à cause de son admirable discrétion. O hommes charitables! vous serez bénis des pauvres.

### THÈME 160e.

*Mœrore conficior.* — (GRAMM., n° 185.)

Votre mère fut d'abord accablée de chagrin,

(1) Voyez, sur les verbes passifs, les thèmes déjà donnés dans la Première Partie, page 29.

mais ensuite elle fut comblée de joie. Dévorés par la soif, le loup et l'agneau vinrent au même ruisseau. La guerre n'est approuvée ni du laboureur, ni du négociant. Toute la terre, excepté l'Égypte, fut ravagée par la famine. Les revers ne décourageaient point les Romains : aussi l'avis du consul fut-il approuvé de tous les sénateurs.

### THÈME 161e.

*Mihi favet fortuna ; illum omnes admirantur.*
(GRAMM., no 186.)

L'histoire est étudiée par les hommes désireux de s'instruire. Un jeune homme modeste est favorisé de tous. La vertu est admirée même des méchants. Le sentiment de Démosthènes fut suivi : Philippe fut menacé de la guerre, et les traîtres par qui il était favorisé, furent condamnés à l'exil. Votre bonheur est envié de tout le monde. La mort de Sara fut pleurée par Isaac. Cyrus, encore enfant, était aimé et favorisé de tous les officiers de la cour d'Astyage, son grand-père.

## VI. Verbes impersonnels.

### THÈME 162e.

*Refert, interest regis ; ad honorem nostrûm interest.*
(GRAMM., no 188.)

Il importe à un roi d'être juste. Il importait à Judas de se repentir. Les hommes à qui il importe surtout de pratiquer la vertu, sont les magistrats et les pères de famille. Catilina dit à ses soldats : Il importe à votre gloire et à votre sûreté de remporter la victoire. Il importe au bonheur de tous les citoyens de défendre la patrie. Il eût importé à César d'être moins ambitieux. Le prince à qui il importe. Adam et Eve à qui il importait. Le frère et la sœur à qui il importera.

### THÈME 163e.

*Refert meâ, tuâ,* etc. — (GRAMM., même n° 188, 1re REMARQUE.)

Il m'importe de vous obéir. Il t'importera d'étudier l'histoire. Il nous importait de vous écrire promptement. Le salut éternel est la chose qui nous importe le plus. J'admire la valeur d'Alexandre; il lui eût importé de vivre plus longtemps. Le père croit qu'il lui importe de pardonner. Il importe à vous et à moi de vivre chrétiennement. Evitez les méchants; il leur importerait d'être méprisés de tous les gens de bien. O hommes, il vous importe de servir Dieu.

### THÈME 164e.

*Refert meâ Cæsaris.* — (GRAMM., même n° 188, 2e REMARQUE.)

Il importait à toi, Pompée, d'éviter la guerre. Il importe à moi seul de gérer mes affaires. Il importe à vous, ministres du Seigneur, d'instruire les peuples. Il importe à nous tous, chrétiens, d'imiter Jésus-Christ. Il importe à moi qui parle et à toi qui écoutes, d'être prudents. Le maître croit qu'il importe à lui seul de parler. La vertu qui importe surtout à nous, magistrats, est l'équité.

## THÈME 165e.

*Utriusque nostrûm interest.* — ( Gramm., même n° 188, 3e Remarque et Nota.)

Il nous importera à tous deux d'aller trouver le roi. Il vous importait à tous deux, César et Pompée, de faire la paix. Il était de l'intérêt d'Auguste d'être bon et clément. Les Romains, qui avaient intérêt à dissimuler, conclurent la paix. Il est de mon intérêt et du vôtre d'éviter les procès. Les mauvais citoyens avaient intérêt à favoriser les projets de Catilina. Il est de l'intérêt de chacun de nous de faire le bien.

## THÈME 166e.

*Est regis.* — ( Gramm., n° 189.)

Il est d'un bon citoyen d'être utile à la république. Il sera toujours d'un honnête homme de respecter le bien d'autrui. C'est le propre des ignorants de vouloir toujours parler. Il appartenait à Néron de surpasser les cruautés de Tibère. C'est l'affaire des magistrats de veiller à la sûreté de leurs concitoyens. C'est le devoir de tous les jeunes gens d'être dociles.

## THÈME 167e.

*Meum est loqui ; Hic liber est meus.*
( Gramm., même n° 189, 1re et 2e Remarque.)

Mon fils, c'est à moi de commander, et à vous d'obéir. C'était à toi, Saül, à attendre le prophète et à suivre ses ordres. Il nous appartient d'être heureux. Damon croit qu'il lui appartient de réformer les mœurs des autres. Cette maison est à moi. Les fruits de la terre sont à nous. Il est de mon devoir de vous avertir. Ces prés et ces champs sont à toi : c'est ton devoir de les cultiver. Les philosophes croient qu'il est de leur devoir d'instruire les hommes.

### THÈME 168e.

*Mihi opus est amico.* — (GRAMM., n° 190.)

Les Carthaginois avaient besoin d'un général habile. Vous n'avez pas besoin de tous ces livres. Vous n'aurez jamais besoin de richesses, si vous êtes instruit. Cet avocat aura besoin de toute son éloquence et de toute son adresse. Votre père paraît avoir besoin de repos et de tranquillité. Les Gaulois eurent besoin du secours des Romains contre les Germains. Celui qui conduit les autres a besoin d'une grande sagesse.

### THÈME 169e.

*Me pœnitet culpæ meæ.* — (GRAMM., n° 191.)

Les méchants se repentent rarement de leurs crimes. Socrate n'avait point honte d'avouer son ignorance sur beaucoup de choses. Pendant longtemps David ne se repentit point de ses fautes ; mais à la fin il eut honte de sa conduite, et il demanda pardon à Dieu. Le saint homme Job s'ennuyait de la vie. Un enfant d'un bon naturel est fâché des fautes qu'il a commises. Ma sœur, qui se repent de sa timidité, s'embarquera bientôt.

### THÈME 170e.

Votre maître commence à se repentir de son indulgence. Les hommes vertueux ne doivent jamais se repentir de leurs bonnes actions. Le riche n'avait pas eu pitié de Lazare : le père Abraham ne voulut point avoir pitié du riche. Le déluge arriva : alors les hommes incrédules commencèrent à se repentir. Les tyrans eux-mêmes paraissent quelquefois se repentir de leur cruauté. Nous ne tardons pas à nous ennuyer d'un trop long repos. Tu parais être fâché de ta paresse.

### THÈME 171e.

Alexandre, qui se repentait d'avoir tué Clitus, resta plusieurs jours dans sa tente; il avait honte de lui-même, et il était fâché d'avoir commis un crime si énorme. Les Hébreux, qui eurent pitié des Gabaonites, furent trompés par ceux-ci : ils ne voulurent pas néanmoins avoir honte de leur indulgence, et ils leur laissèrent la vie. Lâche Pilate, tu devrais avoir honte de ton injustice. Ceux qui ne veulent pas se repentir d'une mauvaise action, sont dignes du mépris de tous les honnêtes gens.

### THÈME 172e.

Ceux qui connaissent l'Evangile, auraient honte de la doctrine de plusieurs philosophes de l'antiquité. Alexandre parut un jour avoir pitié de l'extrême pauvreté de Diogène ; il lui offrit des secours, que l'orgueilleux philosophe refusa. Dans les guerres civiles, les vainqueurs devraient avoir honte de leur victoire. Le jeune homme qui commence à se repentir de ses défauts, obtient l'estime de ses parents ; et s'il paraît avoir honte de sa vie passée, il se rend digne de la bienveillance des gens honnêtes.

### THÈME 173e.

Le roi Saül parut un jour se repentir de sa cruauté envers David. Je ne veux pas avoir éternellement honte de mes péchés : j'aime mieux en avoir honte maintenant. Sous Néron, les Romains n'osaient point avoir pitié des hommes vertueux que le tyran faisait périr injustement. L'empereur Théodose, qui était porté à la colère, eut néanmoins pitié de la ville d'Antioche. Après la mort, les hommes vicieux ne pourront plus se repentir de leurs fautes. Mon frère et mon cousin, qui ne s'ennuient pas de l'étude, commencent à s'ennuyer de la chasse et de la pêche.

## *RÉCAPITULATION de toutes les règles des verbes neutres, déponents, passifs et impersonnels.*

(GRAMM., depuis le no 171 jusqu'au no 192.)

### THÈME 174e.

Il eût importé à César de se défier de ses ennemis. Il nous importe à tous deux de nous concilier la bienveillance d'un homme aussi influent. Un roi surtout a besoin d'amis sages et fidèles. La terre a besoin de pluie et de chaleur. Saint Augustin avait interdit sa table à tous ceux qui médisaient des autres. La sévérité de Manlius Torquatus ne fut pas approuvée de tous les Romains. Notre vie n'est pas à nous : elle est due à la patrie. Le général et les soldats ont assurément besoin de courage dans les combats; mais le général a surtout besoin de prudence. Julien l'Apostat, voulant priver les chrétiens de toute instruction et les rendre méprisables, leur avait interdit l'étude des lettres. Il imaginait chaque jour de nouveaux moyens de leur interdire l'exercice de la religion; mais la piété des fidèles bravait les supplices et triomphait des obstacles.

### THÈME 175e.

Les Juifs, peuple endurci et rebelle, non-seulement ne suivaient point les sages conseils de leurs prophètes, mais encore ils les menaçaient de la mort et les persécutaient. Ensuite, frappés par la main du Seigneur, ils levaient leurs mains vers lui, et ils commençaient à se repentir de leurs crimes. Les parents ne se repentent point des dépenses que leur coûte l'éducation d'un enfant qui contente ses maîtres. Le magistrat qui présidera à la séance des juges est un homme d'un grand mérite, mais aussi d'une grande sévérité ; c'est pourquoi la mort menace celui qui a commis le crime. Votre père menaçait hier de la sévérité des lois un de ses débiteurs qui dissipe son gain dans la débauche, et qui ne paraît point avoir honte de ses excès. Ce bois, ce moulin et ces étangs étaient à moi; maintenant ils sont à vous, je vous les donne.

### THÈME 176e.

Une tempête horrible menaçait les vaisseaux d'Enée. Il appartenait au héros troyen de donner à tous ses compagnons l'exemple du courage. Nos greniers regorgent de grains, et nos maisons ne manquent d'aucune des choses qui regardent la vie du corps. Si le malheur dont vous parlez arrive, une grande perte menace plusieurs familles estimables. Pour ce qui me regarde, je veux avoir pitié des malheureux enfants qui resteront orphelins. Sylla s'ennuya de la dictature. Ces jardins si agréables à voir appartenaient au jeune Cyrus, et la plupart des arbres avaient été plantés par lui. Il appartient à un prince sage de rendre ses sujets heureux. Les Russes ont été battus par les armées de la France et de l'Angleterre réunies.

### THÈME 177e.

Cicéron avait beaucoup étudié les auteurs grecs; Démosthène et Xénophon lui plaisaient beaucoup. Il appartient au sénat de décider lequel des deux a raison (*au subj.*), de Pompée ou de César. La maison de Pompée appartint ensuite à Antoine, un des triumvirs. Ce port, vaste et commode, regarde (*spectare ad*) l'orient. Pour ce qui regarde la littérature. Quant à ce qui regarde la peinture. Ces règles ont rapport à la rhétorique. Cet enfant n'a point honte maintenant de sa paresse; mais il se repentira plus tard de son indolence, en voyant les prix remportés par ses condisciples.

Les Macédoniens se servaient de la lance, du bouclier, des flèches et de l'arc. La guerre dépeuple les villes et les campagnes; elle prive leurs malheureux habitants de toutes les choses nécessaires à la vie. Il importe aux parents. Il importait aux Athéniens. Cela m'importe à moi seul.

### THÈME 178e.

L'Egypte était remplie de villes magnifiques; elle abondait en fruits et en blé. Ne manquons à aucun de nos devoirs. Nous ne manquerons de rien, si nous sommes fidèles à Dieu. Le pain dont nous nous nourrissons, les habits dont nous sommes couverts, l'air que nous respirons, la lumière dont nous jouissons, sont des dons de notre Père céleste. Alors le roi Pharaon se ressouvint de ses ministres qui étaient dans les fers, et il eut compassion d'eux. Les Japonais interdisent l'entrée de leur empire à tous les étrangers. Les Chinois avaient coutume d'interdire de même les portes de la Chine aux Européens; mais, forcés par les Anglais, ils accordèrent enfin aux vaisseaux la faculté d'entrer dans un de leurs ports. Le sommet des hautes montagnes est souvent frappé par la foudre.

### THÈME 179e.

Il eût importé à Darius d'avoir un bon général et de l'opposer à Alexandre. Il est d'un Dieu de mourir pour ses créatures. Il a toujours été d'un héros de mépriser le danger. Pompée aurait eu besoin d'avoir (1) des soldats aguerris. O hommes qui êtes fâchés du bien qui arrive à votre prochain, le Seigneur vous menace de sa colère et de son implacable justice. Il importera aux jeunes gens de chercher l'occasion de s'instruire. Pierre et André, il vous importait à tous deux de suivre le Sauveur. Il appartient au mensonge et à l'erreur de fuir la lumière et de se cacher dans les ténèbres. Lorsque vous commencerez à avoir honte de votre oisiveté et à faire usage des livres que je vous ai donnés, je commencerai, moi, à me repentir de la conduite sévère que j'ai tenue envers vous. La disette menace nos contrées. Plusieurs inondations menacèrent ce pays. L'homme ingrat est partout détesté.

### THÈME 180$^{e}$.

Le temps passé n'est plus à nous. C'est aux parents de corriger leurs enfants. Il importait à toi, Judas, et à vous, hypocrites pharisiens. Il importera à notre santé, à notre amitié, à notre bonheur. Cette épée est à toi, César. Ces cahiers sont à vous, mes amis. Ne manquez jamais à la politesse. Ce pays manque d'eau. Si je manque à la classe, le maître se fâchera contre moi, et il me menacera de la férule. Le traité conclu entre les deux généraux doit être approuvé de l'empereur de Russie et du roi d'Angleterre. L'orgueil et l'injustice ne sont approuvés de personne. Tous les

(1) *Avoir* ne se traduit pas.

hommes ont besoin de repos. Les Athéniens avaient besoin du secours de leurs alliés contre les Perses. Les arbres de la forêt voisine ont été renversés par un vent violent. Les Athéniens, par qui Aristide fut condamné à l'exil, se montrèrent injustes et ingrats.

### THÈME 181e.

La ville de Babylone avait été entourée, par la reine Sémiramis, de murailles très-hautes et très-épaisses. Il faut interdire le travail aux personnes infirmes. Interdisez votre maison aux méchants. Les soldats courageux et entreprenants sont aimés et favorisés de leurs chefs. Les exemples des hommes sages devraient être suivis de tout le monde. La vertu de ce jeune homme sera imitée de tous les élèves. Le jeu m'a été interdit par mon père (1). Les spectacles dangereux nous sont interdits par la loi de Dieu. Le ciel fut interdit par Dieu aux anges rebelles. La lecture que je vous ai interdite. La compagnie des jeunes gens que je vous interdirai. Les livres dont vous avez besoin. La somme d'argent dont votre père aurait eu besoin. Les séances de l'académie, auxquelles mon maître et moi avons assisté, nous ont paru fort intéressantes.

### THÈME 182e.

Néron osait assister au supplice des malheureux qu'il avait condamnés à la mort, et il jouis-

(1) *Mihi à patre interdictum est à ludo.*

sait de leurs tortures et de leurs contorsions. Homme avare, bientôt tes trésors ne seront plus à toi. Il appartient à Jésus-Christ de juger les vivants et les morts; c'est à nous de redouter et d'apaiser ce juge sévère. Tous les hommes sont tourmentés par les passions; ils sont accablés de travaux et couverts d'infirmités. Cette lettre très-obligeante m'a été envoyée par un de mes amis. Le livre intitulé *Télémaque* a été composé par un archevêque d'une grande piété; il peut être regardé comme un véritable poème; il est admiré et loué de tout le monde. La musique a été étudiée cette année par mon fils. Je l'ai félicité de son application, et je me suis réjoui de ses succès. Cette table est à moi. O Dieu! nous sommes tous à vous.

### THÈME 183e.

Le général dont les Lacédémoniens avaient besoin leur fut envoyé par les Athéniens : il se nommait Tyrtée. Les deux choses qui m'ont surtout été interdites par le médecin, sont le vin et la chasse. Demandez à Dieu la sagesse dont vous avez besoin, et il vous la donnera. L'empereur Théodose, par qui avait été ordonné le massacre des habitants de Thessalonique, ne parut point d'abord se repentir de son crime; mais bientôt, averti par saint Ambroise, évêque de Milan, il eut honte de sa cruauté, et en demanda publiquement pardon à Dieu. C'est le propre du sage de ne rien faire légèrement. Les délassements que je vous ai interdits, ne sont pas les jeux honnêtes et modérés. Il importe à la fertilité des campagnes d'être arrosées par les pluies du ciel. Romains, il vous importait de vaincre Annibal. Il importait à Philippe, roi de Macédoine, de rendre la justice; il mourut assassiné par un jeune homme qui se plaignait de lui.

## THÈME 184e.

Jésus dit aux Pharisiens : Les malades, et non les sains, ont besoin de médecin. C'est à moi, Auguste, de venger le nom romain et de réparer la défaite de Varus. Le jour de demain n'est pas à nous. Mon frère croit que ces livres sont à lui. Artaxerxe et Cyrus étaient frères; il leur eût importé à tous deux de vivre en paix. Les enfants sont exhortés au travail par leurs maîtres et leurs parents. Un jeune homme qui ose avoir honte de ses déréglements, est digne de l'estime et de l'approbation publique. Les Curius (1), les Fabricius, et tous les grands hommes de l'antiquité, ne parurent jamais avoir honte de leur pauvreté. Vous vous ennuierez bientôt des plaisirs, si vous voulez sans cesse en jouir. Je suis fâché des malheurs qui vous menacent et du mal qui vous est arrivé.

## THÈME 185e.

Les Sauvages furent épouvantés par une éclipse

(1) *Les* ne se rend pas. Dites donc simplement : *Curius, Fabricius,* etc.

de lune. Christophe Colomb en profita : il les menaça de la colère du ciel, et leur demanda de nouveau des vivres qu'ils lui apportèrent. Il y a de la légèreté, c'est le propre de la légèreté de s'exposer témérairement au danger. Il est de l'intérêt de tous les hommes de bien vivre, s'ils veulent bien mourir. Les Athéniens avaient intérêt à rappeler Alcibiade de l'exil. Les Apôtres, qui n'avaient pas intérêt à tromper, aimèrent mieux souffrir la mort que de renier leur maître. Il m'appartient de détourner mes amis d'un projet dangereux. C'est à nous d'éviter ce qui peut nous nuire. Les préceptes de Jésus-Christ regardent les riches et les pauvres. Les Israélites furent vaincus, et l'Arche fut prise par les Philistins : le grand-prêtre Héli l'apprit d'un soldat.

### VII. Observations diverses.

#### THÈME 186e.

*Deus amat virum bonum, illique favet.* — (GRAMM., no 193.)

L'empereur Auguste et le roi Louis XIV aimaient et favorisaient les hommes savants. Chérissons et étudions les auteurs sacrés. Enfants des hommes, aimez et servez le Seigneur. Tous les vrais chrétiens doivent étudier et imiter la vie de Jésus-Christ. Les maîtres aiment et favorisent les jeunes gens curieux d'étudier et de connaître l'histoire des temps passés.

#### THÈME 187e.

Les auteurs que j'aime et étudie surtout, sont Virgile et Horace. Xerxès, que ses courtisans louaient et flattaient, vit néanmoins ses flottes défaites par les Grecs. Les cinq pains que Jésus bénit et multiplia, nourrirent cinq mille hommes dans le désert. Vous lirez avec plaisir les ouvrages de Pline, auteur fort élégant, que l'empereur Trajan aimait et favorisait.

## THÈME 188e.

*Amat ludere.* — (GRAMM., no 194.)

Cicéron aimait à plaisanter. Votre père aime à chasser. Nous désirons tous être sauvés; mais nous ne voulons pas prendre les moyens nécessaires. Les soldats d'Alexandre commençaient à murmurer. Cessons de médire. Apprenons à obéir, et nous apprendrons à commander.

## THÈME 189e.

*Eo lusum.* — (GRAMM., no 195.)

Saint Pierre dit à quelques apôtres : Je vais pêcher; et ils l'accompagnèrent. J'irai visiter la Palestine. Tobie allait visiter les infirmes et ensevelir les morts. Les saintes femmes étaient allées voir le sépulcre. Cicéron alla étudier la philosophie en Grèce. Les Gaulois étaient venus assiéger Rome; Camille vint les repousser. O Jésus! vous êtes venu guérir nos plaies.

## THÈME 190e.

*Redeo ab ambulando.* — (GRAMM., no 196.)

Ruth revint de glaner. Esaü revenait de chasser. Mon frère et le vôtre reviennent de pêcher.

César revenait de subjuguer la Gaule. Nos soldats sont revenus de poursuivre les ennemis. Christophe Colomb reviendra de découvrir l'Amérique.

### THÈME 191e.

*Te hortor ad legendum.* — (GRAMM., n° 197.)

Le saint évêque exhortait les chrétiens à mourir pour leur Dieu. Cicéron exhorte les jeunes gens à cultiver l'éloquence. L'ombre rafraîchissante des arbres nous invitait au repos. L'exemple des autres hommes nous porte à les imiter. Enfants, je vous engage à étudier et à lire l'histoire.

### THÈME 192e.

*Consumit tempus legendo.* — (GRAMM., n° 198.)

Certains hommes passent leur vie à boire et à manger. Ils emploient la nuit à dormir, et le jour à ne rien faire (*otiari*). Vous perdez votre temps à jouer. Noé mit cent ans à bâtir l'arche. Je trouve du plaisir à étudier. Ce poète se tue à rimer. L'empereur Domitien passait environ une heure du jour à attraper des mouches. Pénélope passait le temps à faire de la tapisserie.

### THÈME 193e.

*Dedit mihi libros legendos.* — (GRAMM., n° 199.)

La vie des Saints nous offre de grands exemples à imiter. Les martyrs présentaient hardiment leur tête à couper. Votre ami m'a donné des fleurs nouvelles à semer. Interrogeons notre cœur: nous trouverons des défauts à corriger, des vertus à acquérir. Philippe donna son fils à instruire à Aristote. L'ange dit à Tobie : Donnez-moi votre fils à conduire.

### THÈME 194e.

Les anciens nous ont laissé de sages préceptes à étudier. Vous me paraissez un homme difficile à contenter. Astyage, roi des Mèdes, livra à Harpagus son petit-fils Cyrus, pour le mettre à mort (1). Je vous ai chargé de plaider ma cause (2). Vous avez eu bien des dangers à courir (3). Les lettres que vous m'avez données à écrire sont achevées. Nous avons beaucoup de péchés (*sunt nobis multa, etc.*) à expier.

### THÈME 195e.

*Vidi eum ingredientem.* — (GRAMM., no 200.)

Quand le chien sent approcher les voleurs, il aboie. Je vous ai entendu chanter hier. Les martyrs entendaient rugir les lions ; mais ils ne s'effrayaient point. Pour celui qui est à l'abri (tournez : *à celui, etc.*), il est doux d'entendre les vents siffler et la pluie tomber. Nous irons vous écouter plaider demain. Jésus, sentant sa dernière heure approcher, dit : Tout est consommé ; et il expira.

---

(1) *Tournez :* Son petit-fils Cyrus devant être mis à mort. — (2) *Tournez :* De ma cause devant être plaidée. — (3) *Tournez :* Bien des dangers devant être courus (*subeundus, a, um*), ont été à vous.

## THÈME 196e.

*Nùm dormis? Vidisti-ne regem? Nonne vidisti regem?*
(GRAMM., nos 201 et 202.)

Travaillez-vous? Etudiez-vous? Lisez-vous? Avez-vous entendu la foudre cette nuit? Cicéron ne fut-il pas exilé? Absalon succéda-t-il à David, son père, qu'il voulait chasser du trône? Saül attendit-il Samuel? N'avez-vous pas entendu le maître s'irriter contre nous et nous menacer du châtiment? Les Romains ne redoutaient-ils pas Annibal? furent-ils fâchés de la mort de ce grand homme?

## THÈME 197e.

*Visne pacem, an bellum?* — (GRAMM., no 203.)

Désirez-vous du lait, ou des fruits? Préférez-vous Alexandre, ou César? Vous ferez-vous (*fiesne*) soldat, ou matelot? Ce que je dis est-il vrai, ou non? Irez-vous pêcher, ou chasser? Serez-vous de retour, ou non? Les Romains entreprenaient-ils une guerre, ils consultaient les dieux. La colonne de nuée s'élevait-elle, les Israélites décampaient; s'arrêtait-elle, ils campaient. Turenne remportait-il une victoire, il l'attribuait à la valeur des soldats.

## THÈME 198e.

*Nùm dormis? Non dormio.* — (GRAMM., no 204.)

Caton favorisait-il les méchants? Non. Diogène avait-il honte de sa pauvreté? Non. David vainquit-il Goliath? Oui. Irez-vous voir bientôt votre père? Oui. N'avez-vous pas vu le souverain pontife? Non. Epaminondas était-il fâché de verser son sang pour sa patrie? Non. Avez-vous étudié vos leçons? Oui.

THÈME 199e.

*Quis te redemit? Jesus Christus.* — (GRAMM., n° 205.)

Qui vous a instruit? Mon père. Qui aimez-vous? Dieu et mes parents. Qui est heureux sur la terre? Personne. De quoi se nourrissaient les Perses? De pain et de cresson. Qui a pitié des malheureux? L'homme qui a éprouvé lui-même des malheurs. A qui importe-t-il de faire le bien? A tout le monde. A qui appartient-il de punir le crime? Aux magistrats.

THÈME 200e.

De qui parlaient les disciples? De Jésus crucifié. A qui importera-t-il de partir? A toi. A qui est-ce de parler? A moi. A qui devons-nous demander la patience? A Dieu. Quel livre lirons-nous? L'Evangile. Par qui Constantinople fut-elle fondée? Par Constantin. De qui avez-vous reçu cette lettre? De mon ami. Qui se repent de ses fautes? L'homme de bien.

THÈME 201e.

*Puer, abige muscas.* — (GRAMM., n° 206.)

Riches, faites l'aumône. Enfants, soyez soumis à vos parents. Qu'il périsse, le misérable qui a trahi son divin maître! Jésus dit au paralytique:

Levez-vous, prenez votre grabat, et marchez. Imitons la fourmi. Femmes juives, félicitez David de sa victoire. Qu'il meure. Qu'elles se repentent. Dieu dit : Que la lumière soit, et la lumière fut.

### THÈME 202e.

*Ne insultes* ou *ne insulta miseris.* — (Gramm., n° 207.)

Mon fils, n'imitez point les méchants; ne vous moquez point des malheureux; ne vous repentez jamais d'une bonne action; ne renvoyez point l'ouvrier sans son salaire. Que le mensonge ne se trouve point dans votre bouche. Que mon ami ne vienne pas; car j'irai le voir moi-même. Ne t'irrite point contre celui qui te donne de bons conseils.

## *RÉCAPITULATION de toutes les règles qui regardent les* OBSERVATIONS DIVERSES.

(Gramm., depuis le n° 193 jusqu'au n° 208.)

### THÈME 203e.

Jésus dit aux apôtres : Ayez confiance, j'ai vaincu le monde; que mes paroles vous fortifient; ne craignez point les hommes, et que votre cœur ne se trouble point. N'est-il pas du devoir d'un fils de respecter ses parents? Oui. Un malheur arrive-t-il au sage, il le supporte avec patience. Qui fut malheureux? L'enfant prodigue, lequel aurait voulu se rassasier des cosses dont les pourceaux se nourrissaient. Saint Ambroise vendit les vases sacrés, et en employa le prix à soulager les pauvres. Avare, tu passes ta vie à amasser des écus; emploie tes richesses à essuyer les larmes des malheureux. Mes enfants, ne craignez point les hommes, mais craignez Dieu. Les ouvrages de Cicéron, que nous avons admirés et étudiés, ont été annotés par un professeur de notre collége, homme très-savant.

### THÈME 204e.

Philippe avait-il remporté une victoire, Alexandre, affligé, s'écriait : Mon père ne me laissera donc rien à faire! Un jour nous verrons revenir le Fils de l'homme, et les anges sonner de la trompette. Que chacun de nous s'exerce dans l'art qu'il connaît. Jean-Baptiste exhortait les Juifs à faire pénitence. La plupart des enfants aiment à causer, à rire, à badiner et à jouer. Ils ne peuvent se taire. Il leur importerait pourtant souvent d'écouter avec attention les règles de sage conduite que leur donnent les gens d'un âge plus avancé. Nous irons tous entendre ce célèbre orateur qui doit prêcher demain; c'est (1) un homme d'une grande éloquence et d'un grand mérite. Nous revenons de parcourir les Alpes. Je vous invite à faire ce voyage, qui vous sera très-utile et en même temps très-agréable.

### THÈME 205e.

Le père de famille dit aux ouvriers : Et vous aussi, allez travailler à ma vigne. Sept ans furent employés à bâtir le temple de Jérusalem. A qui eût-il importé d'être moins cruels? A Caligula et

(1) *Ce* dans *c'est* ne se rend pas. Dites donc : *Hic est vir,* etc.

à Néron, empereurs romains. Jacob aperçut une échelle, et il voyait les anges monter et descendre. Ses maîtres ont menacé et puni plusieurs fois cet enfant paresseux. Nous devons aider et secourir les malheureux. Qui assiégea Tyr et s'en rendit maître? Alexandre. De qui était-il fils? De Philippe. Succéda-t-il à son père? Oui. Un vieillard, sentant sa mort approcher, dit un jour à son fils : Pensez souvent à Dieu, et ne l'offensez jamais. Ayez pitié des pauvres, et Dieu aura pitié de vous. La bienfaisance et l'aumône sauvent l'homme de la mort éternelle.

### THÈME 206e.

Les Juifs, que Dieu menace et avertit par ses prophètes, se repentiront un jour, mais trop tard, de leur incrédulité; ils éprouveront les châtiments dont il les avait menacés. L'histoire romaine, que nous lisons et étudions, nous représente Néron comme un monstre féroce. J'estimerai et je favoriserai toujours les jeunes gens vertueux. Télémaque, voyant arriver la déesse, cessa aussitôt de parler. Les voyageurs vont parcourir les empires, et ils s'instruisent des mœurs des peuples. Nous irons voir nous-mêmes plusieurs pays lointains; et quand nous reviendrons de les visiter, nous vous rapporterons les choses curieuses que nous y aurons trouvées. La mère des Machabées exhortait elle-même ses enfants à souffrir les tourments dont le cruel Antiochus les menaçait.

### THÈME 207e.

Le philosophe Cléanthe passait la nuit à puiser

de l'eau à un puits, et il employait le jour à écouter les leçons de Zénon. Presque toute la noblesse romaine allait à Athènes (*Athenas*) étudier les lettres grecques. Adam et Eve passaient leurs jours à bénir Dieu et à chanter ses louanges. Nous aimons à nous rappeler le temps de notre jeunesse. Cincinnatus labourait lui-même son champ, bien différent des Romains des derniers temps, qui abandonnaient à des esclaves leurs terres à cultiver, et même leurs enfants à instruire. A qui appartenait-il de sauver la république? A Cicéron, consul. Il mit tous ses soins à découvrir la conjuration et à en punir les auteurs. Dieu, à cause de Job, épargna les amis qui étaient venus le visiter.

THÈME 208e.

Les soldats d'Alexandre supportaient patiemment les fatigues de la guerre, parce qu'ils le voyaient lui-même les supporter avec gaieté et courage. Avez-vous apporté les livres que je vous donnai dernièrement à lire? Non. Que ceux qui n'ont point honte des plus grands vices, s'abandonnent à leurs passions; mais qu'ils respectent au moins la vertu dans les autres. Ne connaissez-vous pas la ville de Rome? Non; mais j'irai la voir bientôt. Demandez-vous Monsieur, ou Madame? Mon frère vient de prendre un bain. Vous ennuyez-vous de l'oisiveté? Oui. Qui fut fâché de la mort d'Antoine? Personne. Quel genre de mort choisit-il, le poison, ou le glaive? Le poison.

THÈME 209e.

Le célèbre Platon était favorisé et recherché de tous ; les étrangers eux-mêmes venaient voir et entendre cet homme extraordinaire. Mon fils, acquittez-vous scrupuleusement de vos devoirs, surtout de ceux qui regardent le Créateur. N'imitez point les mauvais exemples, encore plus funestes que les mauvais discours. Que votre âme ne soit jamais souillée de pensées impures. A qui importe-t-il de lire et d'étudier l'histoire sainte? A vous tous. Arius fut favorisé et protégé par Constantin, empereur trop crédule. La vie des Saints est admirée et imitée de tous ceux qui veulent leur ressembler.

---

# CHAPITRE V.

## DU PARTICIPE.

### § 1er. Syntaxe d'accord.

THÈME 210e.

*Puer interrogatus respondit.* (GRAMM., no 208.)

Jacob, voyant ses enfants réunis, leur dit. Rébecca, devant présenter Jacob à Isaac, le revêtit des habits d'Esaü. Pierre et Jean, se hâtant, coururent voir le sépulcre. Les Juifs, enchantés de la modération d'Antiochus, et voyant d'ailleurs leur ville épuisée, se rendirent à lui après la fête.

## § 2. Syntaxe des compléments.

### THÈME 211e.

*Gallus escam quærens, margaritam reperit.*
(GRAMM., n° 209.)

Cicéron, voyant Caton assis dans la bibliothèque de Lucullus, et entouré d'une foule de volumes, dit : Cet homme semble dévorer les livres. La cicogne, trompée par le renard, trompa ensuite ce rusé trompeur. La reine Didon, devant se donner la mort, appela sa sœur Anne, et lui dit.

### THÈME 212e.

*Partibus factis, sic locutus est leo.* — (GRAMM., n° 210.)

Le traité étant conclu, les ennemis abandonnèrent la ville. Alexandre étant mort, la guerre s'éleva entre les principaux généraux macédoniens. Les rois ayant été chassés par Brutus, la liberté fut rendue aux Romains. La guerre ayant été résolue, Thémistocle fut nommé général. Les Athéniens et les Thébains ayant été vaincus à Chéronée (*apud Cheroneam*), Philippe ne parut point s'enorgueillir d'une si grande victoire.

### THÈME 213e.

*Urbem captam hostis diripuit.* — (GRAMM., même n° 210, REMARQUE.)

L'empereur Tite étant mort, les Romains le pleurèrent. Les Romains ayant été enveloppés aux Fourches-Caudines (*apud Furcas Caudinas*), les Samnites les firent passer sous le joug (*mittere sub jugum*). Lazare étant mort, Jésus-Christ le ressuscita. Antiochus le Grand assiégeant Jérusalem, les Juifs lui demandèrent une suspension d'armes de sept jours, afin de célébrer (*ut celebrarent*) leur fête la plus solennelle.

***RÉCAPITULATION** de toutes les règles du **Participe**.*

THÈME 214e.

L'or étant déjà placé dans la balance, Camille arriva et chassa les Gaulois. Caïn, devant tuer son frère, lui dit : Allons nous promener. Les ennemis ayant été mis en fuite, les Français les poursuivirent. Le meurtrier devant être conduit au supplice, le roi lui pardonna. La mort de Socrate, philosophant tranquillement avec ses amis, est la plus douce (1) que l'homme puisse désirer. La mort de Jésus, expirant dans les tourments, injurié, raillé, maudit de tout un peuple, est la plus horrible que l'homme puisse craindre. La bataille de Pharsale ayant été perdue, Caton se prépara à la mort. Du Guesclin, ayant rassemblé ces bandes formidables, les conduisit en Espagne. Jésus étant mort, Nicodème et Joseph d'Arimathie (*ab Arimathœa*) allèrent demander à Pilate la permission de l'ensevelir.

THÈME 215e.

Annibal, ayant assiégé et pris la ville de Sagonte, la détruisit de fond en comble. La conjuration ayant été découverte, le vigilant consul la

(1) Tournez pour le latin : La plus douce de toutes celles que, *omnium dulcissima quas homo potest...*

dissipa. Ayant assemblé les sénateurs, il leur découvrit tous les desseins de Catilina. Romulus étant mort, les Romains élurent roi Numa Pompilius. Thomas, voyant Jésus, s'écria : Mon Seigneur et mon Dieu! Lorsqu'Alexandre allait entrer à Babylone (1), des mages vinrent lui annoncer des choses sinistres. Ce prince étant mort, ses dépouilles furent partagées entre ses généraux. Un Lacédémonien accablant son esclave de coups de fouet, Démonax lui dit : Cesse de te montrer semblable à ton esclave. Cyrus, l'Orient soumis, résolut de porter la guerre chez les Scythes. Les Romains, devant se rendre maîtres (*potiri*) de la Sicile, préparèrent une grande flotte.

---

# CHAPITRE VI.

## DE LA PRÉPOSITION.

### I. Noms de matière, de cause, d'instrument, etc.

### THÈME 216e.

*Vas ex auro.* — (GRAMM., n° 212.)

Je reviens de marchander une magnifique statue de marbre. Les anciens portaient des boucliers et des casques d'airain. Pendant longtemps les Romains ne se servirent point de vases d'or ni d'argent. Socrate étant mort, les Athéniens, qui se repentaient de leur crime, lui élevèrent une statue d'airain.

---

(1) *Tournez :* A Alexandre devant entrer à Babylone, des mages, etc.

## THÈME 217e.

*Ferire gladio ; fame interiit.* — (GRAMM., n° 213.)

Eurybiade voulait frapper Thémistocle de son bâton : Frappe, dit celui-ci, mais écoute. Alexandre tua Clitus avec une javeline. Jésus, mourant de soif, fut abreuvé de fiel et de vinaigre. Le cheval l'emporte sur le bœuf par l'agilité. La maison que j'ai achetée, me coûte vingt-cinq mille francs. Tenez mon cheval par la bride. Le jeune Tobie saisit le poisson par les ouïes, et le tira hors de l'eau.

## THÈME 218e.

Ce domaine, tous frais compris, me coûte cent deux mille trois cents francs. Une petite figure en bronze, découverte à Herculanum (*Herculani*), tenant une grappe de raisin à la main droite, et de la gauche un lièvre, représente l'automne. Il a fait cela par amitié. Judith surpassait les autres femmes en sagesse et en courage; elle coupa la tête d'Holopherne avec un sabre. Les Juifs allèrent trouver Jésus avec des lanternes et des bâtons.

## THÈME 219e.

*Velum longum tres ulnas,* ou *tribus ulnis.*
(GRAMM., n° 214.)

Un bâton long de cinq pieds. Une maison haute de sept toises trois pieds onze pouces. Un chemin large de huit mètres. Ma chambre a douze pieds de long, neuf de large, et six de hauteur (1). Ce

(1) *Tournez :* Ma chambre est longue de 12 pieds, large de 9, etc.; et ainsi de toutes les phrases semblables.

fleuve a dix-huit pieds de profondeur. La ville de Londres est éloignée de la ville de Paris d'environ quatre-vingt-dix-huit lieues. Ma maison de campagne est à deux lieues de la vôtre.

THÈME 220e.

La plus haute des pyramides d'Egypte a cinq cents pieds de haut. La fameuse muraille bâtie par les Chinois a quatre cents lieues de long et quatre-vingts pieds de largeur. Paris est éloigné d'Amsterdam d'environ cent neuf lieues. Pompée était plus âgé que Cicéron de deux ans. Virgile était plus âgé qu'Horace d'environ quatre ans. A deux lieues et demie *(cum mediâ)* environ de Jérusalem, se trouvait le bourg nommé Emmaüs.

THÈME 221e.

Un homme a été tué à vingt pas de la forêt. Saint Louis reçut la sainte couronne d'épines à cinq lieues de Sens. Un ours est venu manger mes pommes dans mon enclos, à trente pas de ma maison. L'île d'Eubée est plus longue que large de vingt-cinq lieues. A trois cents mètres d'ici se trouve une source merveilleuse. Goliath avait dix pieds de haut ; il était par conséquent plus grand que David d'environ cinq pieds.

II. **Noms de temps.**

THÈME 222e.

*Veniet die dominicâ.* — (GRAMM., no 216.)

Adam et Eve furent créés le sixième jour, et le septième Dieu se reposa. L'empereur Auguste est mort la soixante-seizième année de son âge. Quand viendrez-vous me voir ? Vendredi prochain. Jésus mourut à trois heures après midi. A quelle heure viendrez-vous? A sept heures. Les jeux olympiques se célébraient tous les cinq ans. Tous les six mois, ce négociant règle ses comptes. L'Épiphanie se célèbre dans le mois de janvier. Christophe Colomb découvrit l'Amérique en l'an mil quatre cent quatre-vingt-douze. Rome fut fondée sept cent cinquante-quatre ans avant Jésus-Christ.

### THÈME 223ᵉ.

*Regnavit tres annos,* ou *tribus annis.* — (GRAMM., nº 217.)

Le siége d'Azoth dura vingt-neuf ans. La ville de Troie fut assiégée pendant dix ans par toute la Grèce. L'empereur Tite vécut quarante-un ans, et régna seulement deux ans. Henri Quatre avait régné vingt et un ans, lorsqu'il fut assassiné, le quatorze mai mil six cent dix.

### THÈME 224ᵉ.

*Tertium annum regnat.* — (GRAMM., nº 218.)

Il y a deux ans que la guerre dure. Il y a quatre cent douze ans que les Turcs sont maîtres de Constantinople. Il y a cinq cent soixante-dix-neuf ans que les navigateurs font usage de la boussole. Tibère mourut l'an trente-sept de Jésus-Christ; il y avait environ vingt-trois ans qu'il régnait. Ce livre a été publié il y a cinq ans. Votre père est mort depuis dix ans. Il y a mil huit cent cinquante-six ans que Jésus-Christ est né; il était âgé de trente-trois ans lorsqu'il mourut. Mon frère est âgé de dix ans.

### THÈME 225e.

*Deus creavit mundum intrà sex dies.* — (GRAMM., n° 219.)

En quatre jours, Virgile lut à Auguste les quatre livres des Géorgiques. La lumière du soleil nous arrive en huit minutes environ. Nous fîmes cent cinquante lieues en vingt-quatre heures. En combien (*quot*) de jours terminerez-vous cet ouvrage? En trois jours. L'ennemi perdit en six mois toutes les places fortes qu'il avait conquises en six ans.

### THÈME 226e.

*Post tres dies proficiscar.* — (GRAMM., même n° 219, REMARQUE et NOTA.)

Les hirondelles reviendront dans trois semaines. Dans un mois, j'entreprendrai le voyage dont je vous ai parlé. J'attends mon frère dans cinq jours; il était parti pour dix jours. Je vous invite à dîner pour dimanche. J'ai loué ma maison pour neuf ans. Je vous engage à m'écrire dans quinze jours d'ici. Adieu, mon enfant; je vous quitte pour longtemps.

## *RÉCAPITULATION de toutes les règles précédentes des Prépositions.*

(GRAMM., depuis le n° 212 jusqu'au n° 220.)

### THÈME 227e.

Nous faisons aujourd'hui en deux mois le chemin que nos aïeux faisaient à peine en deux ans. Quand partirez-vous? Dans six jours. Il y a quatre cent quatre-vingt-treize ans que la poudre à canon fut découverte par un moine allemand. Les murs d'Ecbatane avaient trente coudées de hauteur ; les tours étaient plus hautes que les murs de soixante-dix coudées. Isaïe surpasse tous les autres prophètes par la sublimité de son style. Nous avons été achetés à un grand prix, nous dit l'apôtre. Suivant le poète Horace, un avare qui était malade refusa un remède qui avait coûté huit ou dix sous, et il aima mieux mourir. Les Phéniciens firent en trois ans le voyage qu'ils entreprirent autour de l'Afrique par l'ordre et aux frais du roi d'Egypte Néchao.

### THÈME 228e.

Le terme de notre vie nous est inconnu : il viendra peut-être dans un an, dans un jour. L'empereur Trajan était âgé d'environ soixante-trois ans lorsqu'il mourut; il avait régné dix-neuf ans six mois et quinze jours. Il y a deux cent quarante-six ans que les Maures furent chassés de toute l'Espagne. Il y a vingt-cinq ans qu'un de mes amis les plus chers a été tué d'un coup de sabre par un soldat autrichien. Les Chinois connaissent l'imprimerie depuis huit cents ans. Il y a quatorze cents ans que la monarchie française existe. L'arche d'alliance était un coffre d'un bois précieux. Le tabernacle renfermait un chandelier, une table et un autel d'or.

### THÈME 229e.

Une dame romaine, nommée Fabia Dolabella,

disant qu'elle avait trente ans (1), Cicéron lui répondit : Cela est vrai, car voilà vingt ans que je vous l'entends dire. Ce pieux jeune homme allait confesser ses fautes tous les deux mois. La ville de Marseille est plus ancienne que la ville d'Aix d'environ cinq cents ans. Le pays dont je vous parle est plus long que large de cent dix lieues. Les montagnes de l'Alsace sont couvertes de sapins de cent vingt pieds de haut. Romulus fonda la ville de Rome à l'âge de dix-huit ans. Philippe, père d'Alexandre, mourut à l'âge de quarante-sept ans. Nous pouvons acheter le ciel avec un verre d'eau froide.

### THÈME 230e.

Homère, le plus célèbre des poètes grecs, naquit trois cent quarante ans après la prise de Troie. La ville de Rome renferme plusieurs monuments superbes de pierre et de marbre. La flèche de cette cathédrale a été frappée de la foudre; elle était toute en bois et couverte en plomb. Elle avait trois cent deux pieds de hauteur depuis les fondations de l'église, et elle avait coûté deux cent mille francs. Plusieurs de nos soldats moururent de faim et de soif au bout de huit jours de marche. Rouen est à trente lieues de Paris. Des brigands ont arrêté mon maître à six cents pas d'ici, et l'ont frappé avec un bâton armé d'une pointe de fer et long à peu près de trois pieds.

---

(1) Tournez pour le latin : Disant soi être âgée de, *dicens se,* etc.

### THÈME 231e.

Dans la plus grande des pyramides se trouvait un puits de quatre-vingt-six coudées. Charlemagne fut élu empereur en l'an huit cent. L'orgueilleux Aman reçut ordre de tenir par les rênes le cheval de Mardochée. Je vis les bourreaux traîner ce malheureux par les pieds, par la barbe et par les cheveux. Le rossignol l'emporte sur les autres oiseaux par la douceur du chant. Les conjurés entrèrent dans le sénat avec des poignards. Cet homme a fait cela par vengeance. Votre taille ne dépasse pas la mienne de deux pouces et demi. Mon oncle vient nous voir tous les deux ans. J'irai vous voir ce soir à six heures. Ma mère est âgée de cinquante-sept ans et six mois. Il y a deux heures et demie que je vous attends. Il fut enterré avec ses armes.

### THÈME 232e.

David, encore berger, prenait les ours et les lions par la gorge, et les étranglait. Voulez-vous me prêter votre cheval et votre voiture pour deux jours? Toutes les provisions furent épuisées dans l'année. C'est en l'an mil quatre cent quarante que l'imprimerie fut inventée (1). Une vieille femme renversa Pyrrhus avec une tuile. La mesure de blé se vend aujourd'hui six francs. Cette maison me revient à dix mille francs. Brutus, meurtrier de César, se perça de son épée. Mucius entra dans

(1) *C'est* ne se rend pas. Tournez et dites : *L'imprimerie fut inventée en l'an,* etc.

le camp de Porsenna avec une épée. Une mère mourut de joie à la vue (*ad conspectum*) de son fils qui revenait sain et sauf de la bataille de Cannes. Les hommes domptent les éléphants par la faim.

THÈME 233e.

Antonin, l'un des meilleurs empereurs romains, mourut à l'âge de soixante-treize ans; il en (1) avait régné vingt-deux. Nous célébrons la fête de saint Jean-Baptiste, précurseur du Messie, le vingt-quatre du mois de juin. Cet édifice public, qui a coûté des sommes énormes, fut achevé en deux ans et demi. Darius aurait acheté la tête d'Alexandre pour une grosse somme d'argent. Nous irons voir la capitale dans deux mois. Vous viendrez nous rejoindre dans une heure, à une lieue d'ici. Lyon est éloigné de Constantinople de quatre cent quatre-vingt-dix lieues. Le salut de notre âme a coûté le sang de Jésus-Christ. Celui-ci mourut de la peste, celui-là de mort subite. Saint Augustin excellait en vertu et en science.

III. **Noms de lieu.**

THÈME 234e.

*Sum in Galliâ, in urbe.* — (GRAMM., n° 221.)

J'ai demeuré trois ans en Angleterre. Je serai dans ma chambre. L'apôtre saint Thomas prêcha l'Evangile dans les Indes. Jésus demeurait à Capharnaüm. J'ai étudié le droit à Dijon, et la mé-

(1) *En* ne se rend pas.

decine à Paris, où je vous ai connu. J'ai copié ces tableaux à Florence et à Rome. Mon ami a passé deux mois à Naples. Il s'était embarqué à Marseille. Il s'arrêta cinq jours à Milan. Le maître se promène dans la classe.

### THÈME 235e.

*Cœnabam apud patrem.* — (GRAMM., n° 222.)

Saint Pierre logeait à Joppé, chez Simon le corroyeur. Vous dînerez ce soir avec nous chez mon père. Jésus mangea chez Simon le lépreux. Ce mot se trouve dans Virgile. La flotte des Perses fut défaite près de Salamine. La bataille d'Arbelles (*apud Arbellam*) fut fatale à Darius. Ces paroles se lisent dans saint Paul. Qui ne connaît la célèbre bataille des Pyramides, gagnée par les Français?

### THÈME 236e.

*Eo in Galliam, in urbem.* — (GRAMM., n° 223.)

Saint Augustin vint en Italie; il retourna ensuite en Afrique. Grégoire et Basile vinrent à Athènes étudier l'éloquence. Auguste envoya Tibère et Drusus dans les Gaules. Saint Vincent de Paul (*à Paulo*) retournait à Toulouse; mais il fut pris par des pirates et emmené en Afrique. César se hâta de partir pour la Gaule. Les deux généraux vinrent au lieu indiqué. Annibal vint camper sous les murs de Rome. Où allez-vous? A Venise.

### THÈME 237e.

*Eo ad patrem, ad sacram concionem.* — (GRAMM., n° 224.)

Venez à moi, nous dit Jésus, vous tous qui

êtes affligés, et je vous soulagerai. Viendrez-vous au sermon? Non. Allons donc avec confiance au trône de la grâce. Elevons nos cœurs vers Dieu. L'enfant prodigue dit: Je me lèverai, et j'irai à mon père. Jésus fut conduit chez Anne et chez Caïphe.

### THÈME 238e.

*Redeo ex Galliâ, ex urbe.* — (GRAMM., n° 225.)

César passa de la Gaule en Italie, et poursuivit Pompée. Alexandre revint des Indes à Babylone. Le consul partit de Rome pour son camp. Ce chemin de fer (*via ferrea*) va de Paris à Dijon et de Dijon à Lyon. Le traître Judas sortit du cénacle et alla vers les princes des prêtres. Joseph s'enfuit de Bethléem en Egypte. D'où venez-vous? De Florence. Diodore de Sicile.

### THÈME 239e.

*Redeo à patre meo, à venatione.* — (GRAMM., n° 226.)

Jésus fut renvoyé de chez Hérode chez Pilate. L'apôtre saint Jean, revenant de l'exil, alla à Ephèse. Vous sortiez de chez mon frère. Je reviens de la pêche. Tout don parfait nous vient de Dieu, père des lumières. Les Samnites descendaient (*ducere originem*) des Lacédémoniens. Eliézer partit de chez Abraham pour la Mésopotamie.

### THÈME 240e.

*Iter feci per Galliam, per Lugdunum.* — (GRAMM., n° 227.)

Les mages ne repassèrent point par Jérusalem; ils s'en retournèrent par un autre chemin. Par où passerez-vous? Par Turin et l'Italie supérieure. Enée sortit de Troie par la porte Scée. Saint Paul, qui allait à Rome au tribunal de l'empereur, passa par l'île de Malte. Prenez la rue à votre droite, et revenez par la rue Royale. Par où passerez-vous? Par Orléans.

### THÈME 241e.

*Iter faciam per domum avunculi mei.* — (GRAMM., nº 228.)

David, fuyant le roi Saül, passa par chez le grand-prêtre, et ensuite par chez le roi Achis. César passa par chez les Marseillais. Saint Paul, visitant les églises, passait quelquefois par chez Philémon. Passez par chez moi, je vous prie.

---

### THÈME 242e.

*Constiterunt Corinthi, in loco nobili.* — (GRAMM., nº 229.)

Je reviens de Bordeaux, ville populeuse et commerçante. Il y a deux ans et demi que j'habite Avignon, antique séjour des papes. Nous allâmes de Constantinople, capitale de la Turquie, à Vienne, capitale de l'Autriche. Platon partit d'Athènes, sa patrie, pour aller en Egypte. Cicéron partit de Brindes, port d'Italie, pour Athènes, asile de l'éloquence et des belles-lettres. Je demeure dans la ville de Lyon. Vous passerez par la ville de Milan.

### THÈME 243e.

*Eo rus; redeo domo.* — (GRAMM., nº 230.)

Venez avec nous à la campagne. Serviteur, retournez à la maison. Saint Augustin, après sa conversion, se retira à la campagne avec quelques (*aliquot*) amis. Simon le Cyrénéen, revenant de la campagne, fut forcé par les bourreaux d'aider Jésus à porter sa croix. Laban sortit du logis et alla trouver Eliézer. Mon ami aime à habiter à la campagne.

### THÈME 244e.

Où est votre père? Il est à la campagne. Reviendra-t-il bientôt à la maison? Je n'en sais rien. En temps de paix, les Romains étaient turbulents et séditieux; à la guerre, ils étaient dociles et disciplinés. L'esclave saint Onésime s'enfuit de la maison de Philémon, et se retira vers saint Paul. Tenez-vous respectueusement dans la maison de Dieu. Il s'enfuit de la prison dans une campagne stérile et marécageuse.

### THÈME 245e.

*Nom du lieu exprimé en français par* un adverbe.
(GRAMM., n° 231.)

Où demeurez-vous? Quelque part. A Paris? Non, ailleurs. Partout où vous demeurerez, je demeurerai, et partout où vous irez, j'irai. Par où passerez-vous? Par quelque chemin que vous passiez, vous passerez nécessairement par chez moi. Nous arrivons de Toulouse; le prince y a passé. D'où vient votre frère? De Turin? Non, d'ailleurs.

### THÈME 246e.

Qui êtes-vous? D'où venez-vous? Où allez-vous? Par où avez-vous passé? Je viens de quelque part;

je vais quelque part, et j'ai passé par quelque part. Mon chien est-il dehors? Oui, je l'ai mis moi-même dehors. De quelque part que vienne la tentation, repoussez-la. J'arrive de Paris: vous arrivez du même lieu; mais nous n'avons pas passé par le même endroit.

***RÉCAPITULATION** de toutes les règles qui regardent les* NOMS DE LIEU.

(GRAMM., depuis le nº 220 jusqu'au nº 232.)

THÈME 247e.

Saint Dominique, fondateur d'un ordre religieux très-célèbre, naquit en Espagne; il passa ensuite de ce pays en France, où il prêcha la foi, surtout dans le Languedoc. Virgile demeura longtemps à Naples, ville remarquable par sa beauté, sa grandeur et le nombre de ses habitants. Les anciens Romains vivaient ordinairement à la campagne. Ce jeune homme, qui a longtemps demeuré chez son oncle, ambassadeur à Lisbonne, ira en Grèce dans deux ans. Je revenais le mois dernier de Londres à Paris; je rencontrai sur le vaisseau qui nous portait un voyageur qui revenait de Philadelphie, ville d'Amérique, où je l'avais connu autrefois. Il me parla de tout ce que je désirais savoir depuis que je suis revenu de cette partie du monde. Saint Ambroise fut envoyé de la ville de Rome dans la ville de Milan, dont il fut élu évêque. Le jeune Symphorien naquit à Autun, ville des Gaules.

THÈME 248e.

Lorsque je demeurais (*cùm habitarem*) à Caen, l'année dernière, j'allais souvent me promener dans un jardin très-bien cultivé et rempli de toutes sortes de fleurs. J'y rencontrais quelquefois un homme d'un rare mérite et d'un caractère infiniment agréable. Comme il demeurait dans cette ville depuis plusieurs années, il me parlait de toutes les choses curieuses qui y étaient arrivées, et je prenais beaucoup de plaisir à l'entendre. J'allais aussi le voir à sa maison, et il passait des heures entières à me lire des anecdotes qu'il avait recueillies à Venise et à Rome, lorsque (*cùm*), dans sa jeunesse, il habitait (*habitaret*) en Italie. Avec quel plaisir je le verrais à Paris dans ma maison! Avec quelle joie je l'entendrais me raconter les aventures de son enfance et de sa jeunesse! (Thébaut.)

THÈME 249e.

Le célèbre Timothée, général athénien, était lié avec Platon, et soupait quelquefois chez lui. Pénélope passait son temps à faire de la tapisserie; nous lisons cela dans Homère. Jésus apparut à Madeleine, et lui dit: Allez à mes frères, et dites-leur: Je monte vers mon père et votre père, vers mon Dieu et votre Dieu. Allez, bergers, allez à la ville de Bethléem, voir l'enfant nouveau-né; vous le trouverez dans une étable, auprès de sa mère. Saint Jean-Chrysostôme retourna de l'exil à Constantinople. Les lettres que nous attendons de Constantinople nous arriveront la semaine prochaine. Notre ami nous annonce son arrivée pour le quinze du mois d'août; il est allé à Jérusalem visiter le saint sépulcre, et il en revient plein de foi et de piété.

THÈME 250e.

Annibal sortit de chez Antiochus, qui l'aurait livré aux Romains. Jésus entra chez Zachée, qui le reçut plein de joie. Saül envoya des archers dans la maison de David, afin de le tuer (*ut occiderent*). Saint Martin mangea chez l'empereur Maxime, de qui il obtint la grâce qu'il lui demanda. Lorsque vous reviendrez de Normandie et de la ville où vous demeurez depuis six mois, venez me voir à ma maison de campagne. Je vous reconduirai à Rouen, d'où nous irons visiter quelques sites remarquables. Nous reviendrons à ma maison, d'où nous nous rendrons à Lyon, et de là en Espagne. Enfin, si vous êtes curieux de voir les principales villes du midi de l'Europe, nous irons à Naples, à Rome, à Constantinople, et nous en reviendrons à la fin (*sub finem*) de l'été.

THÈME 251e.

Alexandre passa par chez les Massagètes et par chez les Sogdiens. Passerez-vous par la Bourgogne, par Dijon? Ce pieux solitaire demeurait dans une campagne de la Thébaïde. Jacob, allant en Mésopotamie, coucha dans une vaste campagne. Saint Ambroise mangeait toujours au logis, et jamais dehors. En quelque endroit que vous habitiez, je veux y aller. D'où viennent ces marchands? des Indes, ou de l'Amérique? Ils viennent de Sainte-Hélène, petite île célèbre par la captivité de l'empereur Napoléon. Les Grecs battirent les Perses à Marathon. Léonidas, avec trois cents Spartiates, leur livra une célèbre bataille aux Thermopyles. Thémistocle se distingua dans la paix et dans la guerre. Restez chez vous, je resterai chez moi.

---

# CHAPITRE VII.

## DE L'ADVERBE.

### THÈME 252e.

***Pridiè** calendarum* ou *calendas.* — ***En,** ecce lupus* ou *lupum.* — (GRAMM., nos 232, 233 et 234.)

En quel lieu du monde trouverez-vous un homme plus patient que le saint homme Job? Vous viendrez au-devant de moi, à deux cents pas du village. Ambroise, animé d'une sainte hardiesse, alla au-devant de l'empereur Théodose et lui interdit l'entrée de l'église. Nulle part vous ne trouverez une contrée plus fertile en blé que l'Egypte.

### THÈME 253e.

La veille de l'Assomption. Le lendemain de la Pentecôte. Voici l'Agneau de Dieu, voici celui qui efface les péchés du monde. Nous jeûnons la veille des grandes fêtes. Le lendemain de la naissance de Jésus-Christ, l'Eglise célèbre la fête de saint Etienne, premier diacre et premier martyr. Les vierges entendirent ces paroles : Voici l'époux, et elles allèrent au-devant de lui.

### Manière de rendre les adverbes de quantité.

### THÈME 254e.

*Parùm aquæ, multùm aquæ, etc.* — (Gramm., n° 235.)

Combien de neige! Que de vin! La Bourgogne produit moins de blé; elle produit plus de vin. Que de science dans cet homme! Que de prudence dans ce magistrat! Le plus jeune des Machabées montra beaucoup de constance. Votre avocat avait assez d'éloquence. Le consul Varron avait trop de présomption. Vous avez beaucoup de livres dans votre bibliothèque. Que de livres j'ai vus chez ce libraire!

### THÈME 255e.

L'enfant répondit avec beaucoup de modestie. Pline avait plus d'érudition et moins d'éloquence. Que de batailles César n'a-t-il pas livrées! Il usa de beaucoup de douceur envers les vaincus. Aristide avait plus de justice, Thémistocle plus de hardiesse. J'ai peu de chevaux, mais j'ai plus de bœufs. Combien serez-vous? Nous serons beaucoup; nous serons tant. Que de grands hommes sont nés à Athènes!

### THÈME 256e.

Où trouverez-vous tant de patience? Nulle part vous ne trouverez plus de villes et autant de villages. Que de travaux Alexandre n'a-t-il pas supportés! Que d'efforts ne devons-nous pas faire, si nous voulons aller au ciel? Combien y en a-t-il qui sont doux et humbles de cœur? Il a peu d'amis, et trop d'ennemis. Combien de jours resterez-vous chez vous, chez moi, à la ville, à la campagne?

### THÈME 257e.

*Quàm* ou *ut modestus est! — Quanta esset mea lætitia!* (GRAMM., nos 236 et 237.)

Combien vous êtes aimable! Vous êtes trop aimable. Ce jeune homme me paraît bien modeste. Son frère est plutôt trop ouvert que trop timide. Epaminondas était le moins orgueilleux de tous les hommes. Fabius paraissait peu actif; mais il était bien prudent. Combien grande est la tendresse d'une mère! O femme, dit Jésus, que votre foi est grande! Que l'église de ce hameau est petite! Sa piété est si grande!

### THÈME 258e.

*Quantò doctior est!* — (GRAMM., no 238.)

Pierre est un peu plus grand que Paul. Vous êtes beaucoup plus habile dans la musique que moi. Antoine était plus brave; mais combien Auguste était plus prudent et plus propre à s'attirer les bonnes grâces du peuple! César n'était pas de beaucoup plus grand qu'un homme d'une taille ordinaire. Il vainquit Pompée lui-même, tant il était supérieur à tous par son génie militaire!

### THÈME 259e.

*Quàm, quantùm amatur ! — Quantò præstat aliis !*
(GRAMM., nos 240 et 241.)

Combien je vous aime, mon enfant! mais je vous aimerai encore davantage lorsque je vous verrai faire du bien aux autres. Bien des mères flattent trop leurs enfants. Les éléphants l'emportent de beaucoup par l'intelligence sur les autres animaux. Saint Grégoire, pape, fut surnommé le Grand, tant il excellait en science et en vertu. Je ne veux point aller à la ville; combien j'aime mieux, j'aime beaucoup mieux rester à la campagne.

### THÈME 260e.

*Quanti æstimatur!* — (GRAMM., no 242.)

J'estime beaucoup votre père, et je l'aime encore plus. Combien les premiers chrétiens estimaient la charité et toutes les autres vertus! Vespasien faisait grand cas de l'argent. Combien vous a coûté ce domaine? Il m'a coûté trop cher. Cicéron faisait le plus grand cas de l'éloquence d'Hortensius. Il y avait là des chevaux de tout prix: les uns (*alii*) coûtaient plus, les autres (*alii*) moins. Nous voudrions tous être gens de bien, tant la vertu est estimée!

### THÈME 261e.

*Meâ multùm* ou *magni refert.* — (GRAMM., no 243.)

Il eût importé beaucoup à Clitus de ne pas contredire Alexandre; mais il lui importait trop, d'un autre côté, de défendre la mémoire de Philippe, son ancien maître. Il vous importe peu, jeunes gens, de lire et d'étudier des auteurs frivoles; il vous importe plus de lire les auteurs que tout le monde estime. Epaminondas haïssait et fuyait plus le mensonge que son ennemi le plus cruel.

### THÈME 262e.

*Quàm modestè! parùm modestè.* — (Gramm., n° 244.)

Combien cet académicien a parlé savamment! Ce tableau vous coûte beaucoup trop cher. Ce magistrat parle moins élégamment qu'il n'écrit. Un peu après minuit. Bien avant le jour. Je pense bien autrement que vous. Bien au-dessus des animaux. Un peu au-dessous des anges.

### THÈME 263e.

*Tantillùm aquæ; leviter vulneratus.* — (Gramm., n° 245.)

Donnez-moi un peu de vin, et tant soit peu d'eau. Le roi, un peu blessé d'une réponse aussi hardie, répliqua. Un peu de neige couvrait la terre. Votre mère est rentrée à la maison un peu inquiète. Je vous trouve aujourd'hui un peu maigre et un peu pâle. Je porterai à mon fils un peu d'argent et quelques livres curieux à lire.

### THÈME 264e.

*Habes multùm otii; non habeo tantùmdem.*
(Gramm., n° 246.)

Vous avez beaucoup de politesse; tout le monde n'en a pas autant. César avait beaucoup de soldats bien aguerris; Pompée n'en avait pas autant. La ville d'Athènes était, sans contredit, très-célèbre; mais Rome le fut autant. J'estime beaucoup votre frère, mais je ne vous estime pas autant. Les anciens aimaient beaucoup la musique; nous l'aimons autant.

***RÉCAPITULATION** de toutes les règles des **Adverbes**.*

(GRAMM., depuis le n° 232 jusqu'au n° 247.)

THÈME 265^e^.

Que de fruits cet arbre m'a rapportés cette année et l'année dernière! Dans combien de jours m'écrirez-vous? Pilate dit, en montrant Jésus: Voilà l'homme. O Jésus! combien vous étiez alors triste et humilié! Pompée, avec sa flotte, alla à la rencontre des pirates. Un rat rencontre un éléphant. J'aime beaucoup l'histoire romaine; l'histoire grecque ne me plaît pas autant. Combien il nous importe à nous, chrétiens, d'égaler au moins les païens par nos mœurs et notre conduite! La Suède est beaucoup trop stérile en blé; mais quel pays fournit plus de cuivre? Nous avons trouvé beaucoup de carrières de marbre dans ce pays; nous avons trouvé moins de carrières d'ardoise. Combien avez-vous obtenu de prix au collége cette année? Combien étiez-vous d'élèves dans votre classe?

THÈME 266^e^.

L'écrivain dont vous m'avez tant parlé, et que vous estimez tant, n'a pas été jugé de même par mes amis et par moi: il nous a paru beaucoup plus éloquent que savant, et plus propre à égarer les jeunes gens qu'à les instruire solidement. Que les riches soient un peu plus sobres, et ils seront beaucoup plus charitables envers les pauvres. Cinna obtint son pardon d'Auguste, tant était grande la bonté de ce prince. Titus était si affable. Caton était si sévère. Vous êtes aussi savant, aussi pieux que votre frère. Les tremblements de terre ont détruit tant de villes et tant de villages. Xerxès avait plus de flatteurs; il avait moins d'amis. Roboam montra moins de prudence que son père. Notre pays nourrit moins de chevaux et de bœufs que le vôtre; mais il nourrit plus de moutons.

## THÈME 267e.

Où trouverez-vous un géomètre plus habile qu'Archimède? La veille du sabbat, les saintes femmes préparèrent des parfums, et, le lendemain de ce même sabbat, elles allèrent au sépulcre. Combien avez-vous vendu votre bibliothèque? Assez cher; les livres qu'elle contenait n'étaient pas d'un très-grand prix. Aruns s'écria: Voilà Brutus, voilà l'homme qui nous a chassés de notre patrie; et, furieux comme un lion, il alla au-devant de lui. Alcibiade l'emportait par beaucoup de qualités sur tous ceux de son âge; il était aussi éloquent que beau; il était si cher au peuple! Parmi les Athéniens, Aristide avait le plus de justice, et Phocion le moins de faste et d'orgueil. Cette partie du monde nourrit le moins d'hommes et produit le plus d'animaux sauvages et nuisibles. Combien grand doit être notre respect pour nos parents! Ils nous ont donné la vie; ils nous aiment tant; ils pourvoient à tous nos besoins avec tant de sollicitude!

THÈME 268e.

La maison de Socrate était si petite. Les jardins d'Académus étaient si grands. Lycurgue estimait moins l'or et l'argent; il estimait plus la discipline. Liez-vous avec des gens de bien, et fuyez plus l'homme pervers que le serpent le plus dangereux. Le lion surpasse autant les autres animaux. Les beaux-arts plaisent beaucoup aux Italiens; les sciences leur plaisent tout autant. Je reviens de visiter une maison que j'ai louée pour dix ans moyennant six cents francs par an; combien louez-vous la vôtre? Tout autant. L'avare ne dit jamais: J'ai trop d'écus. Le plus vieux (1) l'emporte (*superare*, acc.) un peu sur le plus jeune pour la taille. Combien le général carthaginois était plus rusé que le général romain! Ne faites pas trop grand cas de l'estime des hommes.

THÈME 269e.

Pacuvius, sénateur de Capoue, s'opposa avec beaucoup de force au dessein qu'avait formé son fils de tuer Annibal. Cet homme était aussi adroit

(1) En parlant de deux, *le plus vieux* ou *le plus âgé* s'exprime par *natu major*, m. à m. le plus grand par la naissance; *le plus jeune*, par *natu minor*. En parlant de plus de deux, on dit: *natu maximus*, *natu minimus*.

que puissant. Votre frère a beaucoup de piété; vous n'en avez pas autant. Que Socrate avait de patience! Il écoutait tranquillement les injures de sa femme, et ne se fâchait point contre elle. Que de maris n'auraient pas fait de même! Callisthène fut jeté en prison par ordre d'Alexandre, parce qu'il s'était élevé avec trop de liberté contre l'orgueil excessif de ce prince. Que de victoires les Romains n'ont-ils pas remportées! mais aussi que de défaites n'ont-ils pas essuyées, surtout dans les guerres qu'ils soutinrent contre les Carthaginois! Lequel des deux peuples vous paraît avoir montré le moins de valeur? Lequel des deux produisit le plus de généraux habiles? L'agneau répondit au loup avec beaucoup de douceur : Je ne trouble point votre eau. Que de chagrin n'ai-je pas ressenti de la mort de votre père! Combien il était estimé! Qu'il sera regretté de tous! Sa bonté était si grande! il écoutait avec tant de douceur les plaintes de ceux qui le servaient! Combien il y en a peu qui (*quotusquisque*) lui ressemblent! Ces vases sont peu élégants. Vos maîtres se plaignent de votre peu de docilité; ils vous reprochent votre peu de politesse.

### THÈME 270e.

Si vous avez un peu de foi, vous devez craindre les jugements de Dieu. Que la terre est petite! combien peu, par conséquent, il faut l'estimer! Combien, au contraire, il nous importe de désirer le ciel! Mettez quelque peu d'eau dans votre vin. Vous avez lu beaucoup d'ouvrages; je n'en lirai jamais autant. Ceux qui ont tant soit peu de mémoire, peuvent sans trop de peine devenir savants. Le célèbre Luxembourg, maréchal de France, était un peu bossu; il rougissait un peu de ce défaut. Vous avez acheté ce cheval trop cher; vous ne le vendrez pas autant. Le mien me coûte beaucoup moins cher, et cependant je l'estime beaucoup plus. Les Saints faisaient peu de cas de l'estime des hommes; ils faisaient encore moins de cas de l'or, de l'argent, et de toutes ces choses que nous désirons tant. Examinez ces deux tableaux : celui-ci l'emporte un peu par le coloris, mais combien celui-là l'emporte par la beauté et la variété des figures! Mon ami, vous n'êtes guère plus sage que vous n'étiez l'année dernière; tant pis : je vous aurais donné une récompense dont vous auriez fait grand cas. César, avec trois légions seulement, fit prisonnière toute l'armée de son rival, tant il était plus habile que tous les lieutenants de Pompée! Où sont les ennemis? Combien sont-ils? Marchons au-devant d'eux, et sauvons la patrie.

### THÈME 271e.

Fabius paraissait peu actif; mais qu'il était plus prudent que tous ses concitoyens! Jésus naquit environ l'an du monde quatre mille; combien auparavant les patriarches avaient désiré sa venue! Clitus n'avait pas montré assez de retenue en parlant. Les Apôtres dirent à Jésus :

Nous n'avons pas assez de pains, renvoyez le peuple. Alexandre était trop porté à la colère. Nous estimons trop les biens périssables; nous n'estimons pas assez les seuls biens solides, et nous faisons trop peu de cas de cette autre vie qui nous attend après la mort; un vrai chrétien pense bien (1) autrement. Les vins de Bourgogne sont fort estimés; aussi se vendent-ils fort cher. De quel zèle l'apôtre saint Paul n'était-il pas animé! Que de peuples il a évangélisés! Que d'églises il a fondées! Combien de prudence dans toute sa conduite! Qu'il était plus sage que tous les philosophes de l'antiquité! Les arbres de mon jardin m'ont produit cette année beaucoup de cerises, peu de pommes, plus de poires; j'ai recueilli assez de noisettes, moins de nèfles, autant de châtaignes. Parmi les cinq parties du monde, l'Asie est celle qui a le plus d'habitants. L'Europe est la contrée qui produit le moins d'animaux féroces.

## THÈME 272e.

Milon fut exilé à Marseille; Cicéron, qu'il avait choisi pour avocat, n'avait pas plaidé sa cause avec assez d'éloquence. Cet arbre porte-t-il déjà des fruits? Non, il est encore si petit! Le Sauveur du monde avait été promis à nos premiers parents eux-mêmes; mais combien après il a paru! Parmi les hommes, combien y en a-t-il qui regardent leur corps comme une prison? Combien, au

(1) *Bien, fort, très,* s'expriment comme *beaucoup.*

contraire, préfèrent leur corps à leur âme, qu'ils négligent! Quelques contrées de l'Amérique fournissent beaucoup de bœufs sauvages, et elles ne fournissent pas moins de daims et de chevreuils. Que coûta à Jacob le droit d'aînesse? un plat de lentilles. Qu'estimez-vous votre maison? dix mille francs. Vous trouverez en Afrique beaucoup de lions; vous n'y trouverez pas moins de tigres et de léopards. César n'était guère moins éloquent que Cicéron; il avait moins de vertus, autant d'amis, plus d'ambition. Donnez à ce pauvre un peu de pain et quelque peu d'argent. Que nous sommes malheureux! Hélas! que de fautes n'avons-nous pas commises depuis notre jeunesse! Henri IV fut regretté de tous les Français; il faisait paraître une si grande bonté! Quel auteur a montré plus d'érudition que Pline? Qui a écrit plus élégamment? Il avait lu tant de livres!

### THÈME 273e.

Combien la conduite du jeune Samuel est admirable! Que de promptitude à obéir! Combien la probité de Fabricius excita d'admiration dans le camp de Pyrrhus! Que peut coûter une voiture semblable à la vôtre? Mon fils, fréquentez toujours les jeunes gens qui négligent le moins leurs devoirs. Une récompense sera donnée aux élèves qui auront fait le moins de fautes dans leur thème. L'arbre qui rapporte le plus de fruits est toujours celui qui est le mieux cultivé de son maître. Que ma joie sera grande, si je peux entendre l'orateur célèbre qui doit prononcer demain un discours à l'Académie! Que de livres n'a-t-il pas lus pour acquérir autant de science? Que de difficultés n'a-t-il pas vaincues, que de savants n'a-t-il pas fréquentés, pour devenir si habile? Mon frère est un peu plus grand que vous et que moi. J'arrivai à Nevers à trois heures; mon père y était arrivé peu auparavant. Votre sœur est assez vertueuse; vous ne l'êtes pas autant. Elle est beaucoup plus humble que vous; elle a autant d'esprit; elle a moins de mémoire, mais plus de jugement et de modestie. Elle a peu de facilité aujourd'hui pour apprendre les mathématiques; mais dans peu de jours, elle en aura beaucoup plus. Mon ami, je ne souffrirai pas plus longtemps votre peu de travail; votre peu de science me fait honte.

### THÈME 274e.

Que j'aime la campagne! Que le séjour des champs l'emporte sur celui de la ville! Qu'il est doux d'entendre les oiseaux chanter de toutes parts! Entrons dans ces jardins qui ont appartenu à un de mes amis; il les avait achetés à très-bon compte (*vili pretio*), et les a revendus bien cher. Je ne puis croire ce qui se dit de vous; je vous estime trop. Le peuple haïssait Néron; les sénateurs le haïssaient encore plus. Si nous sommes durs envers les pauvres, le Seigneur nous traitera avec moins de miséricorde. Quelle contrée de l'Afrique produit le plus de blé? l'Egypte. L'Arabie ne produit-elle pas beaucoup de café? Oui.

# CHAPITRE VIII.

## DE LA CONJONCTION.

### THÈME 275e.

*Quùm Athenæ florerent.* — (GRAMM., n° 248.)

Lorsque j'étais à Athènes, j'assistais souvent aux leçons de Zénon. Lorsque les Grecs allèrent consulter l'oracle de Delphes, la pythonisse répondit. Lorsque Jésus passait, un aveugle cria : Fils de David, ayez pitié de moi. Quand vous viendrez chez moi. Lorsqu'il eut soufflé sur eux. Quand votre père est venu. Lorsque Jean baptisait Jésus, le Saint-Esprit descendit en forme de colombe.

### THÈME 276e.

Lorsqu'un païen avait entendu gronder la foudre à sa gauche, il croyait que c'était (*m. à m.*: il croyait cela être) un mauvais présage, et il n'osait rien entreprendre. Lorsqu'au contraire il avait tonné à sa droite, le présage était heureux, et il avait pleine confiance dans le succès de son entreprise. Lorsque je vous écrivais, j'ai reçu votre lettre. Il nous est difficile d'être justes quand nous sommes en colère.

### THÈME 277e.

*Quùm id velis.* — (GRAMM., n° 249.)

Puisque vous l'exigez, j'irai vous voir. Comme il parlait encore, une femme éleva la voix et dit. Comme je désire vous voir heureux, je vous rendrai volontiers ce service. Puisque nous ne pouvons rien sans la grâce, demandons-la sans cesse à Dieu. Comme il continuait sa harangue, le roi l'interrompit brusquement.

## THÈME 278e.

*Dùm hæc in Apuliâ gerebantur.* — (GRAMM., n° 250.)

Tandis que le Seigneur parlait, le peuple entendait le tonnerre et le son de la trompette. Les Lacédémoniens furent courageux tant que les lois de Lycurgue furent en vigueur. Pendant que Jésus priait, les apôtres s'endormirent. Tandis que Marie et Joseph cherchaient l'enfant, il était dans le temple, interrogeant les docteurs et les écoutant.

## THÈME 279e.

*Clitellas dùm portem meas.* — (GRAMM., n° 251.)

Pourvu que le paresseux dorme, il est content. Pourvu que nous persévérions, nous serons sauvés. Prions jusqu'à ce que nous obtenions la victoire. L'étoile précéda les Mages jusqu'à ce qu'elle leur eût montré l'étable où Jésus était né.

## THÈME 280e.

*Quamvis improbos salutaverim.* — *Sive bibitis, sive manducatis.* — (GRAMM., nos 252 et 253.)

Quoiqu'il étudie beaucoup, il ignore cependant bien des choses. Quoiqu'il pleuve, je partirai. Quoique la vie de César fût très-utile à la république, il fut assassiné par plusieurs de ses amis qui le regardaient comme un tyran. Théodose n'aurait pas dû punir si sévèrement les habitants de Thessalonique, quand même ils eussent été tous coupables. Soit que vous veniez, soit que vous ne veniez pas, je vous informerai de tout ce qui vous concerne.

### THÈME 281e.

*Id si faceres, si fecisses causâ meâ.* — (GRAMM., n° 254.)

Jésus dit à la Samaritaine : Si vous connaissiez le don de Dieu! Si nous cessions de pécher, Dieu cesserait de nous frapper. Les vieillards dirent à Roboam : Si vous contentez le peuple, il vous servira fidèlement. Si nous demandons, nous obtiendrons. Si la nuée s'arrêtait, les Hébreux s'arrêtaient; si elle marchait, ils marchaient.

### THÈME 282e.

*Quem librum si leges, lætabor.* — (GRAMM., n° 255.)

Mon enfant, si vous écoutez bien votre maître et si vous apprenez bien vos leçons, je vous récompenserai. L'impie Jéroboam disait : Si les enfants d'Israël continuent d'aller à Jérusalem, je perdrai bientôt le royaume, et ils me tueront. Si vous voulez, vous deviendrez savant.

### THÈME 283e.

*Nisi caveas, decipieris.* — (GRAMM., n° 256.)

Si les Athéniens n'eussent pris garde, Philippe aurait en peu de temps subjugué toute la Grèce. Vous n'entrerez point dans la salle du festin, si vous n'avez pas la robe nuptiale. Si vous ne voulez pas travailler, au moins écoutez. Que si vous dites un mensonge, vous serez puni.

### THÈME 284e.

Si vous étudiez, vous deviendrez savant; mais si vous jouez continuellement, vous serez d'une ignorance méprisable. Reposez-vous, si ce n'est que vous aimiez mieux, à moins que vous ne préfériez vous promener. Diogène ne possédait rien, si ce n'est un tonneau. Pline lisait continuellement, à moins qu'il n'écrivît. La terre est ronde; si cela n'était pas, des hommes très-savants se tromperaient ou nous tromperaient. S'il pleut, je resterai; si, au contraire, le temps est beau, je partirai.

### THÈME 285e.

*Luce ut quiescam.* — (GRAMM., n° 257.)

Travaillons, afin que nous obtenions la récompense. Dieu nous a créés pour que nous le servions. Il a envoyé son Fils unique pour nous racheter (*tourn.* : pour que, afin que il nous rachetât). J'exige que vous m'écriviez. Zachée monta sur un arbre pour mieux voir Jésus. Le laboureur sème afin de recueillir. Annibal, pour n'être pas assassiné, changeait souvent de perruques. Je prie le ciel qu'il ne vous punisse pas. Travaillez le jour, pour mieux dormir la nuit.

### THÈME 286e.

*Ut aiunt; ut ab urbe discessi.* — (GRAMM., n° 258.)

La chose arriva, comme le Prophète l'avait

annoncé. Dès que la trompette sonnera, les morts ressusciteront. Aussitôt que j'aurai fini, j'irai chez vous. Obéissons comme Jésus a obéi. De même que les oiseaux volent dans l'air, ainsi les poissons nagent dans l'eau. Nous mourrons comme nos pères sont morts.

***RÉCAPITULATION** de toutes les règles précédentes de la Conjonction.*

(GRAMM., depuis le nº 247 jusqu'au nº 259.)

THÈME 287e.

Lorsque la vertu était honorée à Rome, tous les citoyens vivaient heureux; mais lorsque la cupidité envahissait tout, les plus grands maux menaçaient la république. La misère et la pauvreté accablaient le peuple, tandis que les grands regorgeaient de biens et de délices. Puisque l'État était mal gouverné, les désordres et l'agitation croissaient nécessairement dans toutes les classes de la société. Si les gens sages avaient voulu remédier aux maux publics, les méchants s'y seraient opposés, vu qu'ils en profitaient, et qu'ils étaient contents pourvu qu'ils jouissent de toute licence. Afin que la république fût heureuse, il fallait réprimer l'ambition et le luxe, comme disait Caton; mais aussitôt qu'il voulait sévir contre ces vices, des ambitieux et des gens passionnés pour le luxe le menaçaient de toutes sortes de persécutions. (Thébaut.)

THÈME 288e.

Aussitôt que je pourrai, j'irai vous voir; mais

je ne partirai pas tant que la saison sera mauvaise. Si vous vouliez me faire plaisir, vous m'écririez auparavant, pour m'indiquer la route, puisque je l'ignore absolument. Tant que je serai absent de ma maison, quelqu'un prendra soin de mes affaires; mais dès que je serai de retour, je ferai un long voyage. Si vous vouliez m'accompagner, j'en serais charmé. Comme moi, vous aimez à parcourir les villes et les campagnes; vous viendrez avec moi, à moins que votre santé ne s'y oppose. Si vous connaissiez les pays que je veux voir, les provinces où je veux aller, vous vous réjouiriez d'avance de faire ce voyage, véritablement agréable. Aussitôt que vous serez décidé, mandez-le moi, afin de satisfaire mon impatience. (Id.)

### THÈME 289e.

Comme une lampe s'éteint si vous n'y mettez point d'huile, ainsi votre esprit s'obscurcira si vous ne le cultivez pas. Isocrate travaillait longtemps ses discours, afin de les rendre plus polis. Je respire difficilement lorsque je parle. Lorsque la bataille commençait, il survint une pluie qui sépara les combattants. Lorsque la trompette sonnait, les prêtres, prenant l'arche sainte, la portaient tout autour de Jéricho. Les peuples sont rarement heureux lorsqu'ils ont pour chefs des princes chez qui l'amour de la gloire et des conquêtes domine. Damon, mon serviteur, était d'un caractère bien singulier : si je le louais, il cessait de bien faire (*rectè agere*); si je lui reprochais son peu de diligence, il pleurait. Comme Séméï vomissait des injures contre David, Abisaï dit : J'irai, et je tuerai ce misérable. Comme Jésus montait au Calvaire, il chancela et tomba.

THÈME 290e.

Quoique Phocion eût toujours été le meilleur citoyen d'Athènes, ses ennemis le condamnèrent à mourir. Quand je voudrai faire un voyage en Italie, je prendrai la mer afin d'arriver plus promptement. Afin que les éléphants soient plus animés et plus terribles dans le combat, leurs conducteurs leur donnent du vin à boire. Abraham, pour ne pas désobéir à Dieu, prit aussitôt son fils Isaac, et le conduisit sur la montagne que le Seigneur lui avait indiquée. O mes enfants, si vous pratiquez la vertu, vous serez estimés de tout le monde, même des méchants. Je ne sais rien, disait saint Paul, si ce n'est Jésus, et Jésus crucifié. Quand bien même nous aurions commis les plus grands péchés, nous ne devons pas désespérer de la miséricorde de Dieu. Lorsque vous faites l'aumône, nous dit Jésus-Christ, ne sonnez point de la trompette devant vous, comme font les hypocrites dans les synagogues et dans les rues, pour être honorés des hommes.

THÈME 291e.

Si nous étions de vrais chrétiens, nous serions toujours prêts à mourir. Jésus nous donne son corps à manger et son sang à boire, afin que nous devenions de jour en jour plus semblables à lui. Si cet avocat plaide votre cause, vous gagnerez infailliblement votre procès. Les athlètes, pour être plus sains et plus vigoureux, s'abstenaient de tous les plaisirs que les autres hommes se permettent. Comme vous lisez fort peu de livres, vous n'avez probablement pas lu l'histoire romaine, qui est pourtant si intéressante; si vous l'étudiiez, vous y puiseriez beaucoup de connaissances qui vous manquent. Coriolan fut sourd à toutes les prières, si ce n'est à celles de sa mère. Comme Camille allait en exil, il pria les dieux pour que sa patrie ne se repentît point un jour de la conduite qu'elle avait tenue à son égard. Puisque l'heure de la mort est incertaine, tenons-nous toujours prêts. Si je ne m'en vais, disait Jésus à ses apôtres, vous ne recevrez point l'Esprit-Saint.

---

### *Diverses manières de rendre la conjonction* QUE, *quand elle est placée entre deux verbes.*

#### I.

**Que** après les verbes CROIRE, ESPÉRER, etc., ou **Que retranché.**

#### THÈME 292e.

*Credo te flere.* — (GRAMM., nos 259, 260, 261, 262, 263.)

Je crois *que* Dieu existe. Nous savons *qu'*il aime les hommes justes. Les anciens ignoraient *que* la terre est ronde. Vous avez lu *que* Joseph avait été vendu par ses frères. Je suis persuadé *que* tous les écoliers désirent les vacances. Ma mère m'écrit *que* ma sœur est malade. Vous pensez *que* César l'emporte sur Alexandre. Nous savons *que* l'âme est immortelle.

### THÈME 293e.

Les astronomes assurent *que* le soleil est immobile. Vous savez *que* Sésostris fut un roi très-célèbre. Tous les peuples croient *que* Dieu punira les méchants et récompensera les bons. Nous savons *que* Dieu (qui est la vérité même) déteste les menteurs. Sachez *que* l'homme (qui vous portera cette lettre) est un serviteur très-fidèle. Je crois *que* votre père (qui va aujourd'hui à la campagne) ira demain à la ville.

### THÈME 294e.

Vous n'ignorez pas *que* Titus aimait à faire du bien; vous savez *que* cet empereur (qui régna deux ans) fut pleuré de tous les Romains. Nous savons *que* Jésus-Christ avait d'abord apparu aux saintes femmes, *qu'*ensuite il apparut aux Apôtres, et *que* Thomas était absent. Il est certain *que* nous mourrons. L'Evangile nous apprend *que* notre juge viendra comme un voleur, et *que* les hommes seront surpris par la mort.

### THÈME 295e.

J'ignorais *que* vous fussiez ici. Vous ne croyiez pas *que* je fusse votre parent. J'étais persuadé *que* mon frère étudiait ses leçons sous un arbre dans le jardin; mais lorsque j'arrivai près de lui, je vis *qu'*il dormait. La cigogne s'apercevant *qu'*elle avait été trompée par le renard, résolut de le tromper à son tour. Je présume *que* votre père (que j'ai invité à dîner) a reçu ma lettre.

THÈME 296e.

Léonidas, prévoyant bien *que* lui et ses soldats périraient tous, leur dit : Nous irons souper ce soir chez Pluton. Vous demandez mon maître ; je ne crois pas *qu*'il ait encore dîné. Le général de nos troupes écrit *qu*'enfin les ennemis sont battus. Je vous ai dit *qu'*Aratus, célèbre général, avait été empoisonné par le roi de Macédoine. J'ai promis *que* j'enverrais un beau livre à votre frère. Je ne crois pas *que* votre mère vienne vous voir, si vous ne lui écrivez pas. Si je savais *que* mon père arrivât ce soir, j'irais au devant de lui.

THÈME 297e.

L'Evangile nous apprend que Barabbas était un voleur et un meurtrier, et que cependant cet homme fut préféré à J. C. Paul dit aux matelots : Je vous annonce que le vaisseau sera brisé, et qu'aucun de nous ne périra. Tout le monde croit que cet insigne voleur sera mis à mort. Je ne crois pas qu'Alexandre, dont vous avez lu la vie dans Quinte-Curce, eût été un prince aussi distingué, s'il n'eût eu Aristote pour maître. Hérode avait cru que les mages reviendraient à Jérusalem. Pierre savait que Jésus avait les paroles de la vie éternelle.

THÈME 298e.

*Credo fore ut te pœniteat.* — (GRAMM., n° 264.)

Je présume que mon frère s'ennuiera bientôt à

la ville. Je crois que mes deux cousins étudieront la médecine. Vous pensiez que cet écrivain se serait repenti des ouvrages impies qu'il a mis au jour. Pensez-vous que vous aurez achevé votre besogne avant la fin du jour? Nous savons que César aurait volontiers fait grâce à tous ses ennemis. J'aurais cru que l'auteur de ce livre pernicieux aurait été puni par nos magistrats.

### THÈME 299e.

Je pense que ma maison sera achevée quand vous reviendrez me voir l'année prochaine; je suis même persuadé qu'elle serait terminée maintenant, si l'architecte avait été plus diligent. Croyez-vous que le traité de paix sera publié avant quinze jours? Je croyais que le magnifique domaine qui s'est vendu dernièrement, aurait été acheté par votre oncle. Je crois que ma lettre aura été reçue quand j'arriverai. Mon ami m'écrit qu'il reviendra de Prusse dans huit jours; mais je ne crois pas qu'il ait sitôt terminé les affaires importantes qui l'ont conduit dans ce pays.

### THÈME 300e.

*Credo me legisse.* — (GRAMM., n° 265.)

Varron espérait vaincre Annibal. Je crois avoir perdu ce livre dans le jardin. Crésus s'imaginait être le plus heureux des hommes. Je me souviens d'avoir lu un beau trait de clémence dans l'histoire ancienne. Je pense être de retour dans deux jours. Vous m'avez promis de m'écrire dans deux mois. Celui qui espère vivre longtemps est un insensé. Espérez-vous aller au ciel? Oui.

### THÈME 301e.

*Dicis Paulum à Petro amari.* — (GRAMM., nº 266.)

Je crois que je vous ai vu autrefois en Egypte. Vous n'ignorez pas que Romulus tua Rémus. Saint Luc rapporte que saint Paul reprit saint Pierre. Les Chinois croient qu'un serpent et un éléphant blanc portent la terre. L'histoire rapporte que Socrate aimait Platon, que César avait adopté Brutus, et que néanmoins Brutus l'assassina dans le sénat.

### THÈME 302e.

L'Ecriture nous apprend que l'ange accompagna Tobie pendant tout le voyage. J'ai lu quelque part qu'Alexandre admirait Diogène. Nous voyons par l'Evangile que saint André conduisit saint Pierre à Jésus. J'ai connu un père et une mère de famille qui se disaient heureux, parce qu'ils vivaient dans la crainte de Dieu et dans la pratique de toutes les vertus. Ils ont élevé chrétiennement leurs enfants; je crois que le fils imitera le père, et que la fille imitera la mère.

## *RÉCAPITULATION de toutes les règles du* QUE RETRANCHÉ.

(GRAMM., depuis le nº 259 jusqu'au nº 267.)

### THÈME 303e.

Je présume que vous dormez. Tous les hommes savent que la mort les menace. Saint Louis s'embarqua avec toutes ses troupes, espérant qu'il délivrerait le Saint-Sépulcre des mains des infidèles. Vous avez vu que Platon, qui avait beaucoup voyagé, était allé en Egypte. De tout temps les Romains furent persuadés qu'ils se rendraient maîtres de l'univers. Jésus, sachant qu'il serait trahi par Judas, en avertit ses apôtres. J'ai promis à un de mes amis d'aller le voir à Rouen, au mois d'août, et j'espère lui tenir parole. J'espère aussi voir dans cette ville un homme d'un très-rare mérite, avec lequel je me souviens de m'être entretenu autrefois. Je suis persuadé que le nom de Socrate, qui rendit tant de services à sa patrie, vivra éternellement. Vous savez que Virgile aimait Horace.

### THÈME 3[illegible].

J'étais persuadé qu'un jeune homme bien né (*ingenuus*) comme vous aurait pitié d'un infortuné vieillard qui ne peut plus travailler et qui a honte de mendier. Daniel prédit que le roi Nabuchodonosor, qui était alors dans toute sa gloire, serait chassé de la société des hommes et mis au rang des bêtes. Je ne pense pas que mon ami, que vous connaissez, perde sa cause; car je suis persuadé qu'il viendrait la plaider lui-même s'il doutait du succès. Vous avez lu certainement que Philippe battit les Athéniens et les Thébains auprès de Chéronée. Croyez qu'aucun historien n'osera justifier les magistrats qui n'eurent pas honte de condamner à mort l'illustre Phocion; je ne pense pas que la postérité oublie jamais la mémoire de ce grand homme. Je suis persuadé que nos ancêtres étaient plus vertueux que nous.

### THÈME 305e.

Il faut avouer que la France a produit beaucoup de grands hommes. Je vous promets, mon fils, de faire toutes choses pour vous, si vous vous rendez digne de mon amitié; mais n'espérez pas que je serai indulgent lorsque vos maîtres se plaindront de vous et qu'ils viendront me rapporter que vos progrès sont lents, que vous ne travaillez pas, et que vous n'écoutez pas ce qu'ils vous disent. Vous savez que la reine de Saba admirait Salomon. Je ne crois pas qu'il pleuve aujourd'hui ni demain : venez donc me voir, et amenez avec vous quelques amis qui sachent jouir des plaisirs de la campagne. Pensons souvent que l'heure de notre mort est proche : cela nous engagera à vivre plus saintement. Le jeune Scipion, apprenant que son père avait été enveloppé par les ennemis, courut à son secours avec une troupe de cavaliers. Je me souviendrai toujours, dit Télémaque, d'avoir vu ce héros qui nageait dans le sang. Ma sœur a promis de m'envoyer de Paris deux beaux vases de porcelaine.

### THÈME 306e.

Votre maître vous a dit que Julie, fille d'Auguste, avait été exilée par son père et qu'elle était morte misérable. Qui aurait cru que César eût été assassiné par les mêmes hommes qu'il avait comblés de faveurs? Je crois que la lettre que vous m'avez écrite a été perdue. Je suis d'avis que celui qui n'entend pas les langues d'Homère et de Virgile, ne retire pas beaucoup de fruit de la lecture des bons poètes français. Tout le monde sait que la défunte reine était aimée et estimée de tous les gens de bien. Je ne crois pas que l'architecte que vous avez choisi, ait terminé le plan de la maison que vous voulez faire construire. Nous lisons au chapitre second de l'Evangile selon saint Luc que Joseph et Marie, qui revenaient de Jérusalem, perdirent l'enfant Jésus, et qu'ils le cherchèrent pendant trois jours. Qui ignore que Marius défit les Cimbres et les Teutons? Je crois vous avoir dit que la Gaule a été occupée autrefois par les Romains; vous n'ignorez pas non plus que l'Espagne et l'Afrique avaient été conquises par ces mêmes Romains longtemps auparavant.

THÈME 307e.

Qui ne sait que l'apôtre saint Thomas porta l'Evangile jusque dans les Indes? Qui ignore que Lucrèce se donna la mort? Jeunes gens, si vous ne tâchez de contenter vos maîtres et de faire des progrès, soyez persuadés que vous vous en repentirez un jour. Je ne croyais pas que ma mère, qui m'a écrit hier et dont je vous ai montré la lettre, aurait terminé si tôt l'affaire très-importante qui l'avait engagée à se rendre à Paris. Tite-Live rapporte que Prusias, qui était roi de Bythinie, trahit Annibal. Votre oncle et votre tante, qui avaient promis de vous envoyer une petite somme d'argent comme récompense, espéraient que vous vous montreriez plus docile et plus exact à remplir vos devoirs; mais ils avouent aujourd'hui qu'ils se sont trompés (*errare*). Vous auriez cru que les hommes, en voyant Noé bâtir l'arche, se seraient repentis des crimes qui attirèrent ensuite le déluge; mais il n'en fut pas ainsi. Les journaux annoncent que la paix est conclue, que nos troupes reviennent dans trois semaines, et qu'elles débarqueront à Marseille ou à Toulon.

### THÈME 308e.

Le sénat ordonna que les deux consuls marchassent contre les ennemis. Je ne crois pas que le peintre que vous avez choisi ait terminé le portrait que vous lui avez commandé. J'ignorais que vous fussiez revenu de votre long voyage. Si j'avais prévu que vous fussiez arrivé cette semaine, je serais allé au-devant de vous, pour vous féliciter de votre heureux retour. J'aime à croire que vous aurez reçu ma lettre quand j'arriverai. Votre mère espérait que vous étudieriez mieux cette année que l'année dernière; mais elle voit qu'elle s'est trompée. Je crois que vous vous ennuyez à la campagne, et que vous avez besoin de livres. Je ne croirai jamais que les pirates eussent manqué une proie si facile; s'ils nous eussent vus, il est certain qu'ils nous eussent pris, et qu'ils nous eussent conduits à Tunis ou à Alger. Je vous croyais le plus docile des enfants. Je pensais pouvoir vous écrire aujourd'hui. Vous savez que je vous aime. Denys, tyran de Syracuse, alla dans le temple de Jupiter, et dépouilla ce dieu du manteau d'or dont le tyran Gélon avait orné sa statue; et il ajouta, en se moquant, qu'un manteau d'or était trop lourd en été, et trop froid en hiver.

## II.

**Que** après les verbes CONSEILLER, CRAINDRE, PRENDRE GARDE, MÉRITER, EMPÊCHER, ÊTRE CAUSE, DOUTER, etc., etc., ou **Que** devant se rendre par différentes conjonctions, telles que *ut*, *ne*, *an*, *quin*, *cur*, etc.

NOTA. — Pour que l'élève puisse faire les thèmes qui vont suivre, il est nécessaire qu'il ait appris dans sa grammaire à quel temps du subjonctif il faut mettre le verbe latin qui suit *que* exprimé par *ut*, *ne*, *num*, *cur*, *quin*, etc. (Voyez par conséquent GRAMM., *Observation générale*, n° 278 et suivants).

### THÈME 309e.

*Suadeo tibi ut legas; ne ludas.* — (GRAMM., n° 267.)

Thémistocle conseilla aux Athéniens d'abandonner leur ville et de se réfugier sur leurs vaisseaux; en même temps, il conseilla secrètement à Xerxès de ne pas différer le combat. Je souhaite que vous suiviez les conseils que je vous donne. Aristote pria instamment Alexandre de rétablir la ville de Stagyre, sa patrie. Ayez soin de m'écrire bientôt. Il fallait que le Christ souffrît. Il est juste que les bons élèves soient récompensés.

### THÈME 310e.

O mon fils, disait Tobie, ayez soin d'honorer votre mère tous les jours de votre vie. Aristide dissuada les Athéniens d'adopter le projet de Thémistocle. Je vous conseille de ne pas trop dormir. Je vous prie de ne point partir. Il importe qu'un jeune homme soit modeste et qu'il ne soit pas paresseux. Je veux que vous m'écriviez. Pères et mères, faites en sorte de vous bien acquitter de vos devoirs. Il arriva que le pauvre mourut. Vous me persuadez d'être vertueux, disait quelqu'un à un philosophe.

### THÈME 311e.

Il nous importe de servir Dieu. Je ne désire pas que vous jouiez. Je ne prierai pas mon père qu'il vous exauce, disait J. C. à ses apôtres : lui-même connaît vos désirs et il vous aime. Le sénat décida que la guerre serait déclarée aux Samnites. Miltiade fit en sorte de n'être pas enveloppé. Je veux que vous lisiez; je ne veux pas que vous chantiez. Je conseille aux jeunes gens de ne pas mépriser les vieillards. Apôtres de J. C., il vous était avantageux que votre maître s'en allât. La mère de saint Louis exhortait son fils à être vertueux, à ne point commettre de péché. Socrate engageait Alcibiade à étudier la philosophie, à ne point vivre dans la mollesse.

### THÈME 312e.

(GRAMM., n° 267, 1re REMARQUE.)

Alcibiade persuada à ses concitoyens de déclarer la guerre aux Syracusains; il leur persuada qu'ils s'empareraient facilement de la Sicile. Je vous ai écrit de venir; je vous ai écrit que votre frère venait. Salomon nous avertit d'aimer la médiocrité; il nous avertit que la médiocrité rend l'homme vertueux et heureux. Vous me dites d'aller vous voir; cependant vous m'aviez dit que vous viendriez vous-même ici. Mandez à votre père de vous envoyer de l'argent; mandez-lui en même temps que je me porte bien. Je suis persuadé que vous croyez cela. Soyez persuadé que je vous estime beaucoup. Le roi fut persuadé qu'il s'était trompé.

### THÈME 313e.

(GRAMM., no 267, 2e REMARQUE.)

L'empereur Dioclétien ordonna que les chrétiens fussent mis à mort. Jacob commanda à ses fils de descendre en Egypte. Joseph avait commandé à son économe de mettre sa coupe d'argent dans le sac de Benjamin. Il fut ordonné à Fabius (1) de partager le commandement avec Minucius. Il sera ordonné aux Carthaginois de livrer tous leurs vaisseaux. Le diable dit à Jésus : Commandez que cette pierre devienne du pain.

### THÈME 314e.

(GRAMM., no 267, 3e REMARQUE.)

Cornélie, mère des Gracques, eut soin de bien élever ses fils. Jonathas avait soin d'avertir David. Les Musulmans ont soin de laver leurs pieds et leurs mains avant d'entrer (*m. à m.* avant qu'ils entrent) dans leurs temples. Le général fit embarquer secrètement ses troupes. Thémistocle fit re-

(1) *Mot à mot*, pour le latin : Fabius *fut ordonné*, reçut ordre de, etc. Tournez toujours ainsi avec le passif *être ordonné*, en prenant le régime indirect du verbe pour en faire le sujet.

bâtir à la hâte les murs d'Athènes. Ayez soin, mon cher ami, de m'avertir de votre départ. Annibal fait apprêter les chevaux; il fait en même temps distribuer de la nourriture à tous les soldats.

### THÈME 315e.

(GRAMM., n° 267, 4e REMARQUE.)

Romulus voulut que tous les Romains fussent soldats. Je ne veux pas que vous m'écriviez; je désire, j'aime mieux que vous veniez. Je veux, ma fille, vous avertir d'une chose. Je voudrais, chers élèves, vous prémunir contre l'impiété de notre siècle. César aurait voulu excuser les conjurés. Les Juifs ne voulaient pas arrêter Jésus publiquement. Vos maîtres désirent être indulgents. Ce marchand ne voudrait pas tromper ses clients.

### THÈME 316e.

(GRAMM., n° 267, 5e REMARQUE.)

Il faut que quelqu'un règne. Ovide implora vainement la clémence d'Auguste; il lui fallut partir. Il est juste que le vainqueur épargne les vaincus. C'est la coutume que les hommes oublient les bienfaits. Ce fut toujours la coutume à Sparte d'honorer la vieillesse. Il importe qu'il y ait des lois. Il nous importera de partir promptement. Il sera nécessaire que vous nous aidiez.

### THÈME 317e.

*Nihil meâ refert, quid meâ refert utrùm dives sim, an pauper?* — (GRAMM., n° 268.)

Qu'importe aux hommes pervers d'être estimés

ou méprisés ? ils se mettent peu en peine que les gens de bien les blâment ou les louent. Il m'importe peu de lire ou d'écrire. Que nous importe d'être riches ou non ? Il importe peu que nous vivions, disait un général lacédémonien à ses soldats ; mais il nous importe beaucoup d'être vainqueurs ou de mourir avec gloire. Néron se mettait peu en peine d'être aimé ; Titus, au contraire, cherchait à rendre ses sujets heureux, et il se mettait peu en peine d'être blâmé des courtisans, pourvu que les gens de bien l'approuvassent.

### THÈME 318e.

Que t'importait, ô Alexandre, et que vous importe à vous tous, conquérants, que les peuples soient malheureux ou non ? Il importe que votre père approuve par écrit ou qu'il vienne. Il vous importe, jeunes gens, de lire les auteurs anciens ou même de les apprendre par cœur. Il importait à la république que César vécut ; mais il lui eût importé davantage qu'il n'eût jamais existé ou qu'il n'eût jamais déclaré la guerre à sa patrie. Ce citoyen ambitieux se mit peu en peine d'enfreindre les ordres du sénat, de troubler la république ou non ; il passa le Rubicon, et marcha sur Rome.

### THÈME 319e.

(GRAMM., no 268, REMARQUE.)

Je ne sais si le roi écrivait ou s'il parlait, s'il était en colère ou non. Dites-moi si votre frère viendra ou non. Athéniens, examinez si Socrate instruisait la jeunesse, ou s'il la corrompait. La veuve de Naïm avait perdu son fils unique; jugez si elle était affligée. Dites-moi si ma maison me coûte trop cher. Vous me demandez si je ne suis pas malade. Antiochus hésitait s'il n'attaquerait pas les Romains. Examinez si le compte que je vous ai remis est exact. Mandez-moi si je me suis trompé ou non.

### THÈME 320e.

*Timeo ne præceptor veniat; ut ou ne non veniat.*
(GRAMM., no 269.)

Je crains, mon fils, que les mauvais exemples ne vous entraînent au mal. Cicéron craignait de ne pas obtenir le consulat. Nous craignons de trop souffrir; sainte Thérèse craignait de ne pas souffrir assez. Je ne crains pas que vous oubliiez vos amis. Les hommes eurent peur qu'un nouveau déluge n'arrivât. Plusieurs Romains appréhendèrent que Domitien n'eût pas été tué. Je crains de ne pas voir le roi. Vous avez peur que votre mère n'ait pas reçu vos lettres. Je ne crains pas que cela vous arrive. Je tremble que le maître ne m'ait entendu.

### THÈME 321e

(GRAMM., no 269, REMARQUE.)

Coriolan ne craignit pas de porter les armes contre sa patrie. Charidême n'avait pas craint de dire la vérité au roi Darius. Alcibiade, qui appréhendait d'être jugé et condamné, craignit de retourner à Athènes. Le consul craignait d'arrêter Catilina et de l'envoyer au supplice ; il avait peur d'être accusé plus tard de trop de sévérité, comme cela arriva en effet. Certains hommes craignent de paraître vertueux. Saint Ambroise ne craignit pas d'interdire l'entrée de l'Eglise à l'empereur Théodose.

### THÈME 322e.

*Cave ne cadas.* — (GRAMM., n° 270.)

Jeunes gens, prenez garde de contrister vos parents. Ceux qui sont les premiers, doivent prendre garde de devenir les derniers. J'ai toujours dissuadé mes élèves de lire des livres frivoles. Athéniens, prenez garde que Philippe ne vous trompe. Eve aurait dû prendre garde de manger le fruit défendu. Saint Pierre voulait dissuader Jésus de souffrir la mort. Mon frère m'écrit pour me dissuader d'entreprendre un si long voyage. Prenons garde de médire de notre prochain. Que celui qui est debout prenne garde de tomber, dit l'Ecriture.

### THÈME 323e.

(GRAMM., n° 270, 1re REMARQUE.)

Serviteurs, allez, et prenez garde que la salle et les conviés soient prêts. Un bon général doit prendre garde que ses soldats soient bien exercés. Pères de famille, prenez garde que vos enfants suivent toujours fidèlement le sentier de la vertu. Les orgueilleux ne prennent pas garde qu'ils sont blâmés de tout le monde. Annibal ne prit pas garde que le consul Néron avait quitté le camp. Hélas! nous apercevons une paille dans l'œil de notre frère, et nous ne prenons pas garde que nous portons une poutre dans le nôtre.

THÈME 324e.

(GRAMM., no 270, 2e REMARQUE.)

Annibal se garda bien de confier ses trésors aux Crétois. Chrétiens, gardez-vous bien de rendre le mal pour le mal. Phocion n'eut garde d'accepter les présents d'Alexandre. Je n'aurai garde, mon fils, de découvrir votre faute à votre mère. Les martyrs se gardaient bien de sacrifier aux idoles. Tous les bons citoyens se garderont bien de désirer la ruine de l'État. N'ayez garde, magistrats, de préférer l'or à la justice.

THÈME 325e.

*Dignus est ut imperet* ou *qui imperet.* — (GRAMM., no 271.)

Néron méritait d'être chassé. Scipion méritait de commander. Agésilas était digne que les Spartiates lui confiassent une armée. Alexandre aurait mérité que les hommes l'admirassent, s'il eût mieux réprimé ses passions. L'impie Antiochus ne méritait pas que Dieu eût pitié de lui. Ces élèves sont dociles, et méritent que j'agisse avec eux d'une manière douce et paternelle.

THÈME 326e.

Socrate ne méritait pas que les Athéniens le condamnassent à boire la ciguë. Les méchants sont indignes de voir la lumière du jour. La plupart des enfants méritent bien que les maîtres se montrent sévères. Les exploits d'Agrippa lui méritèrent (*tournez* le rendirent digne) d'être le ministre d'Auguste. Votre conduite mérite que je sois indulgent envers vous. Dieu frappa l'Egypte de sept plaies; Pharaon méritait bien qu'il agît ainsi. Que cet enfant, dit Hector, soit digne que les hommes disent un jour de lui: Il est encore plus brave que son père. Les deux infâmes vieillards étaient indignes que le peuple eût pitié d'eux.

THÈME 327e.

*Deus prohibet ne mentiamur; non impedio quominùs proficiscaris.* — (GRAMM., n° 272.)

Le maître nous défend de causer. Daniel empêcha que Susanne ne fût lapidée. Dieu avait défendu aux Juifs d'adorer les idoles. Qui vous empêche, mon enfant, d'étudier? Je ne vous empêche pas non plus de vous récréer; je vous ai défendu de jouer, je ne vous empêcherai jamais d'étudier. Le mauvais temps nous empêchera de partir. Manlius avait défendu à tous les soldats de quitter les rangs. Vous n'entrez point dans le royaume du ciel, et vous empêchez les autres d'y entrer, disait Jésus aux pharisiens.

THÈME 328e.

La lettre de Parménion n'empêcha pas Alexandre de prendre le remède préparé par Philippe. Le général défendit (*vetare*) que le camp fût fortifié. Après la bataille de Cannes, Scipion détourna (*deterrere*) plusieurs jeunes Romains d'illustre naissance d'abandonner l'Italie. Qui empêcha le Capitole d'être pris par les Gaulois? Manlius. La charité nous défend de haïr les hommes; elle ne nous défend pas de chercher à les corriger. Tous vos efforts ne m'empêcheront point d'aimer mon Dieu.

THÈME 329e.

(GRAMM., n° 272, REMARQUE.)

Alexandre ne put s'empêcher d'admirer Diogène. Je ne saurais me défendre de vous louer. Les habitants de Falères ne purent s'empêcher d'admirer la grandeur d'âme de Camille. O bonté de mon Dieu! qui pourrait s'empêcher de vous aimer? Les Parisiens ne purent se défendre d'être touchés de la bonté de Henri IV. Je ne saurais m'empêcher de vous féliciter de vos succès. Qui peut s'empêcher d'admirer la nature?

THÈME 330e.

*Per me non stat quominus sis beatus.* — (GRAMM., n° 273.)

Il ne tient pas à moi que ces élèves ne soient savants. Il dépend de moi et de votre père que la chose se fasse. Il ne tiendra pas à moi que je n'aille à Lyon la semaine prochaine. A quoi a-t-il tenu que vous ayez gagné votre procès? Il ne tint pas à Annibal que Carthage ne l'emportât sur Rome. A quoi tient-il que les hommes pratiquent le bien? A quoi tiendrait-il qu'ils fussent tous heureux? Le bonheur ne dépend-il pas de nous? Puisque notre sort est entre nos mains, il tient à nous de le rendre heureux ou malheureux.

THÈME 331e.

*Gaudeo quòd tibi profui.* — (GRAMM., n° 274.)

Les Apôtres se réjouissaient d'avoir été battus de verges pour le nom de J. C. Pierre se repentit amèrement d'avoir renié son maître. Je m'étonne que vous gardiez le silence. La postérité sait bon gré à Auguste d'avoir favorisé Virgile. Vous remercierez votre maître de m'avoir envoyé d'aussi bons fruits. Alcibiade fut accusé d'avoir renversé les statues de Mercure. Vous ne serez pas surpris si j'arrive un peu tard.

THÈME 332e.

Tite-Live accuse Annibal d'avoir été cruel. Panétius loue Scipion l'Africain d'avoir été maître de ses passions. Cet enfant a honte d'avoir si mal répondu ; il est fâché d'avoir été si paresseux. Je suis surpris qu'Aristote n'ait pas traité ce sujet. Tout le peuple félicita Judith d'avoir coupé la tête à Holopherne. Je vous rends grâce, ô mon Dieu, disait le pharisien, de ce que je ne suis point comme les autres hommes. Je ne m'étonne pas que vous soyez si instruit ; je serais bien surpris s'il en était autrement : vous aimez tant les livres !

THÈME 333e.

*Exspecta dùm rex advenerit.* — (GRAMM., n° 275.)

J'attends que vous parliez. Attendez que le prince ait dîné. Saül n'attendit pas que le prophète fût arrivé. Joseph, qui s'était réfugié en Egypte, attendit que le roi Hérode fût mort. Alexandre attendit que Clitus sortît, et il le frappa de sa javeline. Nous attendrons, Monsieur, que votre lettre soit prête; nous avons commandé au courrier d'attendre que nous fussions arrivés. O hommes, attendez que le royaume de Dieu soit arrivé, et vous verrez alors si ce grand Dieu est fidèle dans ses promesses!

### THÈME 334e.

(GRAMM., no 275, REMARQUE.)

Jésus s'attendait que les dix lépreux viendraient le remercier de les avoir guéris. Je m'attendais bien que vous oublieriez vos anciens amis. Ma mère s'attendait que j'irais la voir cet été. Les ignorants doivent s'attendre à être méprisés. Je m'attendais bien que vous vous repentiriez. Qui s'attendait que la paix succédât si promptement à la guerre? L'élève paresseux s'attend bien qu'il sera grondé et puni. Nous nous attendions, mon cher ami, que vous viendriez avec nous à la campagne.

### THÈME 335e.

*Morbus causa fuit cur te non inviserim.*

(GRAMM., no 276.)

La disette fut cause que les frères de Joseph allèrent en Egypte. Le mauvais temps sera cause que je ne pourrai point aller vous voir. La mort de Lucrèce fut cause que les Tarquins furent chassés de Rome. Si vous n'eussiez pas voulu plaider, vous eussiez été cause que j'aurais perdu mon procès. Qui fut cause que Jésus mourut? Judas et les pharisiens. La piété filiale de Cimon fut cause qu'il fut jeté dans les fers.

### THÈME 336e.

*Dubito num valeat; non dubito quin valeat.*

(GRAMM., n° 277.)

Je doute que vous aimiez l'étude. Je ne doute pas que votre avocat ne soit un homme habile; qui doute aussi que votre cause ne soit juste? Saint Thomas douta un instant que Jésus fût ressuscité. Qui peut douter que l'âme ne soit immortelle? Je doute qu'il y ait, je ne sais s'il y a une vertu (*ulla virtus*) plus aimable que la simplicité. Je ne doute pas que Bossuet ne l'emporte sur tous les orateurs sacrés. Le médecin perfide ne doutait pas qu'il n'obtînt une récompense de Fabricius. Je doute si je dois répondre; je doutais si j'entreprendrais ce voyage. Qui doute que Dieu ne mérite d'être aimé?

### THÈME 337e.

(GRAMM., n° 277, REMARQUE.)

L'empereur Constantin se douta dès lors que son beau-père lui tendait des embûches. Vous vous doutez que votre oncle viendra dans huit jours; je me doute qu'il viendra aujourd'hui même. Cette malheureuse mère ne se doute pas que son fils est mort. Les Romains ne se doutaient pas que Caligula retracerait les cruautés de Tibère. Votre père se doutait bien que vous lui demanderiez de l'argent. Je doute qu'il pleuve ce soir; mais je me doute qu'il tonnera.

## *RÉCAPITULATION de toutes les règles précédentes, depuis la règle* Suadeo tibi ut legas.

(GRAMM., depuis le nº 267 jusqu'au nº 283.)

### THÈME 338e.

Si j'eusse été présent, je vous aurais conseillé d'accepter de la main du prince l'emploi honorable qu'il vous offrait. Maharbal s'étonnait qu'Annibal ne marchât pas contre la ville de Rome après la bataille de Cannes. Jésus ne put s'empêcher d'admirer la foi du centurion. Demeurez ici, et attendez que je revienne. Il n'est pas temps d'arracher l'ivraie; attendons que le temps de la moisson soit arrivé. Les Juifs défendirent en vain aux Apôtres de prêcher et de guérir au nom (*nomine*) de Jésus. Quand les habitants de Béthulie virent la tête d'Holopherne, ils ne doutèrent point que Dieu n'eût puni cet homme orgueilleux pour venger son saint nom. Qui est digne d'obtenir la couronne, sinon celui qui a bien combattu? Les Macédoniens attendaient avec impatience que le roi fut éveillé.

### THÈME 339e.

L'avarice fut cause que Judas trahit son maître. Alexandre se repentit amèrement d'avoir tué Clitus. Annibal s'attendait bien que Varron l'attaquerait; ce rusé capitaine fit en sorte que les Romains eussent le soleil au visage (*m. à m.* devant le visage). Tobie et son épouse attendaient avec inquiétude que leur fils revînt de chez Gabélus. Il ne tint pas à saint Louis que les chrétiens d'Orient ne fussent délivrés du joug des musulmans. Jésus ne put s'empêcher de blâmer ses disciples : N'empêchez pas, leur dit-il, les petits enfants de venir à moi. Si je vous eusse défendu de lire, vous liriez; si je vous eusse commandé de chanter, vous pleureriez. Qui avait défendu à nos premiers parents de goûter le fruit de l'arbre de la science du bien et du mal ? Dieu lui-même. Qui les empêcha d'obéir ? Le démon.

### THÈME 340e.

Vespasien fut digne d'être élevé à l'empire. Tite, son fils, mérita d'être appelé *les délices du genre humain*. Le Consul ne prit pas garde que des embûches lui étaient dressées. Je me garderai bien de manquer à la réunion; prenez garde de vous y trouver vous-même. Un bon prince craint de négliger ses devoirs. Trajan aurait craint d'affliger le moindre de ses sujets. Que nous importe que les autres soient riches et heureux ? L'homme juste se réjouit surtout de ce qu'il est en grâce avec Dieu et avec les hommes; il lui importe peu qu'on le critique ou qu'on l'approuve. Un père sage conseille souvent à ses enfants de conserver leur innocence; mais les enfants, naturellement légers, ne prennent point soin d'éviter les mauvaises compagnies, et il arrive souvent qu'ils la perdent avant même qu'ils en aient connu le prix.

### THÈME 341e.

Tout nous avertit de ne pas mépriser les malheureux. Qu'importait à Paul, qu'importait à Antoine et à tous les solitaires d'être connus des hommes, ou d'en être ignorés? Ils se mettaient peu en peine d'obtenir ou non leur approbation; mais ils faisaient en sorte de se rendre dignes de l'amitié de Dieu. Contents d'être (*tournez* de ce qu'ils étaient) vertueux, ils se mettaient peu en peine de le paraître. Je reçois votre lettre par laquelle vous me demandez si je n'irai pas vous voir: je doute que je puisse faire ce voyage. Jugez si j'ai raison. Dites-moi si j'ai tort ou non. J'examinerai s'il a fini son devoir. Je crains qu'il ne pleuve; et vous, vous craignez qu'il ne pleuve pas. Cet habile général ne craignait point que les ennemis le surprissent.

### THÈME 342e.

Les Gaulois ne purent empêcher le général Carthaginois de traverser les Alpes. Ne vous avais-je pas défendu de rire? Jésus défendait aux malades guéris de publier les miracles qu'il avait opérés; mais ceux-ci ne pouvaient s'empêcher de les divulguer. Virgile fut digne de chanter la gloire d'Auguste. Si j'eusse su cela, j'aurais attendu que vous fussiez venu. Les Apôtres auraient voulu dissuader Jésus de retourner en Judée. Judith attendait qu'Holopherne fût endormi. Informez-moi si vous viendrez. Je ne sais si j'aurai reçu votre lettre lorsque le procès se plaidera. Ne vous avais-je pas conseillé de lire les poètes? Doutez-vous que la lecture de leurs ouvrages ne vous soit très-utile un jour?

THÈME 343e.

Je ne sais si vous avez retenu mes conseils; je doute que vous les eussiez suivis, si votre père n'eût été là. J'ignore si mon ami plaidera lui-même sa cause; mais je doute qu'il la gagne. Je lui avais conseillé de choisir un avocat prudent; j'ignore s'il aura suivi mon avis; je ne doute pas qu'il ne se repente un jour de l'avoir négligé. Je ne sais si Jules aura honte de sa paresse; je doute qu'il se repente en ce moment de sa faute. Tobie paraissait douter que Gabélus fût encore vivant. J'ignore encore si j'aurai conclu ce marché lorsque vous viendrez me chercher. Savez-vous si les portes de la ville seront ouvertes lorsque nous arriverons? Dites-nous si la paix sera prochainement rétablie entre la France et la Russie.

THÈME 344e.

Milon attendit, comme c'est la coutume, que sa femme fût prête; il se mit alors en marche avec ses esclaves, ne se doutant point que Clodius l'attendait pour attenter à ses jours. Hommes endurcis, prenez garde d'être surpris par la mort. Saint Flavien dissuada l'empereur de punir les habitants d'Antioche. Je ne veux pas vous tromper, madame; j'aime mieux vous prévenir que cette étoffe est moins bonne qu'elle ne paraît. Informez-vous si le roi est dans son palais; dites-moi s'il n'ira pas à la chasse demain. C'est un usage chez tous les peuples que les hommes se saluent lorsqu'ils se rencontrent. Apôtres de Jésus-Christ, allez à Jérusalem, et prenez garde que tout soit prêt pour que votre maître puisse célébrer la pâque avec vous. Je doute, mon fils, que l'histoire que vos maîtres vous enseignent, vous paraisse plus nécessaire que la musique. Mandez à votre mère d'être tranquille; avertissez-la que je vous accompagnerai jusqu'à Londres, et s'il le faut, jusqu'à Athènes.

### THÈME 345^e.

Caton terminait tous ses discours par ces mots: Et de plus, je suis d'avis que Carthage soit détruite. Cet austère Romain exhortait les sénateurs à bannir le luxe de la république. L'espoir du gain engage les hommes à entreprendre de longs voyages. Nous nous attendions que notre ami nous accompagnerait jusqu'à Marseille. Samson s'attendait bien que les Philistins lui chercheraient querelle; il était persuadé qu'ils cherchaient l'occasion de le prendre afin de le mettre à mort. Si je n'eusse craint de vous être à charge, je vous aurais prié de m'envoyer de Paris deux nouveaux ouvrages composés par un ancien ministre. Cicéron aimait beaucoup à dire des plaisanteries et à railler les grands qu'il jugeait indignes d'exercer les fonctions publiques. Le vin fut cause qu'Alexandre mourut. L'impie Achab ne méritait pas que le roi Josaphat le favorisât. Les amis de Job paraissaient douter qu'il fût innocent. Le roi de Juda dit au roi d'Israël: Attendons, je vous prie, que nous ayons consulté la volonté du Seigneur.

### THÈME 346e.

Caligula avait peur que les Romains ne se révoltassent contre lui; il avait surtout peur du tonnerre, et quand il se doutait que ceux qui l'environnaient étaient effrayés, il se couvrait la tête, et restait ainsi caché, ne se doutant point qu'il fût également exposé au danger. Saint Arsène disait : J'ai eu très-souvent regret d'avoir parlé, et je ne me suis jamais repenti d'avoir gardé le silence. Les hommes devraient faire en sorte d'être toujours prêts à mourir. Je ferai en sorte d'arriver à l'heure indiquée. O Verbe éternel ! je vous rends de très-humbles actions de grâces de m'avoir appelé à la lumière de l'Evangile. Tous les efforts des impies ne pourront empêcher l'Eglise catholique de subsister. Parmi les Hébreux sortis de l'Egypte, Josué et Caleb furent seuls dignes d'entrer dans la terre promise. Porus mérita d'être rétabli sur son trône. Cet élève mérite le premier prix. Je ne vous défends pas de jouer, je vous défends seulement les exercices trop violents.

### THÈME 347e.

L'apôtre des gentils s'efforçait de plaire à Dieu ; il ne craignait pas de déplaire au monde. Moïse dit aux Israélites : Faites en sorte qu'il ne se trouve parmi vous aucun mendiant, afin que le Seigneur vous bénisse. Mon médecin me conseille les bains ; il me conseille d'aller à Aix, en Savoie. Thémistocle fit en sorte que la flotte des Perses ne pût se déployer. Pères et mères, ayez soin de bien élever vos enfants : la nature et la religion vous l'ordonnent. Je vous souhaite, Monsieur, une bonne année ; je souhaite qu'il ne vous arrive rien de fâcheux. O mon fils, ayez soin de votre santé ; ayez soin de ne pas retomber malade. Mon ami m'écrit que les fruits abondent cette année en Provence ; je lui ai répondu de m'envoyer quelques oranges. Sylla ordonna de brûler son corps après sa mort. Annibal, persuadé (*ratus*) que les Romains ne pouvaient être vaincus que dans leur pays, avait conseillé à Antiochus de porter la guerre en Italie. Craignons Dieu, et nous ne craindrons pas que la mort nous surprenne.

THÈME 348e.

Le général pouvait craindre que ses lieutenants n'eussent pas reçu ses ordres. Les Grecs ne savaient pas si la liberté leur serait rendue. Les Juifs craignirent d'entrer dans le prétoire ; ils craignaient de ne pas manger la pâque. Plusieurs historiens modernes examinent si Constantin eut du génie ou non. Quelques auteurs doutent qu'Alexandre eût vaincu les Perses, si Memnon le Rhodien ne fût pas mort. Demandez à cet ambassadeur s'il ne croit pas qu'une guerre générale menace l'Europe. Il a été ordonné à nos flottes de donner la chasse aux ennemis. Camille fait reconduire ce maître pervers jusqu'à la ville. Je sais que le roi ira à la chasse demain ; j'ai voulu vous en prévenir. David avait soin d'invoquer le Seigneur avant d'attaquer les ennemis. Héliodore n'eut garde de retourner à Jérusalem.

THÈME 349e.

Bélisaire, devenu aveugle, méritait bien que les hommes eussent pitié de lui. Prenez garde, chrétiens, que Jésus-Christ dit qu'il viendra comme un voleur. Apôtres, gardez-vous du levain des pharisiens ; gardez-vous bien d'abandonner votre maître. Le sénat délibéra longtemps si les prisonniers seraient rachetés ou non. La plupart des hommes craignent de ne pas vivre assez. Mon enfant, je me réjouis de vos succès ; votre mère se réjouit de vous voir bientôt. Vous m'annoncez que la paix est faite ; je m'en doutais : tout le monde se doutait, en effet, que l'humanité des princes empêcherait la guerre d'exercer plus longtemps ses ravages. Phocion fut averti qu'il était condamné à mort : Je m'y attendais, dit-il ; tous les grands hommes d'Athènes s'attendaient, en effet, à subir le même sort. Il ne tint pas au jeune Perolla qu'Annibal ne perdît la vie ; son père lui-même put à peine l'empêcher de tuer le célèbre général. Je doute que l'ouvrage nouvellement annoncé soit entièrement terminé ; je ne sais s'il sera bien ou mal accueilli du public, mais je doute fort qu'il soit exempt de la critique.

## CHAPITRE X.

### DE L'INTERJECTION.

THÈME 350e.

*O venerande puer! — Væ victis! etc.*

(GRAMM., nos 283, 284, 285.)

O croix de Jésus! O perfidie de Judas! Malheur

à cet apôtre perfide! Ah! malheureux que nous sommes! Ah! cruel que vous êtes! Malheur à nous! Malheur à vous! Malheur à l'homme riche qui n'a point honte de repousser le pauvre! Malheur à l'impie qui ne se repent point d'avoir outragé son Dieu! Aveugle que j'étais! de n'avoir point prévu qu'un grand malheur me menaçait. O Jupiter! O dieux immortels! O douleur! O honte! Ah! malheureux Thésée! O père infortuné! Ah! malheur à toi!

Nota. — Pour que les élèves n'oublient pas leurs règles à mesure qu'ils en apprennent d'autres, nous croyons devoir leur donner ici, comme nous l'avons déjà fait à la page 77 de ce Cours de Thèmes, une Récapitulation générale de toutes les règles qu'ils ont vues depuis le chapitre du Verbe jusqu'à celui de l'Interjection inclusivement.

## COURTE RÉCAPITULATION

*De toutes les règles du Verbe, du Participe, de la Préposition, de l'Adverbe, de la Conjonct. et de l'Interjection.*

### THÈME 351e.

Job avait besoin d'une grande patience pour ne pas s'irriter contre ses amis. Les enfants que les parents aiment et flattent le plus, sont presque toujours ceux qui leur causent le plus de chagrin dans la suite. Notre ami, qui est allé à Venise l'année dernière, et qui ne se repent point d'avoir fait ce voyage, veut que nous allions cette année à Edimbourg, ville remarquable, mais plus grande que belle, digne d'être vue par ceux qui sont désireux de connaître les progrès de l'industrie moderne. Mes petits amis, allez étudier vos leçons, et vous viendrez ensuite me les réciter dans le jardin sous les tilleuls; je doute que vous les sachiez parfaitement lorsque la fin du jour arrivera. J'ai appris avec beaucoup de chagrin, mon cher ami, que vous êtes malade; faites en sorte, je vous prie, de vous guérir promptement, et prenez garde de mépriser les ordres du médecin. Les cavaliers que nous avons vus entrer dans notre ville venaient de Châtillon; ils sont sortis avant-hier de cette ville, et partent ce soir pour Valence; ils passeront par Beaune et par Chalon, et arriveront en sept jours à Lyon, où le général les attend pour les passer en revue à deux heures après midi.

THÈME 352e.

Virgile raconte dans le second livre de l'Enéide que les Grecs, rebutés par la longueur et les fatigues de la guerre, feignirent d'abandonner le siége de Troie, et se retirèrent à Ténédos, petite île peu éloignée du rivage. Mais auparavant ils avaient eu soin de bâtir un énorme cheval de bois, et l'avaient empli de soldats à la tête desquels était Ulysse. Les Troyens, ne se doutant point que c'était un stratagème, introduisirent la fatale machine dans leurs murs. Les sages avis de Laocoon ne purent les empêcher de se livrer à une joie immodérée. Mais pendant la nuit, Ulysse et ses compagnons, sortant de leur ténébreuse retraite, envahissent la ville, en ouvrent les portes aux autres Grecs qui étaient revenus de Ténédos, et tous ensemble remplissent de deuil et de carnage l'antique demeure de Priam et de tant de rois fameux. Les cheveux blancs du vieux roi n'empêchèrent point Pyrrhus de l'égorger. La plupart des Troyens périrent par le glaive ou furent emmenés en captivité. Enée seul se sauva avec son fils Ascagne, et vint en Italie fonder la ville de Lavinium.

### THÈME 353e.

César avait un cœur magnanime. Cimon l'Athénien avait d'immenses richesses. Vous et moi, qui sommes chrétiens, devrions faire en sorte de ne manquer à aucun de nos devoirs. Il y a un Dieu. Il y a des lois. Adam et Eve, à qui il avait été ordonné de ne pas toucher le fruit de l'arbre de la science du bien et du mal, ne craignirent pas d'enfreindre l'ordre de Dieu ; ils furent condamnés à sortir du Paradis terrestre. La conjuration étant découverte, le consul a soin de réunir le sénat ; il fait en même temps arrêter plusieurs coupables, parmi lesquels il y avait un préteur, Céthégus, et d'autres citoyens illustres ; ceux-ci furent condamnés à la mort, et Catilina, chassé de Rome, se réfugia vers son armée. La nouvelle étant arrivée à Paris que Philisbourg était pris par les Français, le précepteur du Dauphin écrivit à son élève une lettre ainsi conçue : « Monseigneur, je ne vous féliciterai point de la prise de Philisbourg : vous aviez une bonne armée, beaucoup de canons et Vauban ; mais je vous féliciterai de ce que vous avez été bon, libéral et compatissant. » Camille assiégeant Falères, un maître d'école lui amena par trahison les enfants de cette ville. Jésus dit à ses apôtres : Si vous demandez quelque chose en mon nom, je le ferai. Dieu aidant, j'irai vous voir la semaine prochaine.

THÈME 354e.

Homère mérite bien d'être admiré par tous ceux pour qui la poésie a des charmes (*juvare*). Ce grand poëte ne fut pas favorisé de la fortune : il était aveugle et mendiait son pain ; je crois qu'il eût été plus heureux s'il eût vécu de nos temps. Il nous raconte qu'Hector étant mort, Achille le traîna par les pieds autour des murs de Troie. Si les poëtes anciens étaient un peu plus étudiés par les écrivains de nos jours, nous ne verrions pas tant de livres frivoles et vides de choses. La gloire de David, qui était loué et félicité par les femmes juives, fut cause que Saül devint jaloux contre lui. J'ai reçu une lettre de mon ami qui fut exilé il y a quatre ans, et qui demeure en Afrique, à cent vingt cinq-lieues d'Alger; il me prie de demander sa grâce au chef de l'Etat ; j'espère obtenir cette faveur d'un prince aussi généreux. Je juge par cette lettre que mon ami est malheureux; comme il est digne que j'aie pitié de lui, j'écrirai ce soir même au ministre pour le prier d'en parler au prince. S'il ne me répond pas, j'irai le trouver moi-même. Si je puis ainsi rappeler mon ami de l'exil, ce sera un grand bonheur pour sa femme et ses deux enfants.

THÈME 355e.

Je ne crois pas que parmi les anciens aucun

auteur ait été plus érudit qu'Aristote : ce philosophe mérite d'être lu et étudié par nous tous. Ces tableaux dont vous faites si grand cas, me paraissent pourtant peu anciens ; je les estime peu. Les Romains entreprenaient-ils une guerre, ils consultaient les dieux. D'où veniez-vous, mes chers amis, lorsque je vous ai vus passer par notre ville il y a huit jours ? Nous revenions de visiter la Suisse et la Savoie. Où irez-vous le printemps prochain ? Si vous allez en Espagne, j'espère pouvoir vous y accompagner ; je veux néanmoins vous avertir d'une chose : je doute que nous puissions parcourir toutes les provinces de ce malheureux pays ; la guerre civile qui le menace, nous empêchera probablement de pénétrer jusqu'à la capitale. Tarquin l'ancien (*major*) régna trente-six ans ; il employa les richesses qu'il avait rapportées des villes conquises, à bâtir un cirque destiné au spectacle des courses de chars et de chevaux. Souvenez-vous, mon fils, des avis que je vous ai donnés ; rejetez loin de vous les livres que je vous ai interdits ; demandez à Dieu qu'il vous éclaire ; fréquentez souvent les sacrements ; puisez à cette source divine la force qui vous est nécessaire pour vous vaincre vous-même ; si vous faites cela, vous serez heureux.

### THÈME 356e.

Le temple ayant été détruit par Titus, Julien l'Apostat voulut le rebâtir trois cents ans après ; mais les historiens rapportent que des tremblements de terre multipliés l'empêchèrent de mener son entreprise à fin. Saint Grégoire de Nazianze, lorsqu'il était encore à Athènes, avait jugé à sa mine et à ses discours que ce prince serait un jour un persécuteur de l'Eglise. J'ai été informé de votre départ par un de vos amis; faites en sorte, je vous prie, de m'écrire vous-même et de m'informer de votre santé tous les deux mois. Cimon fut condamné à l'amende; vous savez que son père Miltiade, qui n'avait pu payer l'amende à laquelle il avait été lui-même condamné, mourut dans les fers, à Athènes, sa patrie. Vous avez lu aussi dans l'histoire romaine que le tribun Clodius, irrité contre Cicéron, l'accusa d'avoir condamné des citoyens sans jugement: il voulait parler de Catilina et de ses complices; le célèbre orateur fut condamné à sortir de Rome et même de l'Italie, et à s'exiler jusqu'en Macédoine; cette ingratitude de ses concitoyens lui causa beaucoup de chagrin.

### THÈME 357e.

L'empereur Julien, dont je vous ai parlé un peu plus haut, s'était déclaré l'ennemi du Dieu qu'adoraient et servaient les chrétiens; il favorisait et récompensait généreusement ceux qui n'avaient point honte d'abandonner leur religion. Lorsque Damoclès vit l'épée qui était suspendue au plafond par un fil de soie, il trembla qu'elle ne tombât sur lui (*in se*). Diogène demanda une seule chose à Alexandre, qu'il s'ôtat de devant son soleil. Néron condamna les chrétiens à être brûlés vifs. L'Ecriture nous apprend que deux femmes furent accusées d'avoir observé la loi de la circoncision ; Antiochus les condamna à être précipitées. J'ignore, Messieurs, si la langue que je vous enseigne, vous fait plaisir ou non ; mais il me semble que vous vous ennuyez de l'étudier. La mort dont Dieu menaçait et punissait souvent les violateurs du sabbat, fut cause que les plus cruelles persécutions ne purent détourner les Juifs de l'observer ; ils étaient persuadés que ceux qui ne craignaient pas d'enfreindre cette loi, seraient punis tôt ou tard. Un Arabe s'informait de moi un jour s'il était vrai que les âmes des mahométans n'entreraient pas dans le ciel des chrétiens.

THÈME 358e.

Qui a tiré les âmes des anciens justes des Limbes où elles étaient détenues ? Jésus-Christ. Quel roi, s'écrie à ce sujet saint Jean Chrysostôme, est jamais allé lui-même délivrer les captifs de prison ? Qui n'aurait honte de ne pas aimer un tel rédempteur ? Les Juifs, qui avaient d'abord été aimés et favorisés de Dieu, furent ensuite poursuivis par la vengeance divine. Il est permis à nos ennemis d'être lâches et timides, disait Annibal à ses soldats ; à nous il est nécessaire d'être des hommes courageux. Vous savez qu'Horace tua les trois Curiaces. Je me doute que le ministre accompagnera le prince. Il nous importe à tous deux, mon cher frère, de bien vivre, si nous voulons bien mourir. Annibal croyait avec raison que c'était à lui à discourir sur la guerre, et non à Phormion. Je veux me repentir de cette mauvaise action, et je veux que vous vous en repentiez vous-même. Ce chapeau est-il à vous ? Non. Qui fut fâché de son crime ? Alexandre, à qui il eût importé d'être moins enclin à la colère. Je pense vous donner bientôt un habit à coudre. Faites en sorte que ces élèves aient des devoirs à écrire et des leçons à étudier. Nous voyons par l'Evangile que Jésus aimait Lazare et ses sœurs. Vitellius passait son temps à manger.

THÈME 359e.

Vous savez que Virgile employa douze ans à faire l'Enéide. Mais, comme il ne jugeait pas ce poème digne de passer à la postérité, il voulut, avant sa mort, le livrer aux flammes. Heureusement Auguste s'y opposa, se doutant bien que cet ouvrage serait le plus beau monument de son règne. Je vous conseille de ne donner aux paresseux que du pain à manger et de l'eau à boire. N'avez-vous pas rencontré Diogène ? Vous a-t-il salué, ou non ? Marchait-il, ou était-il assis dans son tonneau ? Cette chaise, est-ce la vôtre, ou la mienne ? Lorsque Jésus avait guéri un malade, il lui recommandait le silence. Lorsque j'étais enfant, dit saint Paul, je parlais comme un enfant. Darius devant combattre, Charidème lui dit. Saint Chrysostôme devant bientôt arriver, les habitants d'Antioche allèrent au-devant de lui. David fuyant, Séméï lui jeta des pierres. Que les étoiles sont nombreuses ! qu'elles sont petites ! Que de regrets se prépare à l'heure de la mort celui qui passe sa vie à courir après les honneurs et les plaisirs ! Tâchez de répondre avec beaucoup d'adresse.

THÈME 360e.

Je viens de visiter la boutique de ce marchand ; je lui ai acheté une petite statue de bronze, remarquable par la perfection du travail ; elle a deux pieds de haut ; je ne l'ai pas achetée cher, elle me coûte onze francs. Vous avez trop de serviteurs, je n'en ai pas autant. Je suis parti de chez moi à trois heures ; j'ai marché deux jours et une nuit, et, quoique âgé de soixante-dix ans, j'ai fait régulièrement une lieue et demie en une heure ; je me suis arrêté à Melun, chez mon frère, à qui j'ai emprunté cinquante francs pour un mois ; je vais chez ma sœur à Orléans ; je passerai par chez deux de mes amis qui demeurent à la campagne, et je serai de retour à Paris, lieu ordinaire de ma résidence, dans trois ou quatre semaines. O passion des richesses ! O soif maudite de l'or ! Vous souvenez-vous d'avoir lu dans Virgile que Polymnestor tua Polydor pour s'emparer des trésors de Priam ? Je croyais que ce trait serait resté gravé dans votre mémoire. Votre peu d'exactitude me déplaît. Jésus sachant que son heure était venue de passer de ce monde à son Père, comme il avait aimé les siens qui étaient dans le monde, il les aima jusqu'à la fin.

# SUPPLÉMENT

## A LA SECONDE PARTIE.

## CHAPITRE PREMIER.

### DU NOM.

#### THÈME 361e.

*Noster exitus ex Ægypto.* — (GRAMM., n° 287.)

Votre sortie du collége a causé du chagrin à tous vos condisciples; votre aversion du travail était cause que vous vous y ennuyiez. Je vous engage à lire les Dialogues des morts de Lucien. Des auteurs rapportent que Sophocle composa sa tragédie d'OEdipe à l'âge de cent ans. Nous apprenons par la fable de la Cigale et la Fourmi, que la prévoyance est une vertu nécessaire. Vous n'ignorez pas que Caton, avant de se donner la mort, eut soin de lire le traité de Platon sur l'immortalité de l'âme. Votre éloignement de vos amis vous portera préjudice.

#### THÈME 362e.

*Summa arbor, medius mons, etc.* — (GRAMM., n° 288.)

Le chat perfide descend au pied de l'arbre; il grimpe ensuite jusqu'au sommet. De beaux poissons nageaient au fond de l'eau. Dans le milieu de la cour, se trouve un puits. Alexandre porta ses armes jusqu'au bout du monde. Comme le consul Valerius bâtissait une maison sur le sommet d'une colline, il fut accusé d'aspirer à la royauté. Entre la porte et le fond de la chambre il y avait un intervalle de six pas. Malheur à vous, pharisiens hypocrites, qui purifiez le dehors de la coupe et qui laissez le dedans plein d'immondices! Annibal, pour tromper les Crétois, prit de grandes amphores, les remplit de plomb à l'intérieur, et les couvrit à la surface d'or et d'argent. Entre la sentence et l'exécution il y eut une nuit d'intervalle.

### THÈME 363e.

Gédéon prit avec lui ceux qui avaient bu dans le creux de leur main; tout le reste de la multitude fut renvoyé. Faites, ô mon Dieu, que je vous aime du fond du cœur! A l'approche du printemps, les hirondelles reviennent dans nos climats. Au cœur même de l'hiver, notre armée pénétra dans l'intérieur des terres ennemies. Du milieu de ces rochers sortent des sources nombreuses. Les Israélites qui étaient persécutés par Antiochus, se cachaient dans le creux des cavernes, ou fuyaient sur la cime des rochers. Joseph était ému jusqu'au fond des entrailles. La citadelle étant prise, le reste des habitants s'enfuit. Télémaque, saisissant son adversaire par le milieu du corps, le terrassa. Dioxippe brisa par le milieu la pique de son ennemi.

### THÈME 364e.

*Contremiscebat timore ne deprehenderetur.*
(GRAMM., n° 289.)

La crainte d'être arrêtés fut cause que les voleurs abandonnèrent leur proie. Marius brûlait d'un extrême désir d'être élevé aux honneurs. J'ai connu certains hommes qui ne pouvaient se débarrasser de la crainte d'être enterrés vivants. Néron, au commencement de son règne, ressentait une vive douleur d'être obligé de signer la condamnation des criminels : Je voudrais, disait-il à ce sujet, ne savoir pas écrire. J'ai une grande joie d'avoir pu obliger votre ami. Le souvenir qui nous revient de nous être réjouis de la nouvelle prématurée de sa mort, nous inspire une juste crainte d'être punis par le tyran. Après la bataille de Cannes, une femme romaine mourut de joie d'avoir revu son fils qu'elle croyait mort. Les Carthaginois étaient sans cesse agités du regret d'avoir perdu la Sicile et la Sardaigne. Deux soldats s'attribuaient la gloire d'avoir tué le général ennemi. Le surnom d'Africain fut pour Scipion la plus glorieuse récompense d'avoir vaincu Carthage.

---

## CHAPITRE II.

### DE L'ADJECTIF.

#### THÈME 365e.

*Id fieri potest.* — (GRAMM., nº 290.)

Cette éclipse de lune sera invisible à Paris, mais elle sera visible à Moscou. Un grand nombre d'étoiles ne sont pas visibles à l'œil nu. Ce que vous dites est incroyable. L'orgueil de cet homme est insupportable. Vous avancez là une opinion insoutenable. Ce que vous me commandez n'est pas possible. Les lettres qu'il m'écrit sont illisibles. Cet enfant est incorrigible.

### THÈME 366e.

*Ludovicus quartus decimus.* — (GRAMM., n° 291.)

Louis Seize mourut en l'an mil sept cent quatre-vingt-treize. Lisez-moi le chapitre dix-neuf du premier livre de l'Imitation de Jésus-Christ. Je vous payerai le cinq mars mil huit cent cinquante-sept. La royauté fut abolie l'an de Rome 244; Tarquin le Superbe avait régné vingt-quatre ans, il mourut à Cumes, en Campanie, à l'âge de quatre-vingt-dix ans, l'an de la fondation de Rome 257. Jésus mourut environ l'an du monde 4033; il était trois heures après midi.

### THÈME 367e.

*Denos lucrati sunt nummos.* — (GRAMM., n° 292.)

Les vétérans reçurent chacun cinq arpents de terre. L'orgueilleux Sésostris faisait atteler (1) les rois vaincus quatre à quatre et les forçait à traîner son char. L'intendant de Joseph ouvrit les sacs l'un après l'autre, et la coupe se trouva dans celui de Benjamin. Joseph embrassa tous ses frères, et pleura sur chacun d'eux. Alexandre distribua ainsi l'argent trouvé à Babylone : il donna six cents deniers à chaque cavalier macédonien ; les cavaliers étrangers en reçurent chacun cinq cents, et enfin la solde des fantassins fut de deux cents deniers chacun.

---

(1) Mot à mot : *ordonnait être attelés*, etc.

### THÈME 368e.

Annibal dit à Magon et aux autres : Choisissez-vous chacun neuf hommes pris dans les troupes dont vous faites partie. Ces deux frères ont reçu chacun mille francs de leur père ; ils sont jumeaux, et sont âgés chacun de vingt et un ans. Marchez deux à deux ou trois à trois. Ils se mirent à table quatre par quatre. Les hommes que Jésus rassasia s'étaient assis sur l'herbe par cinquantaines et par centaines (*m. à m.* cent à cent, etc).

### THÈME 369e.

(GRAMM., no 292, REMARQUE.)

Minucius, qui avait partagé les légions avec Fabius, voulut aussi qu'il y eût deux camps. Vous avez reçu deux lettres de moi. Il manque deux lettres à ce mot (1). Je laboure avec deux bœufs. Mon frère a rapporté de la chasse une couple de perdrix. Le courrier ne m'a rien apporté de vous qu'une lettre. Les anciens se servaient de trois armes principales : l'épée, les flèches et le javelot.

### THÈME 370e.

*Sexcenta pericula subii.* — (GRAMM., no 293.)

Annibal courut mille dangers ; je vous ai dit mille fois qu'il traversa une infinité de pays pour venir en Italie. Cette pieuse dame donnait les trois quarts de son bien aux pauvres ; l'autre quart était employé à son honnête entretien. Nous voyons

(1) *Tournez :* Ce mot est tronqué (*truncatus,* ablat.) de deux lettres.

par l'Ecriture qu'en une infinité de circonstances Dieu délivra les Hébreux des mains de leurs ennemis. Je vous ai averti cent fois, mon fils, de ne pas perdre ainsi votre temps à jouer. Que Dieu est bon! que son nom soit mille fois béni!

### THÈME 371e.

*Prior fatebitur, posterior negabit.* — (GRAMM., n° 294.)

Fabius et Scipion sauvèrent Rome, le premier par sa lenteur, le second par son audace. Le premier se mettait peu en peine d'être blâmé; le second faisait tous ses efforts pour mériter les justes louanges de ses concitoyens. Pline l'Ancien et Pline le Jeune étaient également doctes et studieux. La ville de Thèbes aux cent portes (*m. à m.* qui avait cent portes) se trouvait dans la haute Egypte. Le haut de cette maison a été réparé; le bas de cette colonne est brisé.

### THÈME 372e.

*Optimus quisque illi favet.* — (GRAMM., n° 295.)

Les plus célèbres généraux admireront toujours Scipion. Goliath étant mort, les plus braves prirent la fuite. Les hommes les plus pieux peuvent pécher, mais ils s'en repentent aussitôt. La gloire sera toujours chère aux hommes les plus éminents. Les plus grands saints ont tremblé. Votre conduite est approuvée par les hommes les plus vertueux. Les plus scélérats éprouvent des remords. Les meilleures institutions périssent. La meilleure santé ne pourrait résister à tant de fatigues.

***RÉCAPITULATION** de toutes les règles précédentes de l'Adjectif et du Nom.*

(GRAMM., depuis le n° 287 jusqu'au n° 296.)

THÈME 373e.

Nous savons que le Sauveur du monde naquit à Bethléem le vingt-cinq décembre, environ l'an 4000 de la création. A Romulus succéda Numa ; le premier aimait la guerre, le second préférait la paix. La crainte d'être trahie par des guides infidèles empêcha l'armée d'avancer plus loin. Bon et vertueux père, vos enfants vous disent adieu dans l'espérance d'être un jour réunis à vous dans le ciel. Diogène, voyant un enfant qui buvait dans le creux de sa main, tira sa coupe de sa besace et la brisa sur-le-champ comme un meuble inutile. Annibal relégué avec ses troupes à l'extrémité du Brutium, ne fut peut-être pas fâché de l'ordre qui lui fut envoyé de quitter l'Italie. Avez-vous lu la tragédie d'Athalie, de Racine ? Je vous conseille aussi de lire et d'étudier sa tragédie d'Esther, dont le style est admirable. Les conditions que le vainqueur proposa parurent inadmissibles. Le langage de cet homme est inintelligible. Les troupeaux d'Abraham se multipliant, sa séparation de Loth devint nécessaire.

THÈME 374e.

Joseph renvoya ses frères vers Jacob, et leur donna à chacun deux robes. Dans le ciel, les plus humbles obtiendront les premières places. Les meilleures choses se tournent souvent en mal par la faute des hommes. Prions nos plus fidèles amis de nous avertir librement de nos défauts. Il arrive presque toujours que les orgueilleux sont humiliés : nous le voyons par la fable du Chêne et le Roseau. Tous les oiseaux ont deux ailes. Mon ami vient me voir tous les ans, le 22 mai. L'an 1811 fut remarquable par la comète qui parut alors. Le plus heureux des hommes est exposé à mille revers. L'an 2100 avant Jésus-Christ, Bélus fonda l'empire des Assyriens. Savez-vous bien qu'il est déjà neuf heures ? Hâtez-vous donc de traduire en français le chapitre sept du livre six de l'auteur que je vous ai donné à étudier. Un seul quartier d'hiver (1) amollit Annibal. Je vous engage à lire les ouvrages de saint Augustin touchant la Grâce et le Libre Arbitre. L'ennemi a élevé des retranchements en trois endroits. Le général a donné trois sous à chaque soldat.

### THÈME 375e.

Ptolémée et Perdiccas, tenant le roi par le milieu du corps, l'empêchaient de percer Clitus. Apportez ces vases; mettez celui-ci au milieu, et celui-là à l'extrémité. Les deux armées sont maintenant renfermées dans un seul camp. La moitié, les deux tiers, les quatre cinquièmes, les six septièmes de l'héritage vous appartiennent. Votre mère est inconsolable. Certaines gens sont incorrigibles. Je vous entendrai les uns après les autres (*ou* un à un). Le roi appela ses pages, et les félicita de leur

(1) Quartier d'hiver, *hiberna, orum.* — Amollir, *solvere.*

courage les uns après les autres. A Lacédémone, dans les repas publics, il y avait quinze convives à chaque table (1). Les plus habiles se trompent quelquefois. Lorsque saint François de Sales prêchait, les plus endurcis étaient convaincus. Le vieillard Siméon avait l'espérance de n'être point réuni à ses pères avant d'avoir vu le Sauveur du monde ; il mourut avec la joie de l'avoir porté dans ses bras. Nettoyez ces livres les uns après les autres. Cet homme a affronté cent fois la mort.

---

# CHAPITRE III.

## DU PRONOM.

### THÈME 376e.

*Vulpes negavit se esse culpæ proximam.*

(GRAMM., n° 296.)

Saint Jean-Baptiste avoua qu'il n'était point le Christ. L'apôtre des gentils nous dit qu'il a été enlevé au troisième ciel ; il affirme qu'il a entendu des choses ineffables. Socrate disait qu'il ne savait rien ; nous savons cependant qu'il était très-savant. Votre mère nous promet qu'elle viendra. Mes deux sœurs espèrent qu'elles iront à Paris cette année. Judas confessa qu'il avait livré le sang innocent ; vous savez qu'il n'obtint point miséricorde. Mon frère pense que la promenade lui est nécessaire. Les Romains croyaient que la guerre

(1) *Tournez :* Quinze convives étaient placés, etc.

leur était avantageuse. Ce malheureux proscrit m'a prié de le cacher.

THÈME 377e.

Ce pauvre espère que vous aurez pitié (*misereri*) de lui ; donnez-lui donc un peu de pain. Le superbe Aman crut qu'il avait préparé un gibet à Mardochée ; vous n'ignorez pas qu'il y fut attaché. La reine appela le ministre auprès d'elle. Pharaon plaça Joseph auprès de lui. Les Juifs croyaient que Dieu s'était retiré d'eux. La femme de Spitamènes porta la tête de son mari à Alexandre ; elle espérait que le roi la féliciterait ; mais Quinte-Curce nous dit qu'elle en fut repoussée avec indignation. Je crois qu'il pleut. Je crois qu'il importe à tous les hommes de faire le bien. Le père de famille chassa l'économe infidèle de chez soi. Les Spartiates chassèrent Méandre, tyran de Samos, de chez eux.

THÈME 378e.

Les jeunes gens croient qu'il leur importe de paraître savants ; ils pensent que c'est à eux à soutenir la gloire des belles-lettres en France. Philippe crut qu'il était de son intérêt de prendre Byzance ; nous savons qu'il ne se trompait point. Vous dites qu'il faut partir. Nous savons qu'il est glorieux de servir Dieu. Alexandre ordonna qu'on l'appelât fils de Jupiter ; mais nous voyons qu'il eut honte un jour de cette folle prétention. Je crois qu'il n'est pas juste de toujours jouer ; vous savez qu'il y a aussi le temps d'étudier. Ce voyageur nie qu'il y ait en Amérique des montagnes d'or; je crois qu'il mérite d'être cru. Les barbares conjurèrent l'empereur de leur accorder la paix; celui-ci leur demanda des otages.

### THÈME 379e.

*Avarus sibi ipse nocet. — Venio vestri adhortandi causâ.*
(GRAMM., nos 297 et 298.)

Le menteur se nuit à lui-même; car il n'est plus écouté lors même qu'il dit vrai. Cet homme se reproche à lui-même sa bonne foi. Je me blâme moi-même de cette faute. Ce nouvel Aristarque s'attribuait à lui-même le droit de juger de tous les auteurs. Mon fils, ne vous louez jamais vous-même. Athéniens, dit Sylla, je viens pour (1) vous châtier. Les Ninivites se couvrirent de sacs et de cendre, pour s'humilier. Nous irons trouver le maître pour nous justifier. Cet homme ne se sert jamais de médecin; il se traite lui-même. Nous nous servions nous-mêmes, et nous étions nos valets pour être nos maîtres. Les sots se flattent eux-mêmes.

### THÈME 380e.

*Petrus Paulum oravit ut ipsius causam tueretur.*
(GRAMM., n° 299.)

Milon chargea Cicéron de lui plaider sa cause. Saint Paul pria Timothée de lui apporter ses livres et son manteau qu'il avait laissés à Troade, chez Carpus. Votre père a eu recours à mon jardinier, pour lui tailler ses arbres. L'avocat de mon ami l'engagea à défendre sa cause jusqu'au bout.

(1) Rendez ici *pour* par *causâ*, afin de pouvoir appliquer la règle.

Masinissa envoie du poison à Sophonisbe, et la charge de pourvoir à sa sûreté (1). Sisara, fuyant, entre chez Jahel, femme d'Haber, et la prie de pourvoir à sa sûreté (2). Saül commanda à son écuyer de le tuer. Le prince que les historiens ont appelé le *Vieux de la montagne,* commanda à un de ses sicaires de se tuer, et il se tua. Philippe pria Aristote de lui élever son fils. Louis XIV pria le duc de Savoie de lui envoyer sa fille, parce qu'il voulait la marier à son petit-fils le duc de Bourgogne.

THÈME 381e.

*Sua hominem perdet ambitio. — In eloquentiæ studio ætatem consumpsit. —* (GRAMM., nos 300 et 301.)

L'ambition de César le perdit. L'avarice de Judas le porta au plus grand des crimes. La piété de cette dame la soutient dans ses malheurs. L'injustice de cet homme lui sera funeste. La vertu de Turenne lui attira l'estime de toute l'Europe. La beauté, la majesté et la grandeur du ciel le rendent admirable aux yeux de tous. Le génie de Bossuet le rendra à jamais célèbre; son éloquence le place au-dessus des plus grands orateurs de l'antiquité; il avait passé sa vie dans l'étude de l'Ecriture sainte et des Pères de l'Eglise.

THÈME 382e.

La cruauté de Néron causa sa perte. La bonté

(1) C'est-à-dire *à la sûreté d'elle, de Sophonisbe.* — Pourvoir à la sûreté de quelqu'un, *alicui consulere.*

(2) C'est-à-dire *à la sûreté de lui, de Sisara.*

des princes les rend chers aux peuples. L'épouse d'Alexandre, tyran de Phères, en Thessalie, le tua pendant la nuit. Le Soleil dit à Phaéton, son fils : Je vous accorderai tout ce que vous demanderez; celui-ci désira de monter sur le char de son père. L'avarice et la mauvaise foi des marchands de cette ville les conduiront à leur perte. Les vertus de saint Vincent de Paul lui gagnaient tous les cœurs ; sa charité, que tout le monde admirait, le rendait le père des pauvres. La paresse des écoliers leur attire des châtiments. La mauvaise conduite de votre frère, qui est connue de tous, lui attirera le mépris des honnêtes gens.

### THÈME 383e.

*Te ipsum quæro.* — (GRAMM., n° 302.)

Qui cherchez-vous ? C'est vous-même. C'est à vous, Monsieur, que je veux parler. C'est à Dieu qu'il faut demander la sagesse. C'est toi, Brutus, qui oses percer de coups ton bienfaiteur ! C'est ainsi que le corbeau fut trompé par le renard. Est-ce ainsi que Jésus répondait à ses parents ? C'est perdre son âme que de suivre le monde. C'est vous égarer que de poursuivre les honneurs et les richesses. Ce qui me charme le plus, ce sont les vers de Virgile. Ce dont je désespère, c'est de revoir notre ami.

### THÈME 384e.

Nathan dit à David : C'est vous, ô roi, qui êtes cet homme. C'est vous tromper que de vous conseiller d'acheter à un si grand prix une maison presque en ruines. Ce sera toujours un grand crime de trahir sa patrie. Ce que je désire, c'est d'obtenir le ciel. Ce qui empêchait Thémistocle de dormir, c'étaient les victoires de Miltiade. C'est un grand avantage d'être pieux. Ce que les Gaulois craignaient, c'était que le ciel ne tombât sur leur tête. Ce qui me réjouit, c'est que je vous verrai bientôt; ce dont je vous avertis, c'est de venir avant huit jours.

### THÈME 385e.

*Non quòd approbem, sed quòd....* — (GRAMM., n° 303.)

Dieu nous punit; ce n'est pas qu'il veuille nous perdre, mais c'est qu'il veut nous corriger. Cet élève a remporté tous les premiers prix; ce n'est pas qu'il soit plus intelligent que les autres, mais c'est qu'il est plus studieux. Je ne partage point votre avis, non que je ne le trouve juste, mais c'est que je crois le mien meilleur. Je n'irai point vous voir, non que je ne vous aime pas, mais c'est que le temps me manque. J'habiterai la ville cette année, non pas qu'elle me paraisse plus agréable que la campagne, mais parce qu'elle est plus commode.

### THÈME 386e.

*Quamvis improbos salutaverim, non continuò sum improbus.* — (GRAMM., n° 304.)

Quoique je préfère Virgile à Ovide, ce n'est pas à dire pour cela que je méprise ce dernier. Quoique nous ayons beaucoup péché, est-ce à dire pour cela que Dieu ne puisse pas nous pardonner?

Quoiqu'un père doive aimer ses enfants, il ne s'ensuit pas pour cela qu'il doive aimer et supporter leurs défauts. Quoique votre avocat ait admirablement plaidé, sera-ce à dire pour cela que vous gagnerez votre cause, qui est mauvaise?

### THÈME 387e.

*Amatur virtus; admirantur virtutem.*— (GRAMM., n° 305.)

On estime la vertu. On méprise le vice. On me défend de sortir. On nous ordonna de marcher. En Espagne, on pend les criminels; en France, on les décapite. On créa Cincinnatus dictateur. On se repent souvent d'avoir parlé, jamais de s'être tu. On envie presque toujours le bonheur d'autrui. Quand on craint Dieu, on ne fait de tort à personne. On ne peut devenir savant sans beaucoup de peine. Peut-on être appelé chrétien, lorsqu'on ne pratique pas la religion de Jésus-Christ? On vient; on appelle; on sonne. On crucifia Jésus; on partagea ses habits.

### THÈME 388e.

Zacharie s'écria : Et vous, enfant, on vous appellera le Prophète du Très-haut. On boit, on mange, on dort, on passe sa vie dans l'oubli du salut, et l'on meurt comme on a vécu. Il ne se passe presque point d'année où l'on n'éprouve des revers. Tant qu'on est pauvre, on est peu considéré de certaines gens. On veut s'élever; on veut devenir riche à tout prix. Si l'on me demande, répondez que je viendrai dans une heure. On lapida saint Etienne. On admirait la modestie de Turenne. Quand on ne travaille pas dans sa jeunesse, on s'en repent dans un âge plus avancé.

### THÈME 389e.

On ne peut être plus gai que vous ne l'êtes. Quand on est pieux, on est heureux. Peut-on être tranquille quand on sait qu'on n'est pas en grâce avec Dieu ? Quand on désire vivement le ciel, on fait tous ses efforts pour y parvenir. On dira, on racontera, on viendra. On va aujourd'hui de France en Amérique en quinze jours. On a interdit la classe à cet élève; on dit qu'il est d'une paresse incorrigible. On a souvent honte de paraître vertueux. Il y a eu ce matin une séance à l'académie; on s'y est beaucoup ennuyé. On ne peut voir ce spectacle sans pitié.

### THÈME 390e.

On se repentait, mais toujours trop tard, à Athènes, des fautes qu'on avait commises. On fait trop de cas des richesses, et on n'estime pas assez la vertu. Non-seulement on ne favorise pas les orgueilleux, mais on leur nuit s'il est possible. On vous demande à la porte. Je ne crois pas qu'on ait reçu votre lettre. On amenait à Pierre beaucoup de malades, et son ombre les guérissait. Quand on meurt, le corps seul est détruit.

### THÈME 391e.

*Cervi dicuntur diutissimè vivere.* — (Gramm., no 306.)

On dit que les éléphants vivent plusieurs siècles. On croit qu'Alexandre a été empoisonné. On rapporte que Milon de Crotone assomma un bœuf d'un coup de poing et qu'il le mangea tout entier dans un seul jour. On dit que César pleura en voyant la tête de Pompée. On assure que votre frère se repent de son imprudence; on dit qu'il a honte d'avoir si mal parlé. Il paraît que votre mère est très-souffrante. Il me semble que je suis un peu plus grand que vous. On dit que Diogène n'eut jamais honte de sa pauvreté. On croit que le prince se repentira de sa clémence. Hippolyte, fils de Thésée, fut, dit-on, traîné par ses chevaux.

### THÈME 392e.

S'il vous semble, mes chers amis, que je me sois trompé, avertissez-m'en, je vous prie, sur-le-champ. Archimède fut, dit-on, le plus grand géomètre de l'antiquité. Il ne paraît pas, mon cher ami, que vous ayez jamais vu la ville de Paris. Ovide, dit-on, s'ennuyait beaucoup de son exil; on dit que, dans l'espérance de le fléchir, il donna à Auguste des louanges excessives. Il m'a semblé que j'avais répondu suffisamment aux preuves de mon adversaire. On a cru pendant long-temps que le soleil tournait autour de la terre.

### THÈME 393e.

*Pueri docentur grammaticam.* — (GRAMM., n° 307.)

Alexandre était très-instruit : outre la rhétorique et la philosophie, on lui avait enseigné la médecine et la musique. Vous avez oublié, mon cher ami, les règles de l'orthographe, qu'on vous a cependant enseignées. La mort de Tarquin l'Ancien fut cachée pendant quelque temps au peuple. Heureux les enfants à qui l'on a enseigné les préceptes de la foi! Les élèves à qui la mythologie a été enseignée, comprennent mieux les auteurs grecs et latins qu'on leur enseigne et qu'on leur explique.

### THÈME 394$^{e}$.

Lorsqu'on demanda à Caton son sentiment, il répondit. Les pensées les plus secrètes n'étaient point cachées au Sauveur des hommes. On vous cache la vérité, Madame; hélas! votre fils n'est plus. Magistrats, on vous demande votre avis: répondez. La géographie, qu'on nous enseignera, nous rendra les voyages plus utiles et plus agréables. On a celé à votre père la mort de son ami. A Marseille, on enseignait autrefois les lettres grecques aux jeunes Gaulois.

### THÈME 395$^{e}$.

*Videas homines qui honores appetant.* —(GRAMM., n° 308.)

On voit des gens qui se plaignent sans cesse de la fortune; on en voit d'autres, au contraire, qui sont toujours contents de leur sort. A Naples, on voit des gens qui n'ont ni feu ni lieu; on les appelle *lazzaroni*. A Rome, on a vu des maîtres qui donnaient des esclaves à manger à des poissons. A Athènes, vous eussiez vu la plupart des gens se promener oisifs sur la place publique.

## THÈME 396e.

*Non idem es ergà me, qui fuisti olim.* —(GRAMM., n° 309.)

La discipline des armées n'est pas la même qu'elle était autrefois ; les Français ne se servent pas des mêmes armes que les Gaulois. Nous-mêmes nous ne portons pas les mêmes habits que nos ancêtres. C'est ainsi que tout change; la face de l'univers n'est plus la même qu'elle était dans ces premiers temps. Aujourd'hui les habitants d'Athènes et de Corinthe jouissent bien du même ciel que leurs aïeux; mais ils n'ont pas la même vertu qu'eux. Dieu, qui est la justice même, n'a pas les mêmes pensées que les hommes. Le feu consume tout, les pierres mêmes. Le roi même pleura.

## THÈME 397e.

*Timeo Danaos et dona ferentes.* —(GRAMM., n° 310.)

Vous dormez même le jour. Faites du bien même à vos ennemis. Non-seulement Diogène n'alla pas au-devant d'Alexandre, mais il ne sortit pas même de son tonneau. Mon frère ne m'a pas même écrit. O temps! ô mœurs! Catilina vit! Il vit, et même il vient dans le sénat! Nos pères sont tous morts; il en sera de même de nous. Le démon est un maître dur; que dis-je? un tyran. Lazare mourut; il en fut de même du riche. Dieu est souverainement bon; que dis-je? il est la bonté même. Vous n'avez rien donné à ce pauvre, pas même un sou.

### THÈME 398e.

*Is* ou *talis fuit pater meus.* — (GRAMM., n° 311.)

Tel fut Turenne; qui n'admirerait (1) un tel homme? Tels furent Epaminondas et Pélopidas; qui ne voudrait ressembler à de pareils hommes? Telle fut la reine dans tout le cours de sa vie. Sobres, équitables, valeureux, tels furent les anciens Romains. Telles sont mes habitudes. Tels sont les défauts de tous les hommes. Je suis doux et humble de cœur: telles sont les paroles de Jésus; qui refuserait d'aimer un tel maître?

### THÈME 399e.

*Non is sum qui tu.* — (GRAMM., n° 312.)

Domitien ne fut point tel que Tite. La fille n'est point telle que la mère. Les hommes ne sont pas toujours tels qu'ils paraissent. La chose n'est pas telle que vous croyez. La douceur doit être telle qu'elle ne dégénère pas en faiblesse. La vitesse de la lumière est telle, qu'elle nous arrive du soleil en quelques minutes. Telle fut la cruauté de Néron, qu'il fit périr son épouse et sa mère. Appius, élu décemvir, cessa de feindre et se montra tel qu'il était. Votre père jouit d'une santé telle, qu'il peut espérer de vivre encore longtemps.

### THÈME 400e.

Telle fut la libéralité de Cimon, qu'il ne mit jamais de gardien dans ses jardins, ne voulant empêcher personne d'y cueillir des fruits. Les Gabaonites n'étaient point tels que Josué l'avait cru.

(1) Voyez, sur *admirerait*, GR., n° 329, 1re REMARQUE.

La frayeur des hommes sera telle, qu'ils s'écrieront : Montagnes, tombez sur nous. Les Gaulois nos ancêtres étaient tels que nous, braves, mais légers. On voit des gens d'un caractère tel, qu'on ne peut vivre avec eux. Ma mère est toujours telle que vous l'avez connue. Telle était la bienfaisance de l'empereur Titus, qu'on l'entendit se plaindre un jour d'avoir, disait-il, perdu sa journée, parce qu'il n'avait fait de bien à personne.

### THÈME 401e.

(GRAMM., no 312, 1re, 2e et 3e REMARQUES.)

Voilà, mon fils, les choses que je voulais vous dire; voilà les conseils que j'aurais voulu vous donner. Cet acte de clémence convenait à un homme tel que César. Il n'est rien tel que la sobriété pour conserver la santé. Il n'est rien tel que de bien travailler pour bien reposer. Cette conduite ne convenait point à un prince tel qu'Auguste. O Socrate, ô Platon, il n'était point permis à des hommes tels que vous d'adorer des dieux de pierre et de bois.

### THÈME 402e.

Nous savons qu'après la vertu, il n'est rien tel que la santé. Voici, chers élèves, ce que j'ai à vous dire, c'est d'écouter avec une grande attention; voici ce que je crains, c'est que vous ne compreniez pas bien les règles que nous étudions en ce moment. L'oisiveté ne pouvait avoir de charmes pour un prince tel qu'Alexandre. Les Romains ne purent supporter plus longtemps un monstre tel que

Néron. Qui n'admirerait une femme telle que Judith ? Qui n'aimerait la bonté d'une mère telle que la vierge Marie ?

### THÈME 403e.

*Qui pater est, is est filius. — Quidam hodiè rident, qui cras flebunt.* — (GRAMM., nos 313 et 314.)

On dit avec raison : Telle vie, telle mort ; tel arbre, tels fruits. Telle est la mère, telle sera la fille. Tel chef, tels soldats. Tel vous serez (*te præstabis*) envers vos amis, tels ils seront envers vous. Tels sont les magistrats, tels sont pour l'ordinaire les peuples qu'ils gouvernent. C'était la coutume que tous les jeunes gens allassent à Athènes et fréquentassent l'école de tel ou tel philosophe. Je vous enverrai tel ou tel de mes serviteurs. Vous êtes accusé d'avoir dit telle et telle chose. Apportez-moi tel et tel livre. Je ne féliciterai pas tel et tel soldat en particulier, tel et tel centurion, ni même telle et telle légion ; mais je félicite et je remercie l'armée tout entière.

### THÈME 404e.

Tel se porte bien aujourd'hui, qui sera peut-être mort demain ; tel chantait hier, qui n'est plus aujourd'hui : tel est notre sort. Tel fut Auguste ; tel ne fut point Tibère. Quand on veut s'élever, on recherche l'amitié de tel ou tel homme puissant ; on emploie telle ou telle personne que l'on sait avoir du crédit. Tel croit tromper les autres, qui lui-même est trompé. Tel passe pour heureux, qui n'a jamais connu le bonheur. Tel est riche aujourd'hui, qui sera pauvre demain. Tel fut Alexandre, tels furent les Macédoniens.

THÈME 405e.

*Non is sum qui pedem referam.* — (Gr., n° 315.)

Saint Louis n'était pas homme à craindre le danger. Agrippine était femme à commettre tous les crimes. Philippe, frère et successeur d'Alexandre, n'était pas capable de soutenir le poids d'un si vaste empire. Néron était fait pour surpasser Tibère lui-même. Je ne suis pas d'humeur à vous céder. Je suis incapable de mentir. La vertu seule est capable de nous rendre heureux. L'univers entier n'eût pas été capable d'assouvir l'ambition d'Alexandre. Tous vos efforts ne seront pas capables de me retenir. Les Français ne sont pas gens à céder. Les Russes ne sont pas hommes à nous résister.

THÈME 406e.

*Habetis eum consulem qui parere non dubitet.* (Gramm., n° 316.)

Vous avez une mère qui aime tendrement ses enfants. Louis XVI fut un roi qui voulait sincèrement le bonheur de ses sujets. Vous êtes à un âge, mes chers amis, où la raison n'est pas encore développée. Alcibiade était d'un caractère qui le rendait également cher et redoutable à sa patrie. Cet enfant est d'une perspicacité qui charme. Les deux chefs carthaginois campent près de la ville, dans un but évident de ne pas refuser le combat.

THÈME 407e.

*Non alius est quàm erat olim.* — (Gr., n° 317.)

Nous sommes autres que n'étaient nos aïeux.

Socrate n'était pas autre avant sa condamnation qu'il ne fut après; jamais il ne parla de la divinité autrement qu'il ne pensait. Vous agissez autrement que vous ne dites. Bien parler et bien agir sont deux. Commander est autre chose qu'obéir. Autre chose est de donner de bons conseils, autre chose de les suivre. La grâce, qu'est-ce autre chose que le secours de Dieu? César n'avait avec lui que deux légions. Je n'ai rien acheté qu'un manteau. La France est autre qu'elle n'était il y a soixante ans. Je ne lis que Virgile. Que faites-vous autre chose que de dormir?

### THÈME 408e.

*Longè alius es atque eras.* — (GRAMM., n° 318.)

Auguste, devenu empereur, fut tout autre qu'il n'avait été; tout autre que lui eût puni Cinna du dernier supplice. Zénon pensait tout autrement qu'Epicure. Toute autre que votre mère eût perdu courage. Les vertus des chrétiens sont tout autres que celles des païens; ils agissent et ils pensent tout autrement. Tout autre que Néron aurait eu honte d'un tel crime.

### THÈME 409e.

*Uter utri insidias fecit?* — (GRAMM., n° 319.)

Marius et Sylla se haïssaient; lequel des deux fut plus cruel que l'autre? lequel des deux a vaincu l'autre? Ces deux chemins mènent-ils à la ville? lequel des deux est plus court que l'autre? Pierre et André étaient frères et apôtres de Jésus-Christ; qui des deux survécut à l'autre? Marthe et Marie étaient sœurs; laquelle des deux l'emportait sur l'autre en piété et en sainteté?

### THÈME 410e.

*Alii ludunt, cantant alii. — Alii aliis rebus delectantur.*
(GRAMM., nos 320 et 321.)

Parmi les hommes, les uns rient, les autres pleurent; l'un s'adonne au commerce, l'autre cultive la terre, mais tous veulent le bonheur. Lorsqu'on les prie de penser à leur salut, les uns cherchent une excuse, les autres une autre; l'un s'en va d'un côté, l'autre d'un autre. Deux chemins se présentent à nous, celui (1) du vice et celui de la vertu. Deux camps sont en présence, celui des bons et celui des méchants. Les uns blâment Annibal de n'avoir pas assiégé Rome, les autres l'en louent; car les uns ont un avis, les autres un autre.

### THÈME 411e.

Les uns accusaient Jésus d'une chose, les autres d'une autre. Parmi nos élèves, les uns aiment un jeu, les autres un autre. Lorsqu'on les trouve en faute, l'un s'excuse d'une façon, l'autre d'une autre; quelquefois l'un prend la fuite d'un côté, l'autre d'un autre. Pendant l'étude, les uns écrivent, les autres étudient leurs leçons, et plusieurs ne font rien. Parmi ceux-ci, l'un dort, l'autre enfile des mouches ou pince son voisin; mais bientôt le maître, les apercevant, élève la voix; il menace les uns et punit les autres; à l'un il

(1) Tournez : *l'un* du vice, *l'autre* de la vertu.

donne un verbe grec à conjuguer, à l'autre cent ou deux cents vers de Virgile à copier.

### THÈME 412e.

*Uterque virtute regnum adeptus est.* — (GRAMM., n° 322.)

Grégoire et Basile étaient amis; l'un et l'autre honorèrent l'Eglise par leur science et leur sainteté; ils étudièrent tous les deux la philosophie à Athènes; chacun des deux avait un goût prononcé (1) pour la piété, en sorte qu'ils ne connaissaient que deux chemins, celui de l'école et celui de l'église. Annibal et Scipion se séparèrent; l'un et l'autre avertirent leurs soldats de se tenir prêts pour le lendemain. Le jeune Horace tua les trois Curiaces l'un après l'autre. Mon fils, étudiez l'une ou l'autre langue, soit la grecque, soit la latine. On coupait l'un des deux poings aux parricides.

### THÈME 413e.

Rome et Carthage se disputaient l'empire de l'Afrique; l'une et l'autre eurent d'habiles chefs et de vaillants soldats; ni l'une ni l'autre ne voulait céder; elles eurent des succès l'une après l'autre. Mes deux cousins reviendront bientôt du collége; aucun des deux n'a obtenu de prix. Aucune de mes deux sœurs n'a dit cela. Soldats, il n'y a pas de milieu (2) entre la victoire et la mort; choisissez l'une ou l'autre. Envoyez-moi l'un ou l'autre de ces livres; je ne préfère aucun des deux, mais je veux les lire l'un après l'autre. Rome et

(1) *Tourn.:* La piété charmait chacun des deux, etc.
(2) *Nihil jàm medium est inter,* etc.

Florence sont deux villes également belles; je visiterai certainement l'une des deux. J'ai mal à l'un des deux yeux. On demanda l'un ou l'autre des consuls.

### THÈME 414e.

*Neuter alterum amat.* — (GRAMM., no 323.)

Antoine et Octave étaient les chefs du triumvirat; ils se soutinrent d'abord l'un l'autre, mais ils ne s'aimaient ni l'un ni l'autre; il était facile de prévoir qu'ils s'attaqueraient l'un ou l'autre. La France et l'Angleterre ont été longtemps en guerre; elles ne pouvaient se souffrir ni l'une ni l'autre, et elles cherchaient à se nuire l'une à l'autre. Quoiqu'elles fussent peu éloignées l'une de l'autre et qu'elles s'estimassent l'une l'autre, elles ne voulaient ou ne pouvaient vivre en paix; ces deux nations se menaçaient sans cesse l'une l'autre. César et Pompée ne s'aimaient ni l'un ni l'autre. O hommes, aidez-vous les uns les autres!

### THÈME 415e.

Adam et Eve n'avouèrent point franchement leur péché; ils rejetèrent leur désobéissance l'un sur l'autre. La belle-mère et la bru se haïssent l'une l'autre; elles se critiquent l'une l'autre, et ne veulent se pardonner ni l'une ni l'autre. Rendons-nous service les uns aux autres. Je craignais que ces deux vases ne tombassent l'un sur l'autre. Les deux gladiateurs se menaçaient l'un l'autre; bientôt ils s'attaquèrent l'un l'autre. Les sénateurs arrivèrent les uns après les autres, et ils se regardaient les uns les autres. David s'avance contre Goliath ; ils se tueront l'un ou l'autre.

THÈME 416e.

*Neutri alteros primò cernebant.* — (GRAMM., n° 324.)

L'une et l'autre armée se tint rangée devant ses retranchements; et comme le combat n'avait été commencé *ni par les uns ni par les autres,* le jour d'ailleurs penchant déjà vers son déclin, les troupes furent ramenées dans leurs camps par le général carthaginois d'abord, et ensuite par le romain. Tit.-Liv.) Il ne faut mépriser le sentiment *ni des uns ni des autres.* (Cicér.) Dès que la flamme fut aperçue par les assiégés et par les assiégeants, il leur vint à l'esprit *aux uns et aux autres* que c'était un signal donné par la flotte du roi. (Corn. Nep.) Des Gaulois servaient dans *l'un et l'autre camp.* (Tit.-Liv.) Le fleuve baignait *l'un et l'autre camp* (Id.) Etre neutre (*m. à m.* n'être *ni dans l'un ni dans l'autre parti.*) (Sénèq.)

THÈME 417e.

*Quæcumque est ejus opinio.* — *Quodcumque consilium ceperis, vituperabere.* — (GRAMM., nos 325 et 326.)

Quelle que soit la question, je n'ose la décider. Quels que soient ces ouvrages, je ne veux pas vous les donner à lire. Jeunes gens, quelle que soit votre science, ayez encore plus de modestie. Quelles que soient les fleurs, nous n'aurons pas autant de fruits. Quelle que soit l'opinion que vous embrassiez, prenez garde de la soutenir avec opiniâtreté. Faisons le bien, quels que soient les maux dont les hommes nous menacent. Qui que ce soit qui vienne, répondez que je ne suis pas à la maison. Qui que ce soit de mes deux neveux qui obtienne le prix, je lui donnerai une récompense. Quels qu'aient été les services de ce fidèle serviteur, son maître l'a impitoyablement mis à la porte. O hommes, quelle que soit votre puissance, ne méprisez pas vos semblables. Dieu nous défend de mentir pour quelque cause que ce soit.

### THÈME 418e.

Quelque douleur que ressentît Marie, elle voulut suivre son divin fils jusqu'au Calvaire. César voulait obtenir le souverain pouvoir à quelque prix que ce fût. Quelle que soit l'autorité dont paraissent jouir les mauvais princes, quelques largesses qu'ils fassent, ils ne peuvent se concilier la bienveillance des peuples. Quelques prix que vous ayez remportés, continuez, mon fils, à travailler. Quels que soient les soldats, ils seront toujours braves, si leur général l'est. Qui que ce soit de vous deux qui aille à la ville, passez chez moi. Tous les citoyens, quels qu'ils soient, en quelque état qu'ils se trouvent, doivent servir leur patrie; quelques emplois qu'elle nous ait confiés, quel que soit le poste où elle nous ait placés, nous devons remplir scrupuleusement tous nos devoirs envers elle. Par quelques villes d'Italie que vous passiez, vous trouverez des choses dignes d'être vues.

### THÈME 419e.

Quelques efforts que nous fassions, nous avons

besoin de la grâce de Dieu pour devenir vertueux Quelque science que les hommes aient acquise, quelle que soit leur expérience, ils ne sont pas incapables de se tromper. A qui que ce soit que nous parlions, nous devons être polis. Quel que soit celui des deux sentiers que vous preniez, vous arriverez au village. Quiconque vous a dit cela, se trompe. Quels que fussent les supplices dont on menaçait les apôtres, on ne pouvait les empêcher de parler. Faites en sorte de sortir de là par quelque porte que ce soit. Quelle que soit l'ardeur avec laquelle on poursuive la fortune, il n'est pas toujours facile de l'atteindre. De quelque pays que revienne notre ami, il a soin d'en rapporter mille choses rares. Je veux acheter cette maison à tout prix (*m. à m.* à quelque prix que ce soit).

## THÈME 420ᵉ.

*Quantùmvis sît doctus, multa tamen ignorat.*

(GRAMM., nº 327.)

Quelque riche que fût le tyran Denys, il ne se regardait pas comme heureux. Quelque incompréhensibles que soient nos mystères, nous les croyons du fond du cœur. Quelque estimées que soient les richesses, la science leur est bien préférable. Quelque ingrate que soit la patrie envers nous, nous devons toujours la chérir; quelque grands que soient les malheurs qui la menacent, nous ne devons point l'abandonner. Les étoiles, toutes petites qu'elles nous paraissent, égalent le soleil en grandeur. De quelque bonne santé que vous jouissiez, craignez d'en abuser.

### THÈME 421e.

Quelque grandes qu'aient été nos fautes, espérons en Dieu. Quelque correctement que vous parliez, vous faites encore plusieurs fautes. Jésus pardonna à ses bourreaux, quelque multipliées qu'eussent été les injures qu'il en avait reçues. On a toujours des censeurs, quelque sagement qu'on agisse. Quelque aimable et quelque estimable que soit la vertu, les méchants n'ont point honte de lui préférer leurs infâmes passions. Quel homme, si dur qu'il soit, ne plaindrait pas votre mère? Ovide, tout orné qu'il est, n'égale pas Virgile; et celui-ci, si parfait qu'il soit, le cède à Homère.

### THÈME 422e.

*Nescis quis ego sim. — Scire velim ubi sis.*
(GRAMM., nos 328 et 329.)

Jésus dira aux méchants : Je ne sais qui vous êtes; retirez-vous de moi. Les Scythes dirent à Alexandre : Apprends qui nous sommes, et considère qui tu es. Nous devons faire ce que Dieu nous commande, et éviter ce qu'il nous défend. Dites-nous à quelle heure vous viendrez? A sept heures. Avez-vous fait ce que je vous avais commandé? Oui. Je voudrais savoir où se vendent ces livres. Demandez à cet enfant pourquoi il pleure. Dites-nous combien il y a de fleuves principaux en Europe? Qui pourrait dire combien la piété est estimable?

### THÈME 423e.

Vous n'ignorez pas avec quel courage Régulus souffrit la mort. Je ne sais lequel des deux fut le plus utile à sa patrie, de Démosthène ou de Cicéron. Aman ignorait pourquoi il avait été mandé par le roi; vous savez comment il fut puni. Tous admiraient ce que les bergers racontaient. Je désirerais savoir d'où vient ce marchand; comment il s'appelle; s'il est riche, s'il est honnête, s'il aura de quoi payer; demandez-lui où il demeure, par où il a passé et où il retourne. On vous prendrait de loin pour un grave philosophe. Si je vous disais, mes enfants, quelle sera la gloire de nos corps après la résurrection, vous me croiriez à peine.

### THÈME 424e.

Les païens disaient des chrétiens : Voyez comme ils s'aiment! Qui nous a créés? Qui nous nourrit? N'est-ce pas Dieu? Où trouverions nous un meilleur père? Hélas! malheureux que je suis! où aller? que faire? travailler?... je ne puis; mendier?... je n'ose; mais pourquoi me tourmenter? je sais ce que je ferai. Vous n'ignorez pas combien de Juifs périrent au siége de Jérusalem; vous savez quel crime ils avaient commis. Je ne sais, mon cher ami, que penser de vous; où vous écrire? où aller vous trouver? Depuis longtemps vous ne me dites plus ni ce que vous faites, ni même où vous êtes.

### THÈME 425e.

*Quas scripsisti litteras, eæ mihi fuerunt jucundissimæ.*
(GRAMM., n° 330.)

La ville que je bâtis est la vôtre. Les victoires

que les Français ont remportées sont cause que toutes les nations les admirent. Chacun de nous recevra la récompense dont il est digne. La mort que Jésus-Christ a soufferte, a été le salut du monde. Le cheval que montait Alexandre s'appelait Bucéphale. Je viens chercher les livres que vous m'avez promis. Les bienfaits dont Dieu nous comble sans cesse exigent que nous l'aimions. Nous devons à la patrie la vie que nous avons reçue de la nature.

### THÈME 426e.

*Sunt homines qui censeant, etc.* — (GRAMM., n° 331.)

Il s'est trouvé au quinzième siècle un homme qui promettait aux princes de l'Europe de découvrir un nouveau monde; cet homme, c'était Christophe Colomb. Ce livre ne contient rien qui mérite d'être lu. Vous faites là quelque chose qui ne convient pas à un chrétien. Il n'est rien que Dieu ne puisse faire. Montrez-moi quelqu'un qui fasse constamment le bien. Il n'est point d'animal que les hommes n'apprivoisent. Quelle est la mère qui ne chérit pas son enfant? Il y a eu et il y a encore des gens qui n'entendent et ne lisent rien qu'ils ne retiennent.

### THÈME 427e.

Masinissa envoie du poison à Sophonisbe: Puisque ceux-là qui en ont le pouvoir, m'ôtent ma liberté, lui dit-il, je vous conseille de pourvoir vous-même à votre salut. Bostar et Hannon accusent Annibal de les abandonner; ils lui disent que les armées carthaginoises doivent être là où sont les légions romaines. Vibius, à qui l'on demande son sentiment, dit que ceux qui parlent de paix et de reddition ne se souviennent plus ni de ce qu'ils auraient fait eux-mêmes, s'ils avaient eu les Romains en leur pouvoir, ni de ce qu'ils auront à souffrir. (Tit.-Liv.)

THÈME 428e.

Soldats, dit Minucius, j'ai souvent entendu dire (1) que celui-là tient le premier rang, qui donne un conseil à propos; que celui-là vient en second lieu, qui suit le conseil donné; mais que celui qui ne sait ni conseiller lui-même, ni obéir à un autre, est un homme d'un petit génie. (Tit.-Liv.). Alexandre répondit à Darius qu'il cessât d'épouvanter par des fleuves celui qu'il savait avoir passé les mers. Abisarès promit qu'il ferait tout ce que le roi lui avait commandé. Darius répond à Bessus que ceux-là se trompent, qui attendent d'Alexandre le prix de leur trahison. (Quint.-Curc.)

THÈME 429e.

Je n'ai rien à vous écrire. Il est bien malheureux, celui qui n'a pas de quoi manger. Jésus nous dit que partout où est notre trésor, là est aussi notre cœur. Je pense que les hommes sont tels aujourd'hui que (2) vous les avez toujours connus. Alexandre était d'un caractère à ne rien en-

(1) *Dire* ne s'exprime pas.
(2) Rendez ici le *que* par *quales*.

treprendre qu'il n'achevât. Aujourd'hui encore on trouve des peuples qui adorent des idoles. Est-il quelqu'un qui rougisse d'être estimé?

***RÉCAPITULATION** de toutes les règles précédentes du **Pronom**.*

(GRAMM., depuis le nº 296 jusqu'au nº 332.)

THÈME 430ᵉ.

Vous n'ignorez pas que le trop célèbre Jean-Jacques a composé des discours qui sont plutôt d'un sophiste que d'un philosophe grave et sensé. Il n'est rien qui nous rende si malheureux que les passions. Joseph avait ordonné qu'on le transportât de la terre d'Egypte dans la terre de Chanaan. Racontez-nous comment et par qui Rome fut fondée? On aime et on favorise les gens de bien, tandis qu'on méprise et qu'on poursuit les méchants. Quels que soient vos domaines, quelques amis que vous ayez, craignez les revers de la fortune. Autre est un lâche, autre est un homme de cœur. Les larmes et le sang de tous les hommes n'eussent pas été capables d'apaiser la justice de Dieu, si Jésus-Christ ne fût descendu du ciel pour nous racheter. Alcibiade n'était pas d'humeur à obéir à cet ordre. La chaste Lucrèce se donna la mort elle-même.

THÈME 431ᵉ.

Les poésies de Racine lui méritèrent l'amitié de tous les hommes illustres de son temps. La toux de ma mère la fatigue beaucoup. Les Décius se dévouaient eux-mêmes pour le salut de leur patrie. Ce dont je suis persuadé, c'est qu'Homère vivra éternellement; ce dont je doute, c'est qu'aucun écrivain moderne puisse l'égaler. Bessus et Nabarzanes prient Artabaze de plaider leur cause. Il n'est point de cœur dur que la grâce de Jésus-Christ ne puisse adoucir. Saül avoua qu'il était moins juste que David; nous pouvons assurer qu'il disait la vérité. Quoique Jephté eût fait un vœu imprudent, s'ensuivait-il pour cela qu'il dût l'accomplir? On dit que la ville de Paris n'était point telle autrefois que nous la voyons aujourd'hui. Alexandre avait répandu une telle frayeur parmi les peuples, qu'ils craignaient de prendre les armes pour se défendre. Je meurs innocent: telles furent les dernières paroles de l'infortuné Louis XVI. On dit que les serpents changent de peau tous les ans. Vous voyez, mes amis, en quel état sont mes affaires; il me semble déjà entendre le bruit des armes ennemies.

## THÈME 432e.

On enseigne aujourd'hui la musique à tous les jeunes gens; plusieurs la préfèrent, à tort, aux autres sciences qu'on leur enseigne également. Les Espagnols n'ont pas les mêmes lois que nous; ils jouissent d'un autre ciel que le nôtre. On dit que la distance qui est entre la terre et les étoiles est incompréhensible. Vous savez qu'il est glorieux de commander à ses passions. On ne peut servir deux maîtres; il faut abandonner l'un ou l'autre, ou tous les deux, parce que l'un ou l'autre serait mal servi. Veillez et priez : telles sont les paroles de Jésus-Christ. Voilà, Messieurs, ce que je veux que vous remarquiez dans cet auteur : c'est l'élégance jointe à la force. L'on me propose deux places ; je ne sais laquelle je dois accepter. Si vous avez lu Platon et Aristote, dites-nous lequel des deux est plus éloquent que l'autre?

### THÈME 433e.

Dans les Indes, vous verriez des païens s'imposer les plus ridicules austérités en l'honneur de leurs faux dieux. On cacha la mort du roi à ses sujets. Vous n'avez pas vieilli; que dis-je? vous paraissez même plus fort qu'à vingt ans. Ce voyageur assure qu'il ne rapporte rien qu'il n'ait vu de ses propres yeux; quel est le lecteur qui le croira? Quelle est la demeure dans laquelle ne pénètre la crainte de la mort? Le général ordonna qu'on fît sortir des rangs (1) les soldats qu'il voulait punir. C'est se tromper que de croire qu'on puisse contenter tout le monde. Cette femme et sa voisine ne peuvent se supporter ; elles s'accusent l'une l'autre; elles ne veulent se rien pardonner ni l'une ni l'autre. Cléopâtre se donna la mort; il en fut de même d'Antoine. Voici une parole de Socrate : Ce que je sais, c'est que je ne sais rien. Voici une sentence des anciens philosophes : Connaissez-vous vous-même. Quel que soit celui de mes deux enfants qui s'adonne à

(1) *Mot à mot :* Ordonna être tirés des rangs les soldats, etc.

l'agriculture, je lui donnerai une éducation solide. Un brave soldat doit garder son poste, quel que soit le danger qui le menace.

THÈME 434e.

Dieu ne peut souffrir que nous fassions aux autres ce que nous ne voulons pas qu'on nous fasse à nous-mêmes. Dites-nous par qui Joseph fut vendu? Quelque valeur que déployât Minucius, quelques reproches qu'il adressât à ses soldats, il ne pouvait les empêcher de fuir. Quand vous lisez, examinez bien les phrases les unes après les autres, afin que vous retiriez un plus grand fruit de vos lectures. J'ai payé fort cher les champs que vous m'avez vendus. Nous nous égarâmes dans la forêt; que devenir? où aller? qui interroger? Il se trouva enfin un bûcheron qui nous tira d'embarras. Ne méprisons point notre frère, si petit qu'il soit. Toute malade qu'était la reine, elle trouvait encore dans son cœur de quoi consoler ses enfants. Quoique je sois bon, ce n'est pas à dire pour cela que je souffrirai vos défauts.

THÈME 435e.

Socrate pensait tout autrement que le reste des Athéniens; il était aimé des uns et haï des autres; les uns lui reprochaient une chose, les autres une autre; tel l'accusait, qui aurait voulu lui ressembler. Léonidas n'avait avec lui que trois cents Spartiates; mais ceux-ci n'étaient pas hommes à reculer. La ville avait un port qui pouvait contenir mille vaisseaux. On compare l'homme à un arbre, et l'on dit : Telle est la pente, telle sera la chute. Ce qui charme mon ennui, c'est la lecture des anciens auteurs. Annibal dit : Cet orateur se trompe, et même il radote. L'éloquence de Démosthène lui a mérité le surnom de Prince des orateurs. La clémence et la douceur de César lui avaient attiré l'estime et la bienveillance de certains peuples ; il en avait été de même d'Alexandre ; mais leur ambition insupportable les avait rendus odieux à tous les autres hommes. Oserez-vous bien faire cela, un homme tel que vous ?

## CHAPITRE IV.

### DU VERBE.

#### THÈME 436e.

*Mox profecturus sum. — Comprimendæ sunt libidines. — Faciendum id nobis quod parentes imperant.*
(GRAMM., nos 332, 333 et 334.)

J'allais partir, lorsque vous vîntes. Eurybiade allait frapper Thémistocle, lorsque celui-ci lui dit. Il faut aimer tous les hommes. Il faut servir Dieu et sa patrie avec zèle. Asdrubal était sur le point de rejoindre Annibal, son frère. Nous devons croire ce que l'Eglise nous enseigne. Nous devons éviter le mal et faire le bien. Il faut estimer les hommes vertueux. Le vaisseau était près d'arriver au port, lorsqu'il fut pris par les pirates. Puisque vous êtes riche, vous devriez faire l'aumône. Avant de reprendre les autres, il faudrait nous corriger nous-mêmes. Philippe devait porter la guerre en Perse, lorsqu'il fut tué par Pausanias, jeune homme de noble extraction à qui il refusait depuis longtemps de rendre justice.

### THÈME 437e.

Comme Alexandre était sur le point de mourir, on lui demanda à qui il laissait l'empire : Au plus digne, répondit-il. Quand Cicéron devait parler, tout le monde accourait pour l'entendre. Il ne faut pas trop se fier à la fortune. Le Capitole allait être pris, lorsque les Romains furent éveillés par les cris des oies. J'étais au moment de m'endormir. Il faut oublier une injure. On doit faire chaque chose en son temps. Le vieillard même doit apprendre. Suzanne allait être lapidée, si Daniel n'eût prouvé son innocence. Ce n'est pas par crainte, mais par devoir (1), qu'on doit s'abstenir du mal. Je dois aller aujourd'hui à la ville; mon frère doit y venir demain.

### THÈME 438e.

*Tantùm abest ut te oderit, ut contrà te amet.*
(Gramm., n° 335.)

Tant s'en faut que je vous loue, qu'au contraire je vous blâme. Tant s'en faut, disait le célèbre Timothée, que les blessures d'un général prouvent son mérite, qu'au contraire elles marquent sa témérité. Tant s'en fallut qu'Alexandre détrônât Porus, qu'au contraire il le combla de biens.

---

(1) Par devoir, *officii causâ.*

Tant s'en faudra que j'aille vous voir, qu'au contraire je resterai chez moi tout le jour.

THÈME 439e.

*Multùm abest ut tuos superes condiscipulos.* (GRAMM., no 336.)

Il s'en fallait beaucoup que Louis XIV dédaignât les gens de lettres; il les recherchait au contraire partout, et les appelait auprès de lui de toutes les parties de l'Europe; combien s'en faut-il que tous les princes agissent de la sorte! Faut-il, ô hommes, que vous soyez si aveugles! Hélas! faut-il que je sois privé d'un ami aussi cher! Il s'en faut beaucoup, combien s'en faut-il que vous égaliez votre frère! Fallait-il que je fusse aveugle au point de mépriser vos conseils!

THÈME 440e.

*Paulùm abest quin sim miserrimus.* — (GRAMM., no 337.)

Le roi Agrippa dit à Paul: Il s'en faut peu que vous ne me persuadiez d'être chrétien. Peu s'en fallut que César ne pérît à Alexandrie. Il ne s'en faut guère que je ne sois aussi grand que vous. Il ne s'en fallut rien que l'armée romaine ne pérît de soif. J'ai pensé tomber. J'ai failli me noyer. Votre père a manqué se casser la jambe. Je suis bien éloigné de croire cela. Il ne tient à rien que je ne vous punisse. Périclès était si éloigné d'être présomptueux, qu'au contraire il consultait toujours les hommes graves.

THÈME 441e.

*Multa nos fugiunt, fallunt, prætereunt.*—(GR., no 338.)

Annibal, répondit Scipion, je n'ignorais pas

que l'espérance de votre arrivée avait seule porté les Carthaginois à violer la foi du présent armistice. Cicéron n'ignorait pas les desseins des conjurés; rien ne lui échappait, ni l'heure, ni le lieu de leurs réunions. Vous n'ignorez pas, mes très-chers frères, ajouta le prédicateur, que l'homme est tombé dans le péché par sa faute, et que Dieu l'en a retiré par sa grâce. Nous ignorons les secrets de Dieu; ses infinies perfections échappent aux anges mêmes. Presque tous les hommes ignorent le moyen de parvenir au bonheur.

---

# CHAPITRE V.

## DU PARTICIPE.

### THÈME 442e.

*Cùm Cicero esset consul, detecta fuit conjuratio.*
(GRAMM., n° 339.)

Louis VII étant roi, saint Bernard prêcha la guerre contre les Sarrasins. Vespasien étant empereur, le temple fut détruit. Etant Français, nous devons aimer la France notre patrie. Auguste, ayant été empereur quarante-un ans, mourut à Nole. Dieu étant notre père, demandons-lui notre pain de chaque jour. Marius, ayant été six fois consul, fut cependant obligé de mendier sa vie. Jésus-Christ étant notre chef, suivons-le. Sylla, ayant été dictateur environ trois ans, abdiqua.

### THÈME 443e.

*Pro tuâ prudentiâ.* — (GRAMM., n° 340.)

Etant aussi riche que vous l'êtes, vous pouvez

faire beaucoup d'heureux. Etant aussi ignorant que je le suis, je ne comprends rien de tout ce que vous dites. Scipion, étant aussi audacieux qu'il l'était, alla tout d'abord attaquer Carthagène. Les juges, étant aussi équitables qu'ils le sont, vous donneront gain de cause. Eu égard à son âge, cet enfant me paraît doué d'une grande pénétration. Les raisins sont très-avancés, eu égard à la saison. Ayant autant d'éloquence qu'il en avait, il fut facile à Cicéron de s'élever aux plus grands honneurs.

### THÈME 444e.

Jésus, ayant autant de douceur qu'il en avait, aurait pardonné à Judas lui-même, s'il se fût repenti. Etant aussi dociles que vous l'êtes, je ne doute pas, mes chers amis, que vous ne fassiez de grands progrès. Etant aussi coupables que nous sommes (1), nous méritons bien d'être punis de Dieu ; ce grand Dieu, étant aussi jaloux de sa gloire qu'il l'est, ne peut souffrir que nous l'abandonnions pour courir après les créatures. Votre frère, ayant autant de discernement qu'il en a,

(1) *Tournez :* Eu égard à nos fautes. — On peut encore tourner cette phrase et les semblables par une conjonction et un verbe comme pour les exemples du thème 442, et dire, par exemple : Puisque nous sommes si coupables, *cùm adeò sontes simus*. Le tort qu'on vous fait étant aussi évident qu'il l'est, *cùm damnum quod tibi affertur adeò evidens sit*, ou *pro evidentiâ damni quod*, etc.

réussira dans son entreprise; mais, eu égard à sa modeste fortune, il a besoin de beaucoup de prudence.

### THÈME 445e.

*Hi cùm cepissent cervum vasti corporis.*—(GRAMM., n° 341.)

Judas, ayant trahi son maître, se pendit de désespoir. Alexandre, ayant vaincu Darius, voulut faire la conquête des Indes. Nos premiers parents, ayant mangé le fruit défendu, furent chassés du paradis terrestre. Le maître, vous ayant promis (*polliceor*) une récompense, vous la donnera certainement. Ayant imité les Saints, vous obtiendrez le même bonheur qu'eux. Mon frère, ayant étudié longtemps la géographie et ayant voyagé beaucoup, connaît tous les pays de l'Europe. Coriolan, ayant ravagé le territoire de Rome, vint camper non loin de la ville. Marius, ayant marché à la rencontre des Cimbres et des Teutons, les tailla en pièces.

### THÈME 446e.

(GRAMM., n° 341, 1re REMARQUE.)

Les Gaulois, ayant pris la ville, assiégèrent le Capitole. Annibal, ayant vu la tête d'Asdrubal, s'écria : Je reconnais la fortune de Carthage. David, ayant appris la mort de Saül, versa des larmes. Ma mère, ayant entendu le tonnerre, eut peur. Les gardiens du tombeau, ayant vu ce miracle, s'en retournèrent se frappant la poitrine. Philippe, ayant envoyé des ambassadeurs à Athènes, cherchait à tromper le peuple. Masinissa, ayant vaincu et pris Syphax, gagna aussitôt Cirta, capitale du royaume. Antoine, ayant abandonné son armée, s'enfuit à Alexandrie. Ayant reçu des otages, César retira ses troupes.

### THÈME 447e.

(GRAMM., n° 341, 2e REMARQUE.)

Nos troupes, ayant assiégé la ville pendant treize mois, s'en emparèrent enfin. Scipion, ayant emmené Masinissa à part, lui parla ainsi. David, ayant tué Goliath, lui coupa la tête. Cet élève, ayant appris ses leçons avec soin, les récitera mot pour mot. Jésus, ayant appelé ses disciples, leur demanda ce qu'on pensait de lui. Le consul, ayant convoqué le sénat, l'informa de tous les projets des conjurés. Les habitants de Capoue, ayant arrêté tous les citoyens romains qui se trouvaient dans leur ville, les enfermèrent dans les bains publics, où ils furent étouffés.

### THÈME 448e.

*Quùm Deus ei favisset, consilium perfecit suum.*

(GRAMM., n° 342.)

Néron, étant poursuivi par des cavaliers, se tua d'un coup de poignard. Jésus-Christ, étant ressuscité, apparut d'abord aux saintes femmes. L'histoire ayant été étudiée avec plus de soin, on vit que beaucoup de choses étaient racontées comme vraies, qui ne l'étaient pas. Jugurtha, étant venu à Rome, corrompit un grand nombre de sénateurs, et fut absous de ses crimes. Les pirates, ayant été poursuivis par Pompée, furent forcés d'abandonner les mers.

Alexandre ayant été constamment favorisé par la fortune, il n'est pas étonnant qu'il ait subjugué en si peu de temps tant de peuples divers.

### THÈME 449e.

(GRAMM., n° 342, REMARQUE.)

La *conquête de l'Afrique* mérita à Scipion le surnom d'Africain. Ces choses se passaient trois cents ans avant la *naissance de Jésus-Christ*, et environ quatre cent cinquante-trois ans après la *fondation de Rome*. La *construction de cet aqueduc* fait le plus grand honneur à l'architecte. La *vue des éclairs* et le *bruit du tonnerre* remplissaient les Hébreux de frayeur. Après l'*audition des témoins*, le juge prononcera la sentence. Le *passage des Alpes* rendra le nom d'Annibal à jamais celèbre.

## *RÉCAPITULATION de toutes les règles précédentes du Verbe et du Participe.*

(GRAMM., depuis le n° 332 jusqu'au n° 343.)

### THÈME 450e.

Ayant autant de politesse et d'amour des beaux-arts qu'il en avait, Scipion fut accusé d'imiter les Grecs. Il faut user de sévérité envers les élèves paresseux. Un bouc ayant rencontré un renard, ils firent route ensemble. Rébecca, ayant aperçu Isaac qui se promenait, se couvrit de son voile. Il faut prévoir le danger avant qu'il arrive, et le mépriser lorsqu'il se présente. Je dois écrire aujourd'hui à ma mère. Athènes ayant été brûlée par Xercès, les habitants se hâtèrent de la réparer. Ayant été favorisés par le vent, nous fîmes heureusement la traversée. Tout le monde admire avec quel art Antigone, roi de Macédoine, apaisa une sédition ; ayant ôté de dessus sa tête le diadème qu'il portait, il le jeta au milieu des mutins, en leur disant : Vous pouvez le donner à un de ceux qui ignorent combien il est pesant. Après la destruction de Carthage et la conquête de l'Asie, le luxe s'introduisit dans Rome.

THÈME 451e.

Alexandre, ayant honte du meurtre de Clitus, n'osait se montrer. Le bon emploi de la vie rendra l'heure de la mort moins effrayante. Étant menacé des derniers châtiments, Verrès s'exila lui-même. Epaminondas, étant félicité de sa victoire, répondit qu'il s'en réjouissait surtout à cause du plaisir qu'en auraient son père et sa mère. Ce père de famille doit se trouver heureux, étant aussi aimé qu'il l'est de ses enfants. Jésus, ayant pris les cinq pains et les poissons, les bénit et les distribua au peuple. Il s'en faut beaucoup que la ville de Londres l'emporte sur Rome en beauté ; tant s'en faut qu'elle ait autant de magnifiques monuments, qu'au contraire elle le cède en cela à Paris même. Salomon n'ignorait aucun des secrets de la nature ; rien n'échappait à ce prince, ni le cèdre altier, ni l'humble hysope. Constantin faillit être tué dans son lit par son beau-père. Bessus, ayant pris l'habit royal, ordonna qu'on lui donnât le titre de roi.

THÈME 452e.

Antiochus devait venir lui-même à Jérusalem pour persécuter les Juifs, lorsqu'il mourut. Nous devons rejeter toute pensée mauvaise. Il faut apporter du zèle à opérer son salut. Gracchus, ayant convoqué l'assemblée, parla ainsi. Il ne tint à rien que l'Europe ne devînt la proie des Turcs. Virgile n'ignorait pas les principes de la philosophie. Les ruses des élèves paresseux n'échappent pas à un maître clairvoyant. Saint Louis, ayant régné pendant quarante-quatre ans, mourut de la peste, près de Tunis, en Afrique. Les Gaulois ayant été repoussés, la garnison romaine rendit grâces à Jupiter. Les Falériens, ayant eu une entrevue avec Camille, convinrent d'un armistice. La ville étant prise, et la citadelle ellemême devant l'être bientôt, la garnison s'enfuit pendant la nuit et se réfugia sur ses vaisseaux. Annibal, étant entré à Capoue, passa une grande partie du jour à visiter la ville. Je suis si éloigné de vous retirer mon amitié, que je veux, au contraire, vous combler de nouveaux bienfaits. Le bruit de la mort du roi avait pénétré en Macédoine.

---

# CHAPITRE VI.

## DE L'ADVERBE.

THÈME 453e.

*Plus fortitudinis quàm prudentiæ:* — (GRAMM., n° 343.)

Varron avait moins d'habileté que de jactance.

Sparte produisit moins d'hommes illustres qu'Athènes. Partout vous trouverez plus de pauvres que de riches, plus d'ignorants que de savants. Les martyrs estimaient plus la foi que tous les trésors du monde; le ciel, disaient-ils, vaut plus pour nous que toutes les richesses de l'empire. Tibère n'était pas moins fourbe que cruel. Les Spartiates estimaient beaucoup plus l'art militaire que l'éloquence.

### THÈME 454e.

*Esto quàm poteris facillimus.* — (GRAMM., n° 344.)

Je suis le plus zélé que je puis. Soyez, mon enfant, le moins paresseux que vous pourrez. Mon avocat a parlé le plus éloquemment qu'il a pu. Les Spartiates parlaient le plus brièvement qu'ils pouvaient. On n'aime pas les écoliers qui montrent le moins de zèle possible et qui font le moins de progrès qu'ils peuvent. Je vous engage à lire Tite-Live le plus souvent que vous pourrez. J'ai consulté le plus d'historiens que j'ai pu. Dormez le moins que vous pourrez, et soyez le plus sobre qu'il vous sera possible; vous vous en porterez mieux.

### THÈME 455e.

Lucullus réunit dans sa bibliothèque le plus grand nombre de volumes possible. Les jeunes gens studieux apportent la plus grande attention qu'il leur est possible, et perdent le moins de temps qu'ils peuvent. Le consul Néron, ayant laissé son camp, traversa l'Italie avec la plus grande diligence possible, et vint se joindre à son collègue Livius. Je tâche d'aimer Dieu le plus possible; je fais en sorte de l'offenser le moins que je peux. Faites en sorte, mes enfants, de commettre le moins de péchés que vous pourrez; recevez votre Dieu souvent et le plus pieusement qu'il vous sera possible.

### THÈME 456e.

*Est omnium quos novi doctissimus.* — (GRAMM., n° 345.)

Socrate est sans contredit le citoyen le plus sage qu'Athènes ait produit. Votre père, que j'ai beaucoup chéri et vénéré, était l'homme le plus savant que j'eusse jamais connu. Vous n'ignorez pas que Néron et Caligula sont les plus méchants princes qui aient jamais régné. Votre frère est le meilleur élève que je connaisse. Le siége de Troie est le plus célèbre dont parle l'histoire. Le maître qui nous enseigne la grammaire est le moins sévère que nous ayons jamais eu. Ces deux villes sont les moins belles qui puissent se voir.

### THÈME 457e.

Turenne était l'homme le moins orgueilleux qu'on pût voir; il fut cependant un des plus habiles généraux qu'on eût jamais vus. Je ne crains pas de dire que votre mère est la femme la plus prudente que je connaisse. Aristide dit au peuple: J'avoue, Athéniens, que le projet de Thémistocle est le plus avantageux qu'on puisse proposer; mais il est aussi le plus injuste. Hercule promit de délivrer Hésione, si Laomédon lui donnait les plus beaux chevaux qu'il possédât.

### THÈME 458^e^.

*Tantùm modestiæ in eo adolescente quantùm doctrinæ inerat.* — (GRAMM., n° 346.)

Bossuet avait autant de piété que d'éloquence. Vous n'avez pas autant d'humilité que d'érudition. Tibère, comme je vous l'ai dit un peu plus haut, montra autant de perfidie que de cruauté. Un bon général a autant d'amis que de soldats. J'ai récolté autant de pommes que de poires. Les rois sont entourés d'autant d'ennemis que de flatteurs. Epaminondas était aussi savant philosophe qu'excellent capitaine; il agissait aussi prudemment que courageusement. Etant convertis, aimons Dieu autant que nous l'aimions peu; ayons autant de zèle que nous en avions peu.

### THÈME 459^e^.

J'aime ma patrie autant que vous l'aimez vous-même. Certains hommes recherchent la solitude autant que d'autres la fuient. Nous estimons autant Racine que les Grecs estimaient Sophocle. Ulysse l'emportait autant par l'éloquence qu'Achille par la force. J'estimais votre père autant que je l'aimais. Jacob eut autant de fils que nous comptons de tribus. Votre maison vous a coûté aussi cher que la mienne; vous ne la revendrez jamais autant que vous l'avez achetée. J'estime autant Tite-Live que Thucydide, autant Horace que Pindare. On vous punira autant de fois que vous le mériterez.

### THÈME 460^e^.

On estimait Fénelon autant qu'on l'aimait. Octave travaillait autant qu'Antoine travaillait peu; autant qu'on pouvait prévoir, Antoine devait être vaincu. Rome l'emporte autant sur les autres villes, que le cyprès l'emporte sur la viorne flexible. Les Français, qui admiraient leur roi autant qu'ils l'aimaient, ajoutèrent à son nom celui de Grand. Votre cousin est aussi sage que vous l'êtes peu. César remporta autant de victoires qu'il livra de combats; il était aussi clément que vaillant. Je vous aimerai autant que je vivrai. Repentez-vous autant de fois que vous péchez.

THÈME 461e.

Les soldats de Turenne le chérissaient autant que leur père. Ce grand homme défendit nos frontières avec autant de courage que d'habileté; il avait autant de talent qu'il avait peu d'orgueil; les nations alliées l'aimaient et l'estimaient autant que nous. Louis XIII estimait son ministre autant qu'il l'aimait peu. Je vous serai reconnaissant, Monsieur, autant que le monde durera. Autant que je puis en juger par votre conduite, je crois, mon fils, que vous aimez autant le jeu que vous aimez peu l'étude; vous avez même aussi peu d'application pour le commerce que pour les langues. Cicéron estimait aussi peu les richesses qu'il recherchait la science avec ardeur.

THÈME 462e.

Il serait difficile d'aimer et d'estimer un orgueilleux autant qu'il s'estime et s'aime lui-même. Je ne joué pas aussi souvent que vous. Y avait-il là autant d'hommes que de femmes? Compte-t-on autant de démons que de bons anges? Dieu l'emporte autant sur les hommes que le ciel est plus élevé que la terre. Ce farouche conquérant prit autant de villes qu'il en assiégea; il faisait aussi peu de cas des hommes que des animaux. Votre frère excelle autant dans la peinture que vous dans la musique.

### THÈME 463e.

*Tàm prudens est quàm qui maximè.* — (GRAMM., n° 347.)

Votre amitié m'est aussi précieuse que chose du monde (1). Croyez que je suis aussi heureux que jamais. L'histoire est aussi utile à connaître que quoi que ce soit. Spartacus était aussi brave que qui que ce fût. Vous savez qu'Athalie était aussi méchante que femme du monde. Dans les derniers temps de la république, l'or était estimé à Rome autant que quoi que ce soit; mais les anciens Romains avaient été aussi vertueux qu'aucun peuple du monde.

---

(1) Après qu'on aura appliqué sur chaque thème la règle *Tàm prudens quàm qui*, etc., il sera bon de le faire reprendre aux élèves en se servant de la seconde manière de rendre *que*, c.-à-d. de *ut*, précédé de *sic* ou *itá:* «Votre amitié m'est aussi précieuse que chose du monde, *tua amicitia mihi sic pretiosa est, ut quod maximè*, etc. » Ce serait peut-être s'exposer à fatiguer les élèves, que de faire marcher de front les deux manières. Au reste, c'est à chaque professeur à juger de l'opportunité de l'une ou de l'autre méthode.

### THÈME 464e.

Les hommes savants étaient aussi estimés de Louis XIV que de qui que ce fût. Alexandrie était alors aussi florissante que jamais; les voyageurs s'y rendaient autant qu'en aucun lieu de la Grèce ou de l'Italie. La musique me fait plaisir autant qu'à qui que ce soit. La république fut aussi bien administrée par Cicéron que par qui que ce fût. Ayez soin, mon fils, de ne médire de personne: car, étant aussi imparfait que vous l'êtes, on peut médire de vous autant que de qui que ce soit.

### THÈME 465e.

Vous êtes aussi peu complaisant envers moi qu'envers qui que ce soit. Les poètes étaient aussi estimés à Syracuse qu'en aucun lieu du monde. Quand on possède la vertu, on est plus riche que qui que ce soit : la vertu, en effet, est un trésor aussi précieux que chose du monde; cependant, aujourd'hui, on la pratique moins que jamais; l'homme vertueux est moins estimé chez nous qu'en aucun lieu du monde. Vous excellez en cela autant que qui que ce soit.

### THÈME 466e.

*Quantùm doctrinæ in eo adolescente, tantùm modestiæ inerat.* — (GRAMM., n° 348.)

Autant Jésus avait de miséricorde envers les pécheurs, autant il avait de courroux contre les hypocrites pharisiens. Autant cet arbre a eu de fleurs, autant il a rapporté de fruits. Le pape Jean XXII disait de saint Thomas d'Aquin : Autant il a composé d'articles, autant il a fait de miracles. Autant vous m'aimez, autant je vous aime; autant je vous aime, autant je vous estime. Autant l'aigle l'emporte sur les oiseaux, autant le lion l'emporte sur les autres animaux. Autant Phocion était brave, autant Démosthène l'était peu.

### THÈME 467e.

Autant le renard avait de prévision, autant le bouc en avait peu. Autant il y avait d'habitants, autant on fit de captifs. Je vous ai dit mille fois qu'autant il est honteux d'être asservi à ses passions, autant il est glorieux de les dompter. Autant on estime un jeune homme modeste, autant on repousse un orgueilleux. Autant Crassus était plus riche que Cicéron, autant celui-ci était plus instruit que Crassus. Autant vous avez peu de livres, autant j'en ai beaucoup; mais autant vous en lisez, autant j'en lis peu.

### THÈME 468e.

Autant on estime et on aime peu les méchants, autant on les craint. Autant de philosophes, autant de sectes. Autant nous avons attaqué de nations, autant nous en avons vaincu. Autant l'âme est plus noble que le corps, autant la science est plus noble que le plaisir. Autant je vous ai vendu ce domaine, autant il vaut. Autant les Romains avaient d'abord estimé et chéri Caligula, autant ils l'aimèrent et l'estimèrent peu dans la suite.

### THÈME 469e.

*Tantò modestior est quantò doctior.* — (GRAMM., n° 349.)

Périclès était d'autant plus porté à consulter

les autres, qu'il était plus habile (1). Marie est d'autant plus grande dans le ciel, qu'elle a été plus humble sur la terre. La piété est d'autant plus estimable, qu'elle nous rend heureux dès ici-bas. Je vous estimerai d'autant moins, chers élèves, que vous serez plus paresseux. Cela m'étonne d'autant moins, que je m'y attendais. Auguste devint plus humain, à proportion qu'il devint plus puissant; son règne fut d'autant plus aimé, que les Romains, fatigués de tant de guerres civiles, avaient besoin de repos.

THÈME 470e.

On a d'autant plus d'amis, qu'on est plus puissant; on en a d'autant moins, que la fortune nous abandonne. Gardez-vous, mon fils, de devenir plus vain à mesure (*ou* à proportion) que vous deviendrez plus savant. On craint d'autant moins la mort, qu'on a vécu plus sagement. Vous serez d'autant plus estimé, que vous serez moins orgueilleux. Le blé se vendra d'autant plus cher, que les récoltes ont été mauvaises. Je vous devrai d'autant plus, que votre bienveillance envers moi a été plus grande que la mienne envers vous. Dieu punit d'autant plus lentement, qu'il est éternel; il est d'autant plus miséricordieux envers nous, que nous ne méritons que sa colère.

THÈME 471e.

*Quantò doctior, eò modestior est.* — (GRAMM., n° 350.)

Plus les apôtres souffraient pour le nom de

(1) On appliquera d'abord sur chaque thème la

Jésus-Christ, plus ils s'estimaient heureux. Plus nous serons miséricordieux, plus Dieu nous fera miséricorde. Plus on persécutait les Hébreux, plus ils se multipliaient. Plus on est riche, plus on est inquiet (1). Moins vous aurez de défauts, plus vous serez heureux. Plus les bourreaux frappaient le saint martyr, plus il invoquait le nom de Jésus. Plus une personne est vertueuse, plus elle est heureuse. Moins on est savant, plus on est orgueilleux. Moins nous nous épargnerons nous-mêmes, plus Dieu nous épargnera.

### THÈME 472e.

Plus on est pieux, plus on est gai. Moins on est homme de bien, plus on est blâmable. Plus une chose est rare, plus elle est précieuse. Plus vous avouerez votre faute sincèrement, plus je vous estimerai. Plus un chrétien soulage les pauvres, plus il acquiert d'amis dans le ciel. Plus on souffre, plus on ressemble à Jésus-Christ. Moins nous estimerons notre corps, plus Dieu estimera notre âme. Plus on étudie, plus on veut étudier. Moins un prince a de flatteurs, plus il a d'amis.

### THÈME 473e.

Il y a des gens qui s'imaginent que plus ils ont

---

règle *tantò... quantò*, et ensuite on le reprendra en se servant de la seconde manière *eò... quò*. (Voyez la note de la page 250.)

(1) Sur cette phrase et les semblables, appliquez en même temps les deux manières *quantò... tantò*, et *ut quisque*.

de livres, plus ils sont savants. Plus on est illustre, plus on doit être modeste. Plus une chose est difficile, plus il est glorieux de la bien faire. Vous n'ignorez pas que moins on est vertueux, moins on est estimé de Dieu et des hommes; vous savez encore que plus on éprouve de privations, plus on trouve agréables les plaisirs dont on jouit dans la suite. Tous vos amis avouent que plus on vous fréquente, plus on vous aime et on vous estime.

### THÈME 474e.

*Non in eo inest tantùm doctrinæ quantùm arrogantiæ.*
(GRAMM., n° 351.)

Nos philosophes modernes n'ont pas tant de science que d'orgueil. A Athènes, il n'y avait pas tant de citoyens libres que d'esclaves. Je ne recherche pas tant vos éloges que votre critique. Je ne vous estime pas tant que votre cousin. Virgile ne l'emporte pas tant par son Enéide que par ses Géorgiques. Dieu a tant aimé le monde, qu'il lui a donné son Fils unique. Sylla remporta tant de victoires, qu'il prit le nom d'*Heureux*. Vous savez que Jésus-Christ a tant estimé nos âmes, qu'il est mort pour elles. La langue française l'emporte tant sur les autres langues modernes, que les étrangers eux-mêmes s'en servent très-souvent.

### THÈME 475e.

(GRAMM., n° 351, 1re REMARQUE.)

Tant qu'Annibal respira, les Romains ne furent point tranquilles. Les Israélites marchaient tant de temps que la nuée marchait; tant qu'elle s'arrêtait, ils s'arrêtaient. Les poètes, tant grecs que latins, me plaisent beaucoup. Dieu jugera tous les hommes, tant les pauvres que les riches. Votre père excellait en tout, *mais surtout* dans les sciences physiques. On accourait à Jésus-Christ, tant de la Judée que des autres pays. Tant qu'Hérode vécut, Joseph resta en Egypte. Aimons tous les hommes, *mais surtout* les gens de bien. Je voyagerai tant en Italie qu'en Grèce.

### THÈME 476e.

(GRAMM., n° 351, 2e REMARQUE.)

Le rusé Carthaginois avait abandonné son camp, non pas tant pour fuir que pour tromper l'ennemi. Jésus-Christ est descendu du ciel, non pas tant pour nous instruire que pour nous donner lui-même l'exemple de toutes les vertus. Soyons bienfaisants, non pas tant pour être loués que pour secourir les malheureux. J'irai à Rome, non pas tant pour voir la ville éternelle que pour vénérer les reliques des saints Apôtres.

### THÈME 477e.

(GRAMM., n° 351, 3e REMARQUE.)

Denys ne put s'empêcher d'admirer la fidélité des deux amis, tant il est vrai qu'on estime partout la vertu! Tobie recouvra la vue, tant il est vrai que Dieu récompense ses saints! Xercès ordonna qu'on fouettât la mer, tant il est vrai de dire que la passion l'emporte sur la raison! Il s'enfuit le premier, tant il est vrai qu'il était peu courageux ! David, pouvant tuer Saül, l'épargna, tant il est vrai qu'il était plus généreux que son persécuteur.

### THÈME 478e.

*Non est tàm prudens quàm tu.* — (GRAMM., n° 352.)

Romulus ne fut pas si religieux que Numa ; il devint si odieux aux sénateurs, qu'ils le tuèrent. La peste fut si générale, que les quatre septièmes des hommes périrent. Vous parlez si bas, qu'on vous entend à peine. Scipion était si estimé d'Annibal, que celui-ci l'égalait aux plus grands généraux. Les riches ne sont pas toujours si heureux qu'on se l'imagine. Il me semble que je ne suis pas si sot que vous le dites.

### THÈME 479e.

(GRAMM., n° 352, REMARQUE.)

La Grèce n'était pas si grande que les Gaules. Le soleil n'est pas si petit que la terre. La Méditerranée n'est pas si grande que l'Océan. La méchanceté des Juifs fut si grande, qu'ils crucifièrent leur Sauveur. La ville était si petite, qu'elle ne comptait que deux mille habitants. La forêt que nous avions à traverser était si grande, qu'elle avait quinze lieues de long et huit de large.

### THÈME 480e.

*Est-ne tibi tantùm otii, ut etiam fabulas legas?*
(GRAMM., n° 353.)

Pompée n'avait pas assez de génie pour résister à César. Avez-vous eu assez de hardiesse pour parler ainsi ? J'ai récolté assez de fruits pour en remplir un tonneau. Pierre fut assez faible pour renier son maître. Seriez-vous assez complaisant, Monsieur, pour me dire de qui est ce portrait? Je connais assez les hommes pour ne pas me fier à tous. J'estime assez votre oncle pour croire qu'il me rendra ce service. Certains élèves ont assez peu de zèle pour dormir en classe; ils font assez peu de cas de la science pour lui préférer de vains amusements. Y a-t-il quelqu'un d'assez dur pour ne pas vous plaindre?

### THÈME 481e.

Il n'y a personne d'assez peu raisonnable pour dire que le vice l'emporte sur la vertu. Ne dites jamais: J'aurai assez de temps pour me convertir. J'ai assez de vivres pour (*in*) deux jours. Les Hébreux recueillaient le vendredi assez de manne pour vivre ce jour là et le lendemain, qui était le sabbat. Il y a des hommes qui ont assez peu de honte pour conseiller aux autres de faire le mal. Cicéron l'emporte assez sur les autres orateurs romains pour que ceux-ci ne puissent lui être comparés; il fut assez estimé pour obtenir le consulat; il rendit assez de services à ses concitoyens pour mériter d'en être aimé.

### THÈME 482e.

*Plùs veneni hausit, quàm ut sanitati restituatur.*
(GRAMM., nº 354.)

César avait trop d'ambition pour partager le souverain pouvoir avec qui que ce fût. La plupart des hommes ont trop de vices pour que nous puissions les estimer beaucoup. Vous parlez trop vite pour qu'on puisse vous entendre. Verrès était trop coupable pour espérer que les juges l'absoudraient ; il avait commis trop de crimes pour que les Siciliens ne l'accusassent pas. Nous estimons trop peu la vertu pour la préférer aux richesses. Catilina avait trop de témérité pour cacher longtemps ses desseins ; il n'avait pas assez de soldats pour résister à l'armée des consuls.

### THÈME 483e.

Alcibiade l'emportait trop sur ses concitoyens pour ne pas exciter leur envie; il n'eut pas assez de vertu pour supporter de sang-froid leur injustice. Vous avez trop peu de livres pour ne pas acheter ma bibliothèque; mais vous lisez trop peu, direz-vous, pour acheter des livres. Cet avocat a trop peu d'éloquence pour plaider une telle cause. Nous n'avons pas assez de foi pour faire des miracles. Ne dites point : J'ai trop de choses à apprendre pour pouvoir un jour devenir savant. Tibère haïssait trop la vertu pour ne pas se réjouir de la mort de Germanicus.

### THÈME 484e.

*Nunc quùm, heri quùm, etc.* — (GRAMM., n° 355.)

Le jour que Jésus-Christ mourut, la terre trembla et le soleil s'éclipsa. Il y a deux ans que je ne vous ai vu ; maintenant que je vous possède chez moi, je vous retiendrai le plus longtemps que je pourrai. Il y a des temps qu'un peuple entier est agité par la discorde. O hommes ! un jour viendra que vous verrez les choses de ce monde d'un bien autre œil. La dernière fois que j'allai à Paris, je faillis être tué. Une nuit qu'elle dormait, Athalie crut voir sa mère en songe. L'Afrique, du temps qu'elle appartenait aux Romains, était très-florissante.

THÈME 485e.

*Vix advenit, quùm in morbum incidit. — Statim ut advenit, etc.* — (GRAMM., nos 356 et 357.)

A peine Ananie eut-il entendu ces paroles, qu'il tomba mort. A peine est-on né, qu'il faut mourir. Aussitôt que j'aurai fini, j'irai vous voir. Aussitôt que Moïse eut étendu sa verge, les eaux se séparèrent. Paul ne fut pas plus tôt converti, qu'il prêcha partout la religion qu'il avait persécutée. Marthe n'eut pas plus tôt appris l'arrivée de Jésus, qu'elle alla au-devant de lui. A peine Sylla fut-il maître de Rome, qu'il bannit Marius. Nous jouissons à peine des biens de ce monde, qu'il faut les abandonner.

THÈME 486e.

*Maturiùs solito surrexit.* — (GRAMM., nº 358.)

Jean arriva au sépulcre plus tôt que Pierre; les saintes femmes, s'étant levées plus tôt que de coutume, y étaient allées avant les Apôtres. Tibère mourut plus tôt qu'on ne l'attendait. Plus tôt vous ferez votre punition, plus tôt vous serez libre. Plus tôt le courrier arrivera, plus tôt je recevrai votre lettre. Etant plus vieux, je mourrai plus tôt que vous.

THÈME 487e.

*Depugna potiùs quàm servias.* — (GRAMM., nº 359.)

Mourons plutôt que d'offenser Dieu; combattons vaillamment contre nos mauvaises inclinations, plutôt que de les suivre. Renonçons à tout, même à la vie, plutôt que de renoncer aux récompenses que Dieu nous promet. Châtions sévèrement notre corps, plutôt que d'en devenir esclaves. Il faut souffrir en cette vie, plutôt que de souffrir en l'autre.

### THÈME 488e.

*Nescio an modum excesserint.* — (GRAMM., n° 360.)

Scipion résolut d'attaquer Carthagène, ville opulente, située sur un port très-vaste, et *peut-être* le seul sur cette côte de l'Espagne par où elle tient à notre mer (Tit.-Liv.). *Peut-être* la fortune vous a-t-elle entouré de plus grandes difficultés (Idem). Si le mérite doit être apprécié par lui-même, sans égard à la fortune, *peut-être* placerais-je Thrasybule le premier (Corn. Nep.). J'admire Aristote, que j'appellerai, *peut-être* avec raison, le prince des philosophes, si j'en excepte Platon. (Cic.)

### *RÉCAPITULATION de toutes les règles précédentes de l'Adverbe.*

(GRAMM., depuis le n° 343 jusqu'au no 361.)

### THÈME 489e.

Autant Platon l'emporte sur les autres philosophes par l'ampleur du discours, autant Aristote l'emporte par l'abondance des choses. La ville de Marseille est aussi commerçante que jamais. Vos deux cousins ont autant d'application cette année qu'ils en avaient peu l'année dernière; autant que je les connais, il me semble que plus ils trouvent de difficultés, plus ils font d'efforts pour les surmonter. Les deux Denys, tyrans de Syracuse, avaient autant d'ennemis qu'il y avait de bons citoyens; ils avaient autant d'habileté que de méchanceté. Le *Télémaque* est le meilleur ouvrage qu'un prince puisse lire; il a été composé par l'homme le plus aimable que le dix-septième siècle ait produit : Fénelon, en effet, était aussi poli que qui que ce fût; il se montrait le plus obligeant qu'il pouvait envers tout le monde; autant il était humble, autant il était savant; on l'estimait d'autant plus, qu'il s'estimait moins; il cherchait à faire le plus de bien possible dans son diocèse, qu'il quittait le moins souvent qu'il pouvait; aussi était-il aimé et admiré de tous, et personne n'eut jamais plus d'amis.

### THÈME 490e.

Nous devons faire moins de cas de la fortune que du mérite. Nous savons que Claude fut le moins recommandable des empereurs que Rome ait eus. Tant qu'Alexandre fut à la tête de ses armées, les Macédoniens passèrent pour les meilleurs soldats qu'on eût vus. Les écrivains, tant anciens que modernes, ont dit que ce prince aimait la guerre non pas tant pour conquérir que pour vaincre, et qu'il prenait plaisir à replacer sur leurs trônes les rois qu'il en avait renversés. Quoi qu'il en soit, Alexandre sera toujours admiré, tant il est vrai que la gloire des armes est séduisante ! Plus on veut briller dans un art quelconque, plus on doit le cultiver. Plus les Apôtres ont cru difficilement, plus notre foi est certaine. Démosthène aimait tellement l'étude, il était si passionné pour l'éloquence, qu'il s'enferma, dit-on, pendant plusieurs mois dans un souterrain pour s'y appliquer plus librement à l'art de la déclamation. Ulysse n'était pas si brave guerrier qu'Achille ; mais il était si prudent, qu'il rendit peut-être plus de services à l'armée des Grecs.

### THÈME 491e.

Le trait s'était enfoncé trop avant dans les chairs pour qu'il pût être retiré. Nous commettons tous les jours trop de fautes envers Dieu, pour ne pas pardonner celles que nos frères commettent envers nous. Il y a déjà trois mille ans qu'Homère est mort, et cependant ses vers nous plaisent tout autant qu'aux Grecs eux-mêmes ; la première fois que vous lirez ce poète, vous admirerez avec quelle sublimité il parle de Jupiter, le père des dieux. Cicéron était à peine sorti de l'enfance, qu'il étonna les Romains par son génie ; du temps que Sylla dominait, il jugea qu'il devait plutôt s'éloigner que de rester à Rome, où il aurait été exposé à la cruauté du dictateur. Un jour viendra, mes enfants, que vous vous repentirez d'avoir perdu votre temps ; mais ce sera en vain. Horace avait assez de génie pour charmer Auguste par ses vers ; mais il avoue lui-même qu'il ne fut jamais assez vain pour faire parade de bravoure.

THÈME 492e.

O mon fils! présentement que vous êtes grand, avez-vous assez peu de raison pour préférer un lâche repos à un travail modéré tel qu'on l'exige de vous? Les sciences qu'on veut vous enseigner sont d'autant plus précieuses, qu'elles peuvent faire la consolation de votre vie tout entière. Moins nous fréquentons les hommes, plus nous sommes hommes. Moins nous avons de défauts, moins nous sommes malheureux! Aussitôt qu'Annibal fut vaincu par Scipion, il se retira à Carthage, sa patrie; mais il fut, plus tôt qu'il ne pensait, forcé de chercher un autre asile. Quelques crimes que nous ayons commis, demandons humblement pardon à Dieu, plutôt que de désespérer de notre salut. L'Egypte produit tant de blé, qu'elle nourrit plusieurs contrées. La religion chrétienne a été persécutée tant par les juifs que par les païens. Mon frère aime trop la vie paisible, pour préférer le tumulte des camps au séjour de Paris; il se sent trop peu de courage pour s'exposer aux dangers de la guerre. L'Europe n'est pas si grande que l'Asie.

---

# CHAPITRE VII.

## DE LA PRÉPOSITION.

THÈME 493e.

*Préposition* A. — (GRAMM., n° 361.)

Jésus dit à ses disciples : Avez-vous quelque

chose à manger? Quand je n'ai rien à écrire, je lis. A voir ce portrait, vous croiriez qu'il va parler. Venez me voir, j'ai quelque chose à vous dire. Je tremble, à ne vous rien cacher, que votre tête ne soit mise à prix. À entendre certains hommes, vous croiriez qu'ils n'ont rien à craindre d'un Dieu vengeur. La santé, à bien dire, est le seul bien véritable du corps. A juger des fruits par les fleurs, ce jeune homme sera un jour l'ornement de sa patrie.

### THÈME 494e.

*Préposition* DE. — (GRAMM., n° 362.)

Je serais charmé de vous voir, mon cher ami: mais, puisque vos affaires vous empêchent de sortir, vous me ferez plaisir de m'écrire une longue lettre, dans laquelle vous me marquerez ce que vous faites. Je serais heureux d'apprendre que votre fils, que j'aime tendrement, est bien guéri; oh! que vous êtes heureux d'avoir un tel enfant! que vous seriez malheureux de le perdre! qu'il est à plaindre lui-même d'avoir contracté par une application excessive une maladie si longue et si douloureuse!

### THÈME 495e.

*Préposition* POUR. — (GRAMM., n° 363.)

L'amour pour leurs enfants est naturel aux parents. Caton montra dès son enfance un grand amour pour sa patrie; son zèle pour la science n'était pas moins grand. Pratiquez la vertu, mon cher ami; si vous ne le faites pas pour la vertu elle-même, du moins faites-le pour votre mère qui vous le commande, qui vous en prie; faites-le pour moi, faites-le pour vous. Les premiers chrétiens mouraient avec joie pour leur Dieu. Quel est le père, disait Jésus-Christ, qui donne à son enfant une pierre pour du pain, un serpent pour un poisson, ou un scorpion pour un œuf?

### THÈME 496e.

Le traître craignait pour sa vie; sa femme demanda grâce au roi pour lui. Tobie et son épouse craignaient pour leur fils, qui ne revenait pas. La haine de Démosthène pour Philippe était bien légitime; son zèle pour la république était admirable. Vous savez, chers élèves, que vos pères ne négligent rien pour votre éducation, qu'ils se privent de beaucoup de choses pour votre utilité, et qu'ils sacrifient leurs biens et leur repos pour votre avancement: quelle ne doit donc pas être votre reconnaissance pour eux? Jésus aimait Jean pour sa virginité, et Pierre pour sa foi. Cet homme paraît léger pour un magistrat.

### THÈME 497e.

Rome et Carthage combattaient pour l'empire du monde. Les sots s'enorgueillissent pour rien. Les paresseux se dispensent de faire leurs devoirs pour les plus futiles motifs. Caton et Cicéron étaient pour le sénat, et presque tout le sénat était pour Pompée. Ayez soin de m'écrire pour cette affaire. Vous ne devriez pas vous réjouir pour si peu de chose. Les uns étaient pour Octave, les autres pour les meurtriers de César. Il se trouvait là un peuple nombreux pour des montagnes. Pline l'Ancien, pour le temps où il vivait, avait une vaste érudition. Vous êtes bien peureux pour un ancien soldat.

### THÈME 498e.

Micipsa, craignant pour lui et pour ses enfants, envoya Jugurtha à la guerre de Numance, espérant que ce jeune prince y périrait. Allez à la fête, dit Jésus; pour moi, je n'y monte point. Vous êtes fâché d'avoir bien agi; pour moi, je ne m'en repens pas. Vous aimez le tabac; quant à moi (*ou* pour moi), il m'est nuisible. Vous êtes assez studieux pour un jeune homme de quatorze ans; quant à votre frère, il a souvent besoin de correction. Ne vivons pas seulement pour nous, vivons aussi pour les autres. Artaxercès, pour un prince barbare, avait des sentiments élevés. La haine d'Antoine pour Cicéron est connue de tous (1).

### THÈME 499e.

Thémistocle envoya un de ses esclaves pour avertir Xercès que les Grecs allaient rompre le pont. Pour ne pas vous embarrasser, je vais donner ces livres à quelqu'un pour vous les remettre. Les Sagontins envoyèrent des ambassadeurs à

(1) On fera bien de faire lire aux élèves, dans leur dictionnaire, l'article *pour;* toutes les significations de ce mot s'y trouvent, ainsi que la manière de les rendre.

Rome pour demander du secours. Saint Paul travaillait de ses mains pour n'être point à charge aux Corinthiens. Pour avoir lu plus souvent Horace que Virgile, ce n'est pas à dire pour cela que je mette le second au-dessous du premier. Pour avoir vu le roi, s'ensuit-il qu'il m'ait vu? Envoyez-moi votre fils pour l'instruire.

### THÈME 500e.

Vous êtes bien instruit, pour avoir si peu étudié. Que Socrate était sage, pour avoir vécu dans un temps où les lumières de la raison étaient offusquées par les ténèbres du paganisme! Pour peu que vous apportiez d'application, pour peu que vous passiez de jours à lire les bons auteurs, vous aurez bientôt appris la langue latine. Pour peu qu'on connaisse les Livres saints, pour peu qu'on les ait lus avec attention, on ne peut s'empêcher de les admirer. Joseph et Nicodème demandèrent à Pilate le corps de Jésus pour le mettre dans le sépulcre (1).

### THÈME 501e.

*Préposition* SANS. — (GRAMM., n° 365.)

Il m'a salué sans me parler. Les plaisirs du monde corrompent le cœur sans le satisfaire. Je ne vais point me promener sans emporter l'Enéide pour la lire. Je ne veux point mourir, qui voudrait mourir sans se réconcilier avec Dieu? Personne ne devient riche ou savant sans travailler

(1) Voir, dans le dictionnaire, *pour* devant un infinitif.

beaucoup. Tobie ne partit point sans avoir trouvé un guide. Joseph ne put entendre ses frères sans verser des larmes. Je ne passe aucun jour sans lire la Bible. Combien la Grèce n'a-t-elle pas produit de grands orateurs, sans parler des poètes? L'avare vit sans jouir, et il meurt sans avoir vécu.

### THÈME 502e.

Perolla portait un poignard sous sa robe, sans que son père le sût. Vous comprenez, sans que je vous le dise, qu'on ne peut être aidé de Dieu sans le prier beaucoup. Sans moi, vous étiez noyé. Sans le berger, le loup mangerait les brebis. Sans Jonathas, Saül aurait tué David. Etudiez la langue grecque; sans parler de la nécessité de connaître la racine des mots que nous avons empruntés de la langue d'Homère, n'est-il pas fort agréable de lire ce poète sans traduction (1)?

### THÈME 503e.

*Préposition* APRÈS. — (GRAMM., nº 366.)

Après avoir parlé, il s'assit. Après Epaminondas, Pélopidas est le plus grand homme que Thèbes ait produit. Après être ressuscité, dit Jésus-Christ, je vous précèderai en Galilée. Venez nous voir après la récolte. Après la ruine de Thèbes, toute la Grèce redoutait Alexandre. Après avoir vaincu Ptolémée, César passa dans le Pont. Après Annibal, le plus redoutable ennemi que les Romains aient eu fut, sans contredit, Mithridate.

---

(1) Lisez votre dictionnaire, au mot *sans*.

Après la lettre du roi, ils remettent à Parménion la prétendue lettre de Philotas.

### THÈME 504e.

*Prépositions* AVANT et MALGRÉ. — (GRAMM., nos 367 et 368.)

Réfléchissez avant d'agir. David priait le Seigneur avant de combattre. On fit saint Ambroise évêque malgré lui. Capoue succomba malgré les efforts d'Annibal. J'ai fait cela malgré moi, malgré mon père, malgré mes maîtres. Nous mourrons bon gré, mal gré. Mon domestique m'a quitté avant de m'avoir prévenu. Quoique Timoléon eût pu commander aux Siciliens, même malgré eux, il aima mieux en être aimé que d'en être craint. Malgré tous les soins des médecins, la maladie d'Alexandre s'aggrava; il mourut avant d'avoir achevé sa trente-quatrième année (1).

### THÈME 505e.

*Locution prépositive* AU LIEU DE. — (GRAMM., no 369.)

Au lieu d'étudier, il dort. Au lieu de tuer Saül, David l'épargna. En Normandie, au lieu de vin, on boit du cidre. Nous devrions pleurer, au lieu de rire. Au lieu d'aimer Dieu, nous l'offensons. Les saints fuyaient les honneurs, au lieu que nous les recherchons; ils priaient, jeûnaient, au lieu que nous, nous mangeons, buvons et vivons sans songer un seul instant à notre salut. Au lieu de vivre en paix avec son frère, Romulus le tua. Lisez, priez, chantez, au lieu de rester oisif.

---

(1) Voyez le dictionnaire, *avant, malgré.*

### THÈME 506e.

*Locutions prépositives* BIEN LOIN DE, A FORCE DE.
(GRAMM., nos 370 et 371.)

Bien loin de nous haïr, Dieu nous aime tant qu'il nous donne le corps de son fils à manger. Horace tua sa sœur, bien loin de la plaindre. Il faut vaincre nos ennemis à force de bienfaits. A force d'attaquer les Thébains, Agésilas leur apprit à combattre et à vaincre. A force de mentir, vous avez perdu toute confiance. A force de frapper, on vous ouvrira; c'est Jésus-Christ lui-même qui nous l'enseigne. Bien loin de se cacher, Magius se promenait sur la place publique. A force de s'exercer, Démosthène perdit ses défauts de prononciation.

---

## CHAPITRE VIII.

## DE LA CONJONCTION.

### THÈME 507e.

*Quid moraris? Quin huc advolas?* — (GRAMM., no 372.)

Que ne faites-vous ce qu'on vous commande? qu'hésitez-vous? Qu'Annibal était hardi! qu'il se repentit de n'avoir pas assiégé Rome! Que coûte votre bibliothèque? Timothée, disciple de saint Paul, ne buvait que de l'eau. Nous ne songeons qu'à notre corps; que ne cultivons-nous aussi notre âme? Salomon ne demandait à Dieu que la sagesse. Que ne t'humilies-tu, ô homme! qui n'es que cendre et poussière? Que je connais de jeunes gens qui ont plus de piété que vous! Il ne dépend que de vous d'être aimé et estimé.

### THÈME 508e.

*Si voluisses et potuisses.* — (GRAMM., n° 373.)

Le diable dit à Jésus : Si tu te prosternes et que tu m'adores, je te donnerai tous les royaumes du monde. Siméon savait qu'il ne mourrait point qu'il n'eût vu le Sauveur d'Israël. Quand nous servons Dieu et que nous aimons le prochain, nous accomplissons toute la loi. Les Juifs ne croyaient point, qu'ils ne vissent des miracles. Quoique les uns vous blâment et que les autres vous louent, suivez toujours en tout votre conscience. Approchez, mon fils, que je vous embrasse, dit Isaac.

### THÈME 509e.

*Utinàm tecum loqui possim!* — (GRAMM., n° 374.)

Que ne puis-je secourir tous les malheureux! que n'ai-je assez de richesses! Fasse le ciel que vos malheurs cessent bientôt! Puissé-je vous voir heureux avant que je meure! Hélas! vous croyez que de nouvelles calamités vont fondre sur vous; à Dieu ne plaise! Que je voudrais voir votre père! puisse-t-il vivre longtemps! que ne l'amenez-vous? A Dieu ne plaise que je vous quitte!

### THÈME 510e.

*Illum perindè amo ac si esset frater meus.* — *Ut ignis aurum probat, sic, etc.* — (GRAMM., nos 375 et 376.)

Mon père vous aime comme si vous étiez l'un de ses fils. Comme le cerf altéré soupire après les sources d'eau vive, ainsi mon âme soupire après vous, ô mon Dieu! S'il est quelquefois nécessaire de parler, il est utile très-souvent de se taire. Si Rome l'emportait par le courage, Carthage était supérieure par son commerce, par ses richesses, par ses alliances avec les rois de l'Afrique. Pourquoi dire d'un homme qu'il meurt, comme si son âme n'était pas immortelle?

### THÈME 511e.

*Dico tibi me, postquàm legerim, scribere.* — (Gr., n° 377.)

Tite-Live rapporte que Fabius ne voulut jamais livrer bataille, quoique (*quanquàm*) ses concitoyens l'y poussassent. Horace nous conseille, lorsque nous écrivons, de corriger souvent notre style. Vous savez qu'après avoir dîné, j'ai l'habitude de me promener. Nous lisons qu'Epaminondas supportait patiemment les injures de ses concitoyens, parce qu'il ne croyait pas qu'il lui fût permis de s'irriter contre sa patrie. On vous a dit que comme le feu éprouve l'or, ainsi l'adversité éprouve les hommes courageux. Nous savons que si Dieu est juste, il est miséricordieux. Vous n'ignorez pas qu'aussitôt qu'il fut arrivé à Babylone, Alexandre mourut.

## CHAPITRE IX.

### LOCUTIONS DIVERSES.

#### I.

Locutions composées du verbe **faire**.

### THÈME 512e.

O Dieu! faites-nous comprendre combien le

ciel est beau; faites-nous y voir un jour votre face. Votre lettre m'a fait hâter mon départ. Alexandre fit tuer Parménion. Votre silence me fait désespérer de votre affaire. Hérode avait fait mettre Jean en prison; il l'y fit décapiter. Conon fit rebâtir les murs détruits par Lysandre. Vos regards et votre langage me font juger que vous êtes coupable. Ne me faites pas un crime, mon cher ami, de ne vous avoir pas encore répondu; mais faites-moi plutôt un mérite de mon silence: car, depuis que je suis à Paris, je n'ai fait que courir de maison en maison pour voir vos juges et leur recommander votre affaire.

THÈME 513e.

Il ne fait que pleuvoir. Le froid n'a fait qu'augmenter. Bien loin de s'offenser de cette réponse, le roi ne fit qu'en rire. L'orateur ne faisait que de commencer; on venait de discuter s'il fallait faire la guerre ou non. Locriens, vous avez bien fait de vous plaindre de Pléminius; on vous rendra justice. Un de mes amis les plus chers me fait espérer depuis longtemps qu'il viendra me voir; je vais lui faire savoir que j'habite la campagne, et que c'est là qu'il lui faudra venir pour me trouver. Je ne hais pas le vice moins que vous faites; je n'estime pas la vertu moins que font les plus gens de bien.

THÈME 514e.

Scipion ne trompa point les brillantes espérances qu'il avait fait concevoir de lui. Vous auriez mal fait d'agir autrement. Alexandre s'exposait le premier à tous les dangers; les uns le louent de son courage, les autres lui en font un reproche, l'accusant de témérité. Saint Paul fit trembler Félix sur son tribunal. Le soleil ne faisait que de se lever, quand la cavalerie légère commença le combat. Je venais de souper quand vous entrâtes. Les Grecs, sans cesse attaqués par les Perses, leur firent respecter leur indépendance.

## II.

### Locutions composées du verbe **avoir**.

#### THÈME 515e.

Catilina eut l'audace de se présenter au sénat, au moment même que ses crimes étaient découverts. Aurez-vous le front de nier votre faute? Qui aurait le cœur de panser cette plaie? Nous aurons beau dire: Seigneur, Seigneur; nous n'entrerons point dans le ciel que nous n'ayons fait pénitence. Le jour même qu'on devait livrer la bataille, on eut de la peine à réveiller Alexandre. Nous avons tous besoin d'être excités au bien. Thrasybule eut le bonheur de délivrer sa patrie non pas d'un, mais de trente tyrans; il eut le malheur d'être surpris par les ennemis qu'il était allé combattre en Cilicie, et d'être tué dans sa tente.

#### THÈME 516e.

Un jeune homme qui a la force de confesser toutes ses fautes, mérite la plus grande estime. Ayez-vous lieu de vous plaindre? Pour moi, je crois que vous n'avez aucune raison d'accuser le sort. Les Romains avaient à cœur de s'emparer de la Sicile; ils n'avaient rien tant à cœur que d'en chasser les Carthaginois, ainsi que de l'Espagne, afin de porter ensuite la guerre en Afrique. Vous avez beau gronder certains élèves, vous avez beau les punir: ils sont aussi paresseux qu'auparavant. Votre père est fort en colère contre vous; il a besoin d'être apaisé avant de vous voir; car vous avez tout lieu de craindre qu'il ne vous reproche vos fautes devant tout le monde.

### THÈME 517e.

Lysandre n'eut pas de peine à s'emparer de la flotte des Athéniens; car ceux-ci, croyant n'avoir rien à craindre, s'étaient répandus dans la campagne pour piller. Chers élèves, tous vos maîtres ont à cœur votre avancement dans la science et la piété. Fulvie n'eut rien de plus pressé que de faire savoir au consul ce qu'elle avait appris. Xercès eut bien de la peine à se sauver sur une petite barque. Nous avions beau protester à votre mère que vous n'aviez été que légèrement blessé, que vous viviez, que vous guéririez, nous eûmes bien de la peine à la rassurer. Faites que personne n'ait sujet de se plaindre de vous.

## III.

Locutions composées de **différents verbes.**

### THÈME 518e.

Laissez les petits enfants venir à moi. Laissez-nous reposer. Pères de famille, ne laissez pas vos enfants courir çà et là; car, si vous les laissez fréquenter des jeunes gens pervers, vous ne manquerez pas de vous en repentir. En toutes choses, ne manquez pas, mon fils, d'invoquer Dieu, et, cependant, ne laissez pas d'agir comme si le succès dépendait de vous seul. Malgré les défenses des Juifs, les Apôtres ne laissaient pas de prêcher partout le nom de Jésus-Christ. Archimède était occupé à tracer des figures sur la poussière, lorsqu'il fut tué par un soldat romain. Vous n'avez pas su profiter de l'occasion. Argilius ne manqua pas de faire ce que les Éphores lui avaient indiqué.

### THÈME 519e.

Jésus, ayant levé les yeux sur Jérusalem, se mit à pleurer. Les démons s'occupent à nous tenter. Que d'hommes veulent se mêler de gouverner l'État, sans pouvoir même gouverner leurs affaires. Pulfion et Varénus, braves centurions, avaient des démêlés continuels pour savoir lequel des deux devait être préféré à l'autre. La question de savoir si Alexandre a été empoisonné, n'est pas résolue. Mithridate savait parler vingt-deux langues. Les paroles du saint martyr ne servirent qu'à irriter le juge. Si votre père vient à apprendre la faute que vous avez eu le malheur de commettre, n'allez pas espérer qu'il vous la pardonne. Une multitude de soldats indisciplinés ne sert qu'à embarrasser la marche d'une armée.

### THÈME 520e.

La piété sert à adoucir toutes les peines de la vie. Il est bon de vous dire que Platon était allé en Egypte, où il avait connu nos Livres saints par le moyen des Juifs. Cette affaire vaut la peine d'être examinée. Il tardait à Siméon de voir le Messie; combien aussi il tardait à tous les justes de l'ancienne loi que ce divin Sauveur vînt les tirer des limbes, où ils soupiraient après sa venue! Si vous m'écrivez, ce sera le cas de me faire savoir ce que font tous nos amis de Paris. O stoïciens! votre prétendue sagesse n'est qu'un fol orgueil. Les Romains se montrèrent peu généreux, pour ne pas dire cruels et perfides, envers Annibal. Daniel fit voir que ce prétendu prodige n'était qu'une fraude des prêtres de Bel.

---

## COURTE RÉCAPITULATION

*De toutes les règles contenues dans le Supplément à la Seconde Partie.*

### THÈME 521e.

Des écoliers, entendant braire un âne, se mirent à rire. Le maître, qui avait à se plaindre de leur ignorance, leur dit : De quoi riez-vous? et pourquoi vous moquer ainsi de votre prochain? — Les mêmes écoliers, voyant un jour passer une vieille femme qui menait paître des ânes, se mirent à lui crier : Eh! bonjour, la mère aux ânes (*m. à m. :* la mère des ânes). Celle-ci, qui n'était pas aussi dépourvue d'esprit que son métier pouvait le faire croire, leur répondit sans se déconcerter : Bonjour, mes enfants, bonjour. — Un jour que Henri IV passait par une ville, on vint le haranguer. L'orateur, ayant commencé par ces mots : « Alexandre le Grand, le grand Alexandre..... » avait de la peine à retrouver le fil de son discours. Le roi, qui était très-fatigué et à qui il tardait de dîner, l'interrompit en lui disant : J'ai bien entendu dire quelque chose d'Alexandre ; mais il avait dîné, et je suis encore à jeun ; laissez-moi donc dîner, et ensuite je m'occuperai à vous entendre.

THÈME 522e.

Quintilien estime beaucoup Salluste ; il le met cependant après Tite-Live. Je vous écris, mon cher ami, pour savoir s'il est à propos de vous envoyer les livres que vous m'aviez demandés il y a un mois ; je suis, d'ailleurs, dans l'impatience de savoir ce que vous faites. En veillant continuellement sur nous-mêmes, nous n'aurons pas à craindre de tomber dans les piéges du démon. Je n'ai tant tardé de me mettre en route, que parce que j'espérais que le temps deviendrait meilleur ; du reste, il me tardait de vous voir. Tout autre que Turenne n'aurait eu ni assez de génie, ni assez de prudence pour réussir. Quel que fût le projet qu'Alexandre avait formé, plus il y rencontrait d'obstacles, plus il s'acharnait à le poursuivre. Ce jeune homme est insensible aux menaces et aux promesses, vous aurez bien de la peine de le faire repentir de sa faute; il aurait besoin d'être guidé par une main aussi ferme que prudente.

THÈME 523e.

Après Bossuet, Bourdaloue est le plus éloquent prédicateur que je connaisse. Quelles que soient vos occupations, ne laissez pas passer un seul jour sans penser à la mort qui nous attend tous, et ne manquez pas de regarder chaque jour comme le dernier de votre vie. Si vous alliez bientôt à Paris et que vous voulussiez me rendre service, je vous prierais de passer chez mon libraire. Vous ne sauriez croire et nous ne saurions comprendre combien Dieu aime une âme juste. Travaillons plutôt que de mendier, et mendions plutôt que de voler. Tous les hommes mourront, bon gré, mal gré. Manlius combattit le Gaulois, malgré les ordres de son père; celui-ci fut assez inexorable pour faire mourir son fils. Assuérus, ayant passé une partie de la nuit sans dormir, se fit lire les annales de son règne. Plus tôt les vendanges se feront, meilleur sera le vin. De tous les vices, aucun ne déplaît autant à Dieu que l'orgueil; car, étant aussi faibles que nous sommes, comment avons-nous la hardiesse de nous attribuer une gloire qui n'appartient qu'à lui?

THÈME 524e.

On discutera longtemps pour savoir où est né Homère. Qu'Annibal fut malheureux de s'être réfugié chez Antiochus, et ensuite chez Prusias!

Il avait inutilement donné au premier de sages conseils, et, de crainte d'être trahi chez l'autre, il prit du poison, et mourut à l'âge de soixante-quatorze ans. Que d'illustres docteurs, sans parler de saint Basile, ont paru dans le IVe siècle! Epaminondas, ayant mis en fuite les Spartiates, délivra toute la Grèce; néanmoins, les concitoyens de ce grand homme l'accusèrent plusieurs fois, et l'auraient condamné à la peine capitale s'il n'eût su, par son éloquence et sa noble fierté, les faire rougir de leur ingratitude; il avait surtout pour détracteur et pour rival dans l'administration de la république (1) un certain Ménéclide, homme assez exercé dans l'art de la parole pour un Thébain. Quelle mère n'a pas à cœur la santé de son enfant! Brutus abhorrait tant la tyrannie des Tarquins, qu'il condamna à mort ses fils qui les favorisaient.

### THÈME 525e.

Quand vous irez à la campagne et que vous

(1) *In administrandâ republicâ.*— Remarquez cette manière élégante et très-fréquente de tourner un substantif français par un participe latin, soit passé, comme on l'a déjà vu, GRAMM., no 342, soit présent, soit futur : « Eloigner du maniement des affaires, *m. à m.* des affaires devant être maniées, gérées, *abstrahere à rebus gerendis.* Le poids de l'âge, *ætas ingravescens.* Se présenter à l'inspection de... *se exhibere alicui inspiciendum.* Confier le soin des choses sacrées, *tradere sacra procuranda.* Triompher de la disgrâce d'un rival, *æmulo dejecto exsultare.* La recherche de la vérité, *inquirenda veritas,* etc., etc.

verrez votre père, ne manquez pas de le saluer de ma part. L'amour d'Absalon pour la domination le perdit. Rébecca tremblait pour son fils Jacob, qu'Esaü avait menacé de la mort. Vous savez que Jésus-Christ dit à ses Apôtres qu'après qu'il aurait passé trois jours dans le tombeau, il ressusciterait, et qu'eux-mêmes, après avoir reçu le Saint-Esprit, lui rendraient témoignage par toute la terre. Les enfants, étant aussi légers qu'ils le sont, ont tous besoin d'être corrigés. C'est une question parmi les géographes, de savoir où se trouvaient Ninive et Babylone. L'orateur athénien disait que les Arcadiens devaient considérer quels hommes avaient produits l'une et l'autre ville, afin que, par ceux-ci, ils pussent juger des autres. Je ne doute pas, chers élèves, de votre désir d'être savants; mais ce que je crains, c'est que vous ne vous mettiez dans l'esprit que vous n'êtes pas capables d'acquérir jamais assez de science pour pouvoir égaler vos maîtres, et qu'ainsi vous ne vous découragiez; ce serait vous tromper que d'avoir une telle pensée.

### THÈME 526e.

Le bruit se répandit qu'un prince tartare, à la tête d'un corps immense de troupes, allait fondre sur l'Europe, et menaçait déjà la Germanie. La nouvelle de sa marche parvint bientôt à la mère de Louis IX : Ah! mon fils, dit cette princesse au roi, quel parti allez-vous prendre dans une telle extrémité? que va devenir l'Eglise? qu'allons-nous devenir nous-mêmes? « Quel parti je vais prendre? répondit le jeune prince. Il faut chercher au ciel notre consolation et notre force. Nous allons renvoyer dans les enfers les Tartares, qui passent pour en être sortis; et si nous devons succomber dans cette entreprise, ils nous mettront tous en paradis. » Ce trait d'intrépidité fut recueilli même par les étrangers, et l'on n'y pouvait réfléchir sans qu'une mâle vigueur ne prît tout à coup la place de la crainte qui avait saisi les esprits : tant il est vrai que les peuples ont besoin d'être excités à la vertu par les paroles et les exemples de leurs princes. (Thébaut.)

### THÈME 527e.

Si l'on fait un crime à un fils d'injurier son père, à combien plus forte raison doit-on blâmer les hommes assez impies pour oser blasphémer le nom du Seigneur, qui est notre père commun! Denys l'Ancien fit enlever à Esculape la barbe d'or dont sa statue était ornée : « car il ne convient pas, disait-il, que le fils ait de la barbe, lorsque, dans tous les temples, Apollon, son père, est sans barbe; » c'est Cicéron qui rapporte ce trait dans son troisième livre de la *Nature des Dieux*. Les plus forts peuvent tomber, et les plus faibles peuvent se relever. S'il nous semble que nous soyons justes, craignons que Dieu n'ait encore sujet de reprendre bien des choses en nous. On enseigne à tous les jeunes gens les mêmes choses qu'à vous; mais on ne se sert pas partout des mêmes livres que vous. A en juger par ce que nous voyons, qui croirait que le soleil est immobile et que c'est la terre qui tourne? Ne promettons rien que nous ne puissions tenir.

THÈME 528e.

Que ne puis-je vous voir, vous consoler! Faut-il que je sois si éloigné de vous! L'homme ne peut vivre sans être exposé à mille dangers; la vie, en effet, est remplie de tant de misères, que si elle n'était suivie d'une éternité bienheureuse pour ceux qui s'en rendent dignes, on pourrait dire que, bien loin d'être un présent du ciel, elle serait au contraire un fardeau insupportable; il paraît que vous pensez là-dessus autrement que moi. Qui ignore que le roi de Perse fut vaincu, malgré ses innombrables armées et ses flottes immenses? De quelque fortune que nous jouissions, à quelque âge que nous soyons, ne nous flattons pas d'échapper à l'inexorable mort. Certains hommes n'ont rien tant à cœur que de se vanter excessivement, sans se mettre en peine si on les croira ou non. Qui peut aimer Dieu, sans aimer en même temps le prochain?



FIN.

# PETIT DICTIONNAIRE

## DES MOTS EMPLOYÉS JUSQU'A LA SECONDE PARTIE,

### ET D'UN GRAND NOMBRE DE NOMS PROPRES.

AVIS AUX ÉLÈVES. — 1° *Ne sont pas compris dans ce dictionnaire les mots que vous avez appris dans votre Grammaire, tels que* ROSA, PRUDENS, AMO, LES PRÉPOSITIONS, *etc., etc. C'est à vous de les y chercher.*

2° *A partir de la 2e Partie, vous ne trouverez plus les noms propres de ville; vous les chercherez dans votre grand dictionnaire. Quant aux noms propres d'hommes, ce petit dictionnaire vous les donnera tous, excepté ceux en* US *et en* A, *qui font tous* I *ou* Æ *au génitif, comme* CRASSUS, I; AGRIPPA, Æ, *etc.*

3° *Les abréviations signifient* : s. *substantif;* n. p. *nom propre;* v. a. *verbe actif;* v. d. *verbe déponent, etc., etc. Le cas se trouve indiqué après chaque verbe, excepté après les verbes actifs, qui gouvernent tous l'accusatif.*

A.

AARON. n. p. *Aaron*, génit. *onis*. m.
ABDALONYME. n. p. *Abdalonymus, i*. m.
ABDIQUER. v. a. *abdico, as, avi, atum, are*. act.
ABEL. n. p. *Abel, elis*. m.
ABISAÏ. n. p. *Abisaï*. indécl.
ABISARÈS. n. p. *Abisares, ris*. m.
ABOYER. v. neutre. *latro, as, avi, atum, are*. n.
ABRAHAM. n. p. *Abrahamus, i*. m.
ABSALON. n. p. *Absalon, onis*. m.
ABUSER. v. n. *abutor, eris, abusus sum, abuti*. dép. ablat.
ACCABLER. v. a. *conficio, is, eci, ectum, icere*. act.
ACCOMPAGNER. v. a. *comitor, aris, atus sum, ari*. dép. acc.
ACCOURIR. v. n. *accurro, is, curri, currere*. n.
ACHAB. n. p. *Achabus, i*. m.
ACHETER. v. a. *emo, is, emi, emptum, emere*. act.
ACHIS. n. p. *Achis, is*. m.
ACQUÉRIR. v. a. *adipiscor, eris, adeptus sum, adipisci*. dép. acc.
ACQUISITION. s. f. *adeptio, onis*. f.
ACQUITTER (S'). v. pronominal. *fungor, eris, functus sum, fungi*. dép. abl.
ADAM. n. p. *Adamus, i*. m.
ADMIRER. v. a. *miror, aris, atus sum, ari*. dép. acc.
ADORER. v. a. *adoro, as, avi, atum, are*. act.
AFFABILITÉ. s. f. *affabilitas, atis*. f.
AFFAIBLISSEMENT. s. m. *defectio, onis*. f.
AGÉSILAS. n. p. *Agesilaüs, i*. m.
AGILE. adject. *agilis, e*.
AGIR. v. neut. *ago, is, egi, actum, agere*. v. act.
AGNEAU. s. m. *agnus, i*. m.
AGRÉABLE. adj. *jucundus, a, um*.
AGRIPPINE. n. p. *Agrippina, æ*. f.
AÏEUX. s. *majores, um*. masc. pl.
AIGU, Ë. adj. *acutus, a, um*.
AILE. s. f. *ala, æ*. f.
AIR. s. m. *aer, eris*. m.

AIX (ville de Provence). *Aquæ Sextiæ, arum.* — Aix en Savoie. *Aquæ Sabaudæ, arum.* f. plur.
ALCIBIADE. n. p. *Alcibiades, is.* m.
ALEXANDRE. n. p. *Alexander, dri.* m.
ALISE. n. p. *Alexia, æ.* f.
ALLER TROUVER. v. a. *adeo, is, ivi, itum, ire.* act.
ALSACE. n. p. *Alsacia, æ.* f.
AMAN. n. p. *Aman, anis.* m.
AMBIGU, E. adj. *ambiguus, a, um.*
AMBROISE. n. p. *Ambrosius, i.* m.
AMÉRIQUE. n. p. *America, æ.* f.
AMI. s. *amicus, i.* m.
ANACHARSIS. n. p. *Anacharsis, is.* m.
ANANIE. n. p. *Ananias, æ.* m.
ANCIEN, NE. *antiquus, a, um.* — Les anciens, *veteres, um.* — Les anciens de la nation, *seniores gentis.*
ANDRÉ. n. p. *Andreas, æ.* m.
ANESSE. s. *asina, æ.* f.
ANGE. s. *angelus, i.* m.
ANIMAL. s. *animal, is.* n.
ANNE (hom.). n. p. *Annas, æ.* m.
ANNE (fém.). n. p. *Anna, æ.* f.
ANNÉE. s. *annus, i.* m.
ANNIBAL. n. p. *Annibal, is.* m.
ANNONCER. v. a. *nuntio, as, avi, atum, are.* act.
ANTIGONE. n. p. *Antigonus, i.* m.
ANTIOCHUS. n. p. *Antiochus, i.* m.
ANTOINE. n. p. *Antonius, i.* m.
ANTONIN. n. p. *Antoninus, i.* m.
APOLLON. n. p. *Apollo, inis.* m.
APÔTRE. s. *apostolus, i.* m.
APPELER. v. a. *voco, as, avi, atum, are.* act.
APPRENDRE. v. a. *disco, is, didici discitum, discere.* act.
APPROUVER. v. a. *approbo, as, avi, atum, are.* act.
APRÈS-DEMAIN. adv. *perendiè.*
AQUILÉE (D'). *Aquileiensis, e.* adj.
ARBRE. s. *arbor, is.* f.
ARCADIENS. n. p. *Arcades, um.* m. pl.
ARCHE. s. *arca, æ.* f.
ARCHIMÈDE. n. p. *Archimedes, is.* m.
ARCHITECTE. s. *architectus, i.* m.
ARDEUR. s. *ardor, is.* m.
ARIDE. adj. *aridus, a, um.*
ARISTIDE. n. p. *Aristides, is.* m.
ARISTOTE. n. p. *Aristoteles, is.* m.
ARIUS. n. p. *Arius, i.* m.
ARMÉE. s. *exercitus, ûs.* m.
ARMES. s. *arma, armorum.* n. pl.
ARRÊTER. v. a. *comprehendo, is, comprehendi, hensum, hendere.* act.
ARSÈNE. n. p. *Arsenius, i.* m.
ARTABAZE. n. p. *Artabazius, i.* m.
ARTAXERXE. n. p. *Artaxerxes, is.* m.
ARUNS. n. p. *Aruns, untis.* m.
ASCAGNE. n. p. *Ascanius, i.* m.
ASDRUBAL. n. p. *Asdrubal, is.* m.
ASSIÉGER. v. a. *obsideo, es, obsedi, sessum, sidere.* act.
ASSYRIENS. n. p. *Assyrii, orum.* m. pl.
ASTRE. s. *astrum, i.* n.
ASTRONOMIE. s. *astronomia, æ.* f.
ASTYAGE. n. p. *Astyages, is.* m.
ATHALIE. n. p. *Athalia, æ.* f.
ATHÉNIEN. adj. *Atheniensis, e.*
AUGUSTE. n. p. *Augustus, i.* m.
AUGUSTIN. n. p. *Augustinus, i.* m.
AURÉLIEN. n. p. *Aurelianus, i.* m.
AUTEL. s. *altare, is.* n.
AUTEUR. s. *auctor, is.* m.
AUTRE. pron. *alius, a, aliud.*
AVANTAGE. s. *commodum, i.* n.
AVARE. adj. *avarus, a, um.*
AVERTISSEMENT. s. *monitum, i.* n.
AVOIR. v. a. *habeo, es, habui, habitum, habere.* act.

AZOTH. n. p. *Azoth.* indécl.

B.

BAPTÊME. s. *baptismus, i.* m.
BAPTISTE. n. p. *Baptista, æ.* m.
BARABBAS. n. p. *Barabbas, æ.* m.
BASILE. n. p. *Basilius, i.* m.
BATIR. v. a. *ædifico, as, avi, atum, are.* act.
BEAU, BELLE. adj. *pulcher, ra, rum.*
BEAUTÉ. s. *pulchritudo, inis.* f. ; — *lepor, oris.* m.
BEL. n. p. *Bel.* indéclin.
BÉNIR. v. a. *benedico, is, ixi, ictum, icere.* n. dat.
BENJAMIN. n. p. *Benjaminus, i.* m.
BÉLISAIRE. n. p. *Belisarius, i.* m.
BERGER. s. *pastor, is.* m.
BERNARD. n. p. *Bernardus, i.* m.
BÊTE. s. *bestia, æ.* f.
BÉTHULIE. n. p. *Bethulia, æ.* f.
BIEN (le). s. *bonum, i.* n.
BIENFAIT. s. *beneficium, i.* n.
BIENVEILLANT. adj. *benevolus, a, um.*
BLAMER. v. a. *vitupero, as, avi, atum, are.* act.
BLESSER. v. a. *vulnero, as, avi, atum, are.* act.
BOEUF. s. *bos, bovis.* m.
BOILEAU. n. p. *Bollæus, i.* m.
BOIS (forêt). s. *nemus, nemoris.* n.
BONHEUR. s. *felicitas, atis.* f.
BONTÉ. s. *bonitas, atis.* f.
BOSSUET. n. p. *Bossuetius, i.* m.
BOSTAR. n. p. *Bostar, aris.* m.
BOUC. s. *hircus, i.* m.
BOURDALOUE. n. p. *Burdalius, i.* m.
BRANCHE. s. *ramus, i.* m.
BRAS. s. *brachium, i.* n.
BRAVE. adj. *strenuus, a, um.*
BRAVEMENT. adv. *strenuè.*
BREBIS. s. *ovis, is.* f.
BRILLANT, E. adj. *fulgens, entis.*
BRUTIUM. n. p. *Brutium, i.* n.
BUCÉPHALE. n. p. *Bucephalus, i.* m.

C.

CABANE. s. *tugurium, ii.* n.
CAÏN. n. p. *Caïnus, i.* m.
CAÏPHE. n. p. *Caïphas, æ.* m.
CALEB. n. p. *Caleb.* indéclin.
CALLISTHÈNE. n. p. *Callisthenes, is.* m.
CAMBYSE. n. p. *Cambyses, is.* m.
CAMILLE. n. p. *Camillus, i.* m.
CAMPAGNE. s. *rus, ruris.* n.
CAPHARNAUM. n. p. *Capharnaüm, i.* n.
CAPITAINE. s. *dux, ducis.* m.
CAPITOLIN. adj. *Capitolinus, a, um.*
CAPTIVITÉ. s. *captivitas, atis.* f.
CARESSER. v. a. *blandior, iris, ditus sum, blandiri.* dèp. dat.
CATON. n. p. *Cato, onis.* m.
CAUSER. v. n. *garrio, is, ivi, itum, ire.* n.
CAVALIER. s. *eques, equitis.* m.
CELA. pron. *id, ejus,* etc.
CÉLESTE. adj. *cœlestis, e.*
CÉNACLE. s. *cœnaculum, i.* m.
CERF. s. *cervus, i.* m.
CERTAINEMENT. adv. *profectò.*
CÉSAR. n. p. *Cæsar, is.* m.
CEUX, CELLES. plur. de *is, ea, id.*
CHAGRIN. s. *mœror, is.* m.
CHAMEAU. s. *camelus, i.* m.
CHAMP. s. *ager, agri.* m.
CHANAAN. n. p. *Chanaan.* ind.
CHANT. s. *cantus, ûs.* m.
CHANTER. v. a. *cano, is, cecini, cantum, canere.* act.
CHAPITRE. s. *caput, itis.* n.
CHARGE (fardeau). s. *onus, oneris.* n.
CHARGE (emploi). *munus, muneris.* n.

CHARIDÈME. n. p. *Charidemus, i.* m.
CHARIOT. s. *currus, ûs.* m.
CHARLES. *Carolus, i.* m.
CHARLEMAGNE. n. p. *Carolus Magnus, i-i.* m.
CHASSE. s. *venatio, nis.* f.
CHASSEUR. s. *venator, is.* m.
CHAT. s. *feles, felis.* f.
CHEF. s. *dux, ducis.* m.
CHEMIN. s. *via, æ.* f.
CHERCHER. v. a. *quæro, is, sivi, situm, quærere.* act.
CHÉRONÉE. n. p. *Cheronea, æ.* f.
CHEVAL. s. *equus, i.* m.
CHEVEU. s. *capillus, i.* m.
CHÈVRE. s. *capella, æ.* f.
CHIEN. s. *canis, is.* m.
CHINE. n. p. *imperium Sinense imperii Sinensis.* n.
CHINOIS. n. p. *Sinenses, ium.* m. p.
CHOISIR. v. a. *eligo, is, elegi, electum, eligere.* act.
CHOSE. s. *res, rei.* f.
CHRÉTIEN. adj. *christianus, a, um.*
CHRIST. n. p. *Christus, i.* m.
CHRISTOPHE-COLOMB. n. p. *Christophorus Colombus, i-i.* m.
CHRYSOSTÔME. n. p. *Chrysostomus, i.* m.
CICÉRON. n. p. *Cicero, nis.* m.
CIEUX. s. *cœli, orum.* m. pl.
CIGALE. s. *cicada, æ.* f.
CIMON. n. p. *Cimon, is.* m.
CINÉAS. n. p. *Cineas, æ.* m.
CINQUANTIÈME. adj. *quinquagesimus, a, um.*
CITOYEN. s. *civis, is.* m.
CLAIRVAUX. n. p. *Clara Vallis, Claræ Vallis.* f.
CLASSE. s. *schola, æ.* f.
CLAUDE. n. p. *Claudius, i.* m.
CLÉANTHE. n. p. *Cleanthes, is.* m.
CLÉMENCE. s. *clementia, æ.* f.
CLÉOPATRE. n. p. *Cleapatra, æ.* f.
CLITUS. n. p. *Clitus, i.* m.
CLOVIS. n. p. *Clodoveus, i.* m.
CŒUR. s. *cor, cordis.* n.
COLÈRE. s. *ira, æ.* f.
COMBATTRE. v. a. et n. *pugno, as, avi, atum, are.* n.
COMMANDEMENT. s. *mandatum, i,* n.
COMMANDER. v. a. *impero, as, avi, atum, are.* act.
COMME. conj. *sicut.*
COMMENCEMENT. s. *initium, i.* m.
COMPOSER. v. a. *compono, is, posui, positum, ponere.* act.
CONDUITE. s. *ratio, nis.* f.
CONNAÎTRE. v. a. *cognosco, is, cognovi, cognitum, cognoscere.* act., ou *novi,* etc., sur *memini.*
CONON. n. p. *Conon, onis.* m.
CONSCIENCE. s. *conscientia, æ.* f.
CONSEIL. s. *consilium, i.* n.
CONSIDÉRER. v. a. *considero, as, avi, atum, are.* act.
CONSTANT, E adj. *constans, antis.*
CONSTANTIN. n. p. *Constantinus, i,* m.
CONSTRUIRE. v. a. *construo, is, struxi, structum, struere.* act.
CONTINUEL, LE. adj. *perpetuus, a, um.*
CONTINUELLEMENT. adv. *perpetuò.*
CONVERSION. s. *conversio, nis.* f.
CORBEAU. s. *corvus, i.* m.
CORIOLAN. n. p. *Coriolanus, i.* m.
CORNEILLE. n. p. *Cornelius, i.* m.
CORNÉLIE. n. p. *Cornelia, æ.* f.
CORRIGER. v. a. *corrigo, is, rexi, rectum, rigere.* act.
COULEUR. s. *color, is.* m.
COUPABLE. adj. *noxius, a, um.*
COURIR. v. n. *curro, is, cucurri, cursum, currere.* n.
COURS. s. *cursus, ûs.* m.
COURSE. s. *cursus, ûs.* m.
COUSIN. s. *consobrinus, i.* m.
COUTUME (avoir). *soleo, es, solitus*

*sum*, etc., sur *Gaudere*.
COUVRIR. v. a. *tego, is, texi, tectum, tegere*. act.
CRAINDRE. v. a. *timeo, es, mui, mere*. act.
CRAINTE. s. *timor, is*. m.
CRÉER. v. a. *creare, avi, atum*, act.
CRÉTOIS. adj. *Cretensis, e*.
CREUSER. v. a. *fodio, is, fodi, fossum, fodere*. act.
CRIME. s. *scelus, sceleris*. n.
CRUEL. adj. *crudelis, e*.
CROTONE. n. p. *Croton, onis*. m.
CROTONIATE. adj. *Crotoniatis, e*.
CULTIVER. v. a. *colo, is, colui, cultum, colere*. act.
CURIACES (les). *Curiatii, orum*. m. p.
CYRÉNÉEN. adj. *Cyrenaicus, a, um*.

**D.**

DAMOCLÈS. n. p. *Damocles, is*. m.
DAMON. n. p. *Damon, onis*. m.
DANGER. s. *periculum, i*. n.
DANIEL. n. p. *Daniel, elis*. m.
DANUBE. n. p. *Danubius, i*. m.
DAUPHIN. n. p. *Delphinus, i*. m.
DAVID. n. p. *David, idis*. m.
DÉCLARER. v. a. *declaro, as, avi, atum, are*. act.
DÉFENDRE. v. a. *propugno, as, avi, atum, are*. act.
DÉLICES. s. *deliciæ, arum*. f. pl.
DÉLICIEUX. *jucundissimus, a, um*.
DÉLIVRER. v. a. *libero, as, avi, atum, are*. act.
DELPHES. n. p. *Delphi, orum*. m.
DÉLUGE. s. *diluvium, ii*. n.
DEMANDER. v. a. *peto, is, ivi, petitum, petere*. act.
DEMEURER. v. n. *habito, as, avi, atum, are*. n.
DÉMOCRITE. *Democritus, i*. m.
DÉMONAX. n. p. *Demonax, acis*. m.
DÉMOSTHÈNE. *Demosthenes, is*. m.
DENYS. n. p. *Dionysius, i*. m.
DÉPLAIRE. v. n. *displiceo, es, cui, citum, cere*. n. dat.
DESCENDRE. v. a. et n. *descendo, is, scendi, scensum, scendere*. a. et n.
DÉSERT. s. *desertum, i*. n.
DÉSERT, E. adj. *desertus, a, um*.
DÉSIRER. v. a. *cupio, is, ivi, itum, cupere*. act.
DÉSOBÉIR. v. n. *non pareo, es, parui, paritum, parere*. n. dat.
DÉSORDRE. s. *flagitium, i*. n.
DESTINÉE. s. *sors, sortis*. f.
DÉTESTER. v. a. *detestor, aris, atus sum, ari*. dép. acc.
DÉTROIT. s. *fretum, i*. n.
DEVOIR. s. *officium, i*, n.;—(tâche) *pensum, i*. n.
DÉVORER. v. a. *voro, as, avi, atum, are*, act.
DIABLE. s. *diabolus, i*. m.
DIANE. s. *Diana, æ*. f.
DICTATURE. s. *dictatura, æ*. f.
DIDON. s. *Dido, onis*. f.
DIEU. n. p. *Deus, i*. m.
DIFFÉRER. v. a. *differo*, sur *Fero*.
DILIGENCE. s. *diligentia, æ*. f.
DIOCLÉTIEN. *Diocletianus, i*. m.
DIODORE. n. p. *Diodorus, i*, m.
DIOGÈNE. n. p. *Diogenes, is*. m.
DIOXIPPE. n. p. *Dioxippus, i*. m.
DIRE. v. a. *dico, is, dixi, dictum, dicere*. act.
DISCIPLE. s. *discipulus, i*. m.
DISCOURS. s. *oratio, nis*. f.
DIVINITÉ. s. *numen, numinis*. n.
DOCILE. adj. *docilis, e*.
DOCTEUR. s. *doctor, oris*. m.
DOCTRINE. s. *doctrina, æ*. f.
DOMINIQUE. n. p. *Dominicus, i*. m.
DOMITIEN. n. p. *Domitianus, i*. m.
DON. s. *donum, i*. n.
DONC. conj. *igitur*.
DONNER. v. a. *do, as, dedi, datum, dare*, act.
DORMIR. v. n. *dormio, is, ivi, itum*,

*ire.* n.

DOULEUR. s. *dolor, is.* m.

DOUX. adj. *dulcis, e.*

DRACON. n. p. *Draco, nis.* m.

DU GUESCLIN. n. p. *Guesclinus, i.* m.

E.

EAU. s. *aqua, æ.* f.

ECBATANE. *Ecbatana, orùm.* n. pl.

ÉCOLIER. s. *discipulus, i.* m.

ÉCOULER (s'). v. pron. *labor, eris, lapsus sum, labi.* dép.

ÉCOUTER. v. a. *audio, is, ivi, ire,* act.

ÉCRIRE. v. a. *scribo, is, ipsi, iptum, scribere.* act.

ÉCRITURE. s. *scriptura, æ.* f.; — sainte, *sacra, æ.*

ÉCRIVAIN. s. *scriptor, is.* m.

ÉDOUARD. n. p. *Eduardus, i.* m.

ÉGARD (à l'égard de). prép. *ergà,* ac.

ÉGLISE. s. *ecclesia, æ.* f.

ÉGORGER. v. a. *jugulo, as, avi, atum, are.* act.

ÉGYPTIENS. *Egyptii, orum.* m. pl.

ÉLÉPHANT. s. *elephas, antis.* m.

ÉLÈVE. s. *alumnus, i.* m.

ÉLEVÉ, E. adj. *altus, a, um.*

ÉLIÉZER. n. p. *Eliezer, eris.* m.

ÉLISABETH. n. p. *Elisabeth,* ind.

ÉLOQUENCE. s. *eloquentia, æ.* f.

ÉLOQUENT, E. adj. *eloquens, entis.*

EMPIRE. s. *imperium, i.* n.

EMPORTER. v. a. *aufero,* sur *Fero.*

EN COMPARAISON DE. prép. *præ,* abl.

ENNEMI. s. *hostis, is.* m.

ENNUI. s. *tædium, i.* n.

ENNUYER (s'). *tædet, tæduit,* sur *Pœnitet.*

EN OUTRE. adv. *prœtereà.*

ENSEIGNER. v. a. *doceo, es, docui, doctum, docere.* act.

ENSEMBLE. adv. *simul.*

ENSEVELIR. v. a. *sepelio, is, ivi, sepultum, sepelire.* act.

ENTÊTÉ, E. adj. *pervicax, acis.*

ENTRÉE. s. *aditus, ûs.* m.

ENVIER. v. a. *invideo, es, invidi, invisum, invidere.* n. dat.

ENVIE (porter). Voyez *Envier.*

ENVOYER. v. a. *mitto, is, misi, missum, mittere.* act.

EST-CE QUE? adv. *nùm.*

ÉPAIS, SE. adj. *densus, a, um.*

ÉPAMINONDAS. *Epaminondas, æ.* m.

ÉPHÉSIENS (les). *Ephesii, orum.* m. pl.

ÉPHESTION. *Ephestion, onis.* m.

ÉPICURE. n. p. *Epicurius, i.* m.

ÉPOUSE. s. *uxor, is.* f.

ÉPROUVER. v. a. *experior, iris, expertus sum, experiri.* dép. acc.

ÉSAU. n. p. *Esaü.* indéclinable.

ESCARPÉ, E. adj. *abruptus, a, um.*

ESCHINE. n. p. *Eschines, æ.* m.

ESCULAPE. n. p. *Esculapius, i.* m.

ESPAGNE. n. p. *Hispania, æ.* f.

ESPÉRANCE. s. *spes, spei.* f.

ESPRIT. s. *spiritus, ûs.* m.

ESTHER. n. p. *Esther, eris.* f.

ÉTERNEL, LE. adj. *æternus, a, um.*

ÉTIENNE. n. p. *Stephanus, i.* m.

ÉTOILE. s. *stella, æ.* f.

ÉTONNANT, E. adj. *mirus, a, um.*

ÉTROIT, E. adj. *arctus, a, um.*

ÉTUDIER. v. a. *studeo, es, studui, studere.* n. dat.

EUMÈNES. n. p. *Eumenes, is.* m.

EURIPIDE. n. p. *Euripides, is.* m.

EUROPE. n. p. *Europa, æ.* f.

EURYBIADE. n. p. *Eurybiades, is.* m.

EURYDICE. n. p. *Eurydice, es.* f.

ÉVANGILE. s. *Evangelium, i.* n.

ÈVE. n. p. *Eva, æ.* f.

EXAUCER. v. a. *exaudio, is, ivi, itum, ire.* act.

EXEMPLE. s. *exemplum, i.* n.

EXHORTER. v. a. *hortor, aris, atus sum, ari.* dép. acc.

EXPÉRIENCE. s. *experientia, æ.* f.

F.

FABLE. s. *fabula, æ.* f.

FACHÉ (être). v. pass. *me piget, piguit, pigere.* impers., sur *Pœnitet.*

FACHER (se). v. pron. *irascor, eris, iratus sum, irasci.* dép. dat.
FACILE. adj. *facilis, e.*
FAIBLE. adj. *debilis, e.*
FAIBLESSE. s. *infirmitas, atis.* f.
FAIRE. v. a. *facio, is, feci, factum facere.* act.
FALÈRES. n. p. *Falerii, orum.* m. pl.
FALÉRIENS. *Falisci, orum.* m. pl.
FANTASSIN. s. *pedes, peditis.* m.
FAUTE. s. *culpa, æ.*
FAVORISER. v. a. *faveo, es, favi. fautum, favere.* n. dat.
FÉLICITER. v. a. *gratulor, aris, atus sum, ari,* dép. dat.
FÉLIX. n. p. *Felix, Felicis.* m.
FEMME. s. *mulier, eris.* f.
FÉNELON. n. p. *Fenelonius, i.* m.
FERMER. v. a. *claudo, is, clausi, clausum, claudere.* act.
FERMETÉ. s. *firmitas, atis.* f.
FERTILITÉ. s. *fertilitas, atis.* f.
FÊTE. s. *festum, i.* m.
FEUILLE. s. *folium, i.* n.
FIDÈLE. adj. *fidelis, e.*
FILER. v. a. *neo, es, nevi, netum, nere.* act.
FILLE. s. *filia, æ.* f.; — PETITE FILLE. *puella, æ.* f.
FILS. s. *filius, i.* m.
FINESSE. s. *astutia, æ.* f.
FLAVIEN. n. p. *Flavianus, i.* m.
FLATTER. v. a. *blandior, iris, itus sum, iri.* dép. dat.; — *adulor, aris, atus sum, ari.* dép. acc.
FLATTEUR. s. *adulator, is.* m.
FLEUR. s. *flos, floris.* m.
FLEUVE. s. *fluvius, i.* m.
FLORISSANT, E. adj. *florens, entis.*
FLOT. s. *fluctus, ûs.* m.
FOI. s. *fides, ei.* f.
FOIN. s. *fœnum, i.* n.
FONTAINE. s. *fons, fontis.* m.
FORÊT. s. *silva, æ.* f.
FOURMI. s. *formica, æ.* f.
FRANÇAIS, E. adj. *Gallicus, a, um.*
— LES FRANÇAIS. *Galli, orum.*
FRANCE. n. p. *Gallia, æ.* f.
FRANCS (les). *Franci, orum.* m. pl.
FRANÇOIS. n. p. *Franciscus, i.* m.
FRAPPER. v. a. *percutio, is, cussi, cussum, cutere.* act.
FRAYEUR. s. *pavor, is.* m.
FRÈRE. s. *frater, fratris.* m.
FROID (le). s. *frigus, frigoris.* n.
FROID, E. adj. *frigidus, a, um.*
FRUIT. s. *fructus, ûs.* m.
FUIR. v. act. et n. *fugio, is, fugi, fugitum, fugere.* act. et n.
FULVIE. n. p. *Fulvia, æ.* f.

## G.

GABAONITES. n. p. *Gabaonitæ, arum.* m. pl.
GABRIEL. n. p. *Gabriel, elis.* m.
GARDER. v. a. *servo, as, avi, atum, are.* act.
GÉDÉON. n. p. *Gedeon, is.* m.
GÉLON. n. p. *Gelon, is.* m.
GÉNÉRAL. s. *imperator, is.* m.
GÉNÉREUX, SE. adj. *generosus, a, um.*
GENRE. s. *genus, generis.* n.
GÉOGRAPHIE. s. *geographia, æ.* f.
GÉORGIQUES. *Georgica, orum.* n. pl.
GLOIRE. s. *gloria, æ.* f.
GODEFROY. n. p. *Guelfridus, i.* m.
GOLIATH. n. p. *Goliathus, i.* m.
GOMORRHE. n. p. *Gomorrha, æ.* f.
GRACQUES (les). *Gracchi, orum.*
GRAMMAIRE. s. *grammatica, æ.* f.
GRAND, E. adj. *magnus, a, um.*
GRANDEUR. s. *magnitudo, dinis.* f.
GREC, GRECQUE. adj. *Græcus, a, um.*
GRÉGOIRE. n. p. *Gregorius, i.* m.
GRENOUILLE. s. *rana, æ.* f.
GRIMPER. v. n. *adrepo, is, repsi, repere, in* avec l'acc.
GROS, SE. adj. *amplus, a, um.*
GUÉRI, E. adj. *sanus, a, um.*
GUERRE. s. *bellum, i.* n.
GUERRIER. s. *bellator, is.* m.

## H.

HABER. n. p. *Haber.* ind. m.

**HABILE.** adj. *peritus, a, um.*
**HABITANT.** s. *incola, æ.* m.
**HAINE.** s. *odium, i.* n.
**HAÏR.** v. a. *odi,* act., sur *Memini.*
**HAMEAU.** s. *viculus, i.* m.
**HANNON.** n. p. *Hannon, is.* m.
**HAUT, E.** adj. *altus, a, um.*
**HAUTEUR.** s. *altitudo, dinis.* f.
**HÉBREUX.** *Hebræi, orum.* m. pl.
**HECTOR.** n. p. *Hector, is.* m.
**HÉLÈNE** Ste (île). *Sancta Helena, æ.*
**HÉLI.** n. p. *Heli.* ind.
**HÉLIODORE.** n. p. *Heliodorus, i.* m.
**HÉLIOGABALE.** *Heliogabales, is.* m.
**HENRI.** n. p. *Henricus, i.* m.
**HÉRACLITE.** n. p. *Heraclitus, i.* m.
**HERBE.** s. *herba, æ.* f.
**HERCULE.** n. p. *Hercules, is.* m.
**HÉRODE.** n. p. *Herodes, is.* m.
**HÉSIONE.** n. p. *Hesione, es.* f.
**HEURE.** s. *hora, æ.* f.
**HEUREUX, SE.** adj. *felix, icis.*
**HIPPOLYTE.** n. p. *Hippolytus, i.* m.
**HISTOIRE.** s. *historia, æ.* f.
**HISTORIEN.** s. *historicus, i.* m.
**HIVER.** s. *hiems, hiemis.* f.
**HOLOPHERNE.** *Holophernus, i.* m.
**HOMÈRE.** n. p. *Homerus, i.* m.
**HOMME.** s. *homo, hominis.* m.
**HONNÊTE.** adj. *probus, a, um.*
**HONORER.** v. a. *honoro, as, avi, atum, are.* act.
**HONTE.** s. *pudor, oris.* m. — Avoir honte, *pudet, puduit,* sur *Pœnitet.*
**HONTEUX, SE.** adj. *turpis, e.*
**HORACE.** n. p. *Horatius, i.* m.
**HOSPITALITÉ.** s. *hospitalitas, atis.* f.
**HUMAIN.** adj. *humanus, a, um.*
**HUMBLE.** adj. *humilis, e.*

## I.

**IGNORANT, E.** adj. *ignarus, a, um.*
**IMMENSE.** adj. *immensus, a, um.*
**IMPIE.** adj. *impius, a, um.*
**IMPRUDENCE.** s. *imprudentia, æ.* f.
**IMPRUDENT, E.** adj. *imprudens, entis.*
**INCENDIE.** s. *incendium, i.* n.
**INCERTAIN, E.** adj. *incertus, a, um.*
**INCONVÉNIENT.** s. *incommodum, i.* n.
**INDOCILE.** adj. *indocilis, e.*
**INEFFABLE.** adj. *ineffabilis, e.*
**INGÉNIEUX, SE.** adj. *ingeniosus, a, um.*
**INJUSTICE.** s. *injustitia, æ.* f.
**INQUIET, E.** adj. *anxius, a, um.*
**INSU** (à l'). prép. *clàm.* abl.
**INSTRUIT, E.** adj. *doctus, a, um.*
**INTERROGER.** v. a. *interrogo, as, avi, atum, are.* act.
**ISAAC.** n. p. *Isaac.* m. indécl.
**ISAÏE.** n. p. *Isaïas, æ.* m.
**ISMAEL.** n. p. *Ismaël, elis.* m.
**ISOCRATE.** n. p. *Isocrates, is.* m.
**ISRAEL.** n. p. *Israel, elis.* m.
**ISRAÉLITE.** s. *Israelita, æ.* m.
**ITALIE.** n. p. *Italia, æ.* f.

## J.

**JACOB.** n. p. *Jacob.* m. indécl.
**JACQUES.** n. p. *Jacobus, i.* m.
**JADIS.** adv. *olim.*
**JAHEL.** n. p. *Jahel.* f. indécl.
**JAPONAIS.** n. p. *Japo, nis.* m.
**JARDIN.** s. *hortus, i.* m.
**JEAN.** n. p. *Joannes, is.* m.
**JEPHTÉ.** n. p. *Jephte, es.* m.
**JÉRICHO.** n. p. *Jerichus, untis.* f.
**JÉROBOAM.** n. p. *Jeroboamus, i.* m.
**JÉRÔME.** n. p. *Hieronymus, i.* m.
**JÉRUSALEM.** n. p. *Hierosolyma, æ.* f.
**JEU.** s. *ludus, i.* m.
**JEUNE.** adj. *juvenis, e.* — Jeune homme, *adolescens, tis,* ou *juvenis.* m. — Jeunes gens, *juvenes, ium.* m. pl.
**JOB.** n. p. *Job.* ind. m.
**JOIE.** s. *lætitia, æ.* f.
**JONATHAS.** n. p. *Jonathas, æ.* m.
**JOPPÉ.** n. p. *Joppe, es.* f.
**JOSAPHAT.** n. p. *Josaphat.* ind.
**JOSEPH.** n. p. *Josephus, i.* m.
**JOSUÉ.** n. p. *Josue.* ind. m.

**JOUER.** v. n. *ludo, is, lusi, lusum, ludere.* n.
**JOUIR.** v. n. *fruor, eris, fruitus sum, frui.* dép. abl.
**JOYEUX, SE.** adj. *lætus, a, um.*
**JUDA** (royaume). *Juda, æ.* m.
**JUDAS** (hom.). *Judas, æ.* m.
**JUDITH.** n. p. *Judith.* ind. f.
**JUGE.** s. *judex, judicis.* m.
**JUIF.** s. *Judæus, i.* m.
**JULIE.** n. p. *Julia, æ.* f.
**JULIEN L'APOSTAT.** n. p. *Julianus Apostata,* génit., *i-æ.* m.
**JUSTE.** adj. *justus, a, um.*
**JUSTICE.** s. *justitia, æ.* f.

**L.**

**LABAN.** n. p. *Labanus, i.* m.
**LABORIEUX, SE.** adj. *laboriosus, a, um.*
**LABOUREUR.** s. *agricola, æ.* m.
**LAOCOON.** n. p. *Laocoon, ontis.* m.
**LAOMÉDON.** *Laomedon, ontis.* m.
**LAPIDER.** v. a. *lapido, as, avi, atum, are.* act.
**LARRON.** s. *latro, nis.* m.
**LAVINIUM.** n. p. *Lavinium, i.* n.
**LAZARE.** n. p. *Lazarus, i.* m.
**LAZZARONI.** n. p. *Lazzaroni.* ind.
**LEÇON.** s. *lectio, onis.* f.
**LECTURE.** s. *lectio, onis.* f.
**LÉGER, E.** adj. *levis, e.*
**LÉGUME.** s. *olus, oleris.* n.
**LÉONIDAS.** n. p. *Leonidas, æ.* m.
**LES.** pron. pour *eux. Ii, eorum.*
**LESBIEN.** adj. *Lesbius, a, um.*
**LESBOS.** n. p. *Lesbos, Lesbi.* f.
**LETTRE.** s. *epistola, æ.* f.
**LIBÉRAL, E.** adj. *liberalis, e.*
**LICTEUR.** s. *lictor, is.* m.
**LIEU.** s. *locus, i.* m
**LIÈVRE.** s. *lepus, leporis.* m.
**LIVIE.** n. p. *Livia, æ.* f.
**LIVRE.** s. *liber, libri.* m.
**LOCRIENS.** *Locrenses, ium.* m. pl.
**LOI.** s. *lex, legis.* f.
**LOTH.** n. p. *Loth.* ind. m.
**LOUER.** v. a. *laudo, as, avi, atum, are.* act.
**LOUIS.** n. p. *Ludovicus, i.* m.
**LOUP.** s. *lupus, i.* m.
**LUC.** n. p. *Lucas, æ.* m.
**LUCIEN.** n. p. *Lucianus, i.* m.
**LUCRÈCE.** n. p. *Lucretia, æ.* f.
**LUI.** pron. *is, ejus.*
**LUMIÈRE.** s. *lux, lucis.* f.
**LUNE.** s. *luna, æ.* f.
**LUXEMBOURG** (hom.). *Luxemburgus, i.* m.
**LYCURGUE.** n. p. *Lycurgus, i.* m.
**LYSANDRE.** n. p. *Lysander, dri.* m.

**M.**

**MACÉDONIEN.** n. p. *Macedo, onis.* m.
**MACHABÉE.** n. p. *Machabæus, i.* m.
**MADELEINE.** n. p. *Magdalena, æ.* f.
**MAGE.** s. *magus, i.* m.
**MAGISTRAT.** s. *magistratus, ûs.* m.
**MAGNANIMITÉ.** s. *magnanimitas, atis.* f.
**MAGON.** n. p. *Mago, onis.* m.
**MAHARBAL.** n. p. *Maharbal, lis.* m.
**MAHOMET.** n. p. *Mahumetes, is.* m.
**MAISON.** s. *domus, ûs.* f.
**MAÎTRE** (qui enseigne). s. *magister, magistri.* m.
**MAÎTRE** (qui possède, qui commande). *dominus, i; herus, i.* m.
**MALADIE.** s. *morbus, i.* m.
**MALHEUREUX, SE.** adj. *miser, a, um.*
**MALICE.** s. *nequitia, æ.* f.
**MANGER.** v. a. *manduco, as, avi, atum, are.* act.
**MARATHON.** n. p. *Marathon, is.* f.
**MARC.** n. p. *Marcus, i.* m.
**MARCELLE.** n. p. *Marcella, æ.* f.
**MARDOCHÉE.** *Mardochæus, i.* m.
**MARIE.** n. p. *Maria, æ.* f.
**MARSEILLAIS, SE.** adj. *Massiliensis, e.*
**MARTHE.** n. p. *Martha, æ.* f.
**MARTIN.** n. p. *Martinus, i.* m.
**MARTYR.** s. *martyr, is.* m. f.
**MASSAGÈTES.** n. p. *Massagetæ,*

*arum*. m. pl.

MATELOT. s. *nauta*, *æ*. m.

MATURITÉ. s. *maturitas*, *atis*. f.

MAUDIRE. v. a. *maledico*, *is*, *ixi*, *ictum*, *icere*. n. dat.

MAXIME. n. p. *Maximus*, *i*. m.

MÉANDRE. n. p. *Meander*, *dri*. m.

MÉCÈNE. n. p. *Mœcenas*, *atis*. m.

MÉCHANT, E. adj. *improbus*, *a*, *um*.

MÉDECIN. s. *medicus*, *i*. m.

MEILLEUR, RE. adj. *melior*, n. *melius*, génit. *melioris*.

MEMNON. n. p. *Memnon*, *is*. m.

MENAÇANT, E. adj. *minax*, *acis*.

MENACER. v. a. *minor*, *aris*, *atus*, *sum*, *ari*. dép. dat.

MÉNÉCLIDE. n. p. *Meneclides*, *æ*. m.

MÉNÉDÈME. n. p. *Menedemus*, *i*. m.

MENSONGE. s. *mendacium*, *i*. n.

MENTON. s. *mentum*, *i*. n.

MENTOR. n. p. *Mentor*, *is*. m.

MÉPRISER. v. a. *contemno*, *is*, *empsi*, *emptum*, *emnere*. act.

MERCURE. n. p. *Mercurius*, *i*. m.

MÈRE. s. *mater*, *tris*. f.

MESSIE. n. p. *Messias*, *æ*. m.

MIDI. s. *meridies*, *ei*. f.

MIEUX. adv. *melius*.

MILON. n. p. *Milo*, *onis*. m.

MILTIADE. n. p. *Miltiades*, *is*. m.

MINISTRE. s. *minister*, *tri*. m.

MISÉRABLEMENT. adv. *miserè*.

MITHRIDATE. *Mithridates*, *is*. m.

MODESTE. adj. *modestus*, *a*, *um*.

MOEURS. s. *mores*, *morum*. m. pl.

MOIS. s. *mensis*, *is*. m.

MOÏSE. n. p. *Moïses*, *is*. m.

MONDE. s. *mundus*, *i*. m.

MONTAGNE. s. *mons*, *montis*. m.

MONUMENT. s. *monumentum*, *i*. n.

MORT. s. *mors*, *mortis*. f.

MORT, E. adj. *mortuus*, *a*, *um*.

MOURIR. v. n. *morior*, *eris*, *mortuus sum*, *mori*. dép.

MUGIR. v. n. *mugio*, *is*, *ivi*, *itum*, *ire*. n.

MULE. s. *mula*, *æ*. f.

MULET. s. *mulus*, *i*. m.

MULTITUDE. s. *multitudo*, *multitudinis*. f.

MUR. s. *murus*, *i*. m.

MURMURE. s. *murmur*, *uris*. n.

MUSIQUE. s. *musica*, *æ*. f.

MYSTÈRE. s. *mysterium*, *i*. n.

## N.

NABARZANE. *Nabarzanes*, *is*. m.

NABUCHODONOSOR. n. p. indécl.

NAGER. v. n. *nato*, *as*, *avi*, *atum*, *are*. n.

NAÏM. n. p. *Naïm*. ind.

NAPOLÉON. n. p. *Napoleo*, *nis*. m.

NATHAN. n. p. *Nathanus*, *i*. m.

NATION. s. *gens*, *gentis*. f.

NATURE. s. *natura*, *æ*. f.

NAZIANZE (de). *Nazianzenus*, *a*, *um*.

NÉCESSITÉ. s. *necessitas*, *atis*. f.

NÉCHAO. n. p. *Nechao*. ind.

NEIGE. s. *nix*, *nivis*. f.

NÉRON. n. p. *Nero*, *onis*. m.

NICODÈME. n. p. *Nicodemus*, *i*. m.

NIL. n. p. *Nilus*, *i*. m.

NINIVITES. *Ninivitæ*, *arum*. m. pl.

NOBLESSE. s. *nobilitas*, *atis*. f.

NOÉ. n. p. *Noemus*, *i*. m.

NOLE. n. p. *Nola*, *æ*. f.

NOMBRE. s. *numerus*, *i*. m.

NOUVEAU, ELLE. adj. *novus*, *a*, *um*.

NUÉE. s. *nubes*, *is*. f.

NUIRE. v. n. *noceo*, *es*, *cui*, *citum*, *cere*. n. dat.

NUISIBLE. adj. *noxius*, *a*, *um*.

NUIT. s. *nox*, *noctis*. f.

## O.

OBÉIR. v. n. *obedio*, *is*, *ivi*, *itum*, *ire*. n. dat.

OBÉISSANT, E. adj. *obediens*, *entis*.

OCCIDENT. s. *occidens*, *entis*. m.

OCTAVE. n. p. *Octavius*, *i*. m.

ODIEUX, SE. adj. *odiosus*, *a*, *um*.

OEDIPE. n. p. *OEdipus*, *i*. m.

OEIL, pl. YEUX. *oculus*, *i*. m.

OFFENSER. v. a. *offendo*, *is*, *endi*,

*ensum, endere.* act.
OFFRIR. v. a. *offero,* sur *Fero,* act.
OISIVETÉ. s. *otium, i.* n.
OMBRE. s. *umbra, æ.* f.
ONCLE. s. *avunculus, i.* m.
ONÉSIME. n. p. *Onesimus, i.* m.
ORACLE. s. *oraculum, i.* n.
ORATEUR. s. *orator, is.* m.
OREILLE. s. *auris, is.* f.
ORGUEIL. s. *superbia, æ.* f.
OSER. v. n. *audeo,* etc., sur *gaudeo.*
OURS. s. *ursus, i.* m.
OUVRAGE. s. *opus, operis.* n.
OUVRIR. v. a. *aperio, is, aperui, apertum, aperire.* act.
OVIDE. n. p. *Ovidius, i.* m.

## P.

PAGE. s. *pagina, æ.* f.
PAÏENS (LES). *ethnici, orum.* m. pl.
PAISIBLE. adj. *pacificus, a, um.*
PAIX. s. *pax, pacis.* f.
PALAIS. s. *palatium, i.* n.
PALMYRE. n. p. *Palmyra, æ.* f.
PAPIER. s. *papyrus, i.* f.
PARADIS. s. *paradisus, i.* m.
PARCOURIR. v. a. *percurro, is, curri, cursum, currere.* act.
PARENTS. s. *parentes, um.* m. pl.
PARESSE. s. *pigritia, æ.* f.
PARESSEUX, SE. adj. *piger, ra, rum.*
PARIS (hom.). *Paris, Paridis.* m.
PARISIEN. adj. *Parisiensis, e.*
PARLER. v. n. *loquor, eris, locutus sum, loqui.* dép., et *dico, dicere.*
PARMÉNION. *Parmenio, nis.* m.
PARTIE. s. *pars, partis.* f.
PASSION (de J.C.). s. *passio, onis.* f.
PATIENCE. s. *patientia, æ.* f.
PATIENT, E. adj. *patiens, entis.*
PATRIARCHE. s. *patriarcha, æ.* m.
PAUL. n. p. *Paulus, i.* m.
PAUSANIAS. n. p. *Pausanias, æ.* m.
PAUVRE. adj. *pauper, is.* m. f. n.
PAYS. s. *regio, nis.* f.
PÉCHÉ. s. *peccatum, i.* n.
PÉCHER. v. n. *peccare, avi, atum.* n.
PEINTRE. s. *pictor, is.* m.
PÉLOPIDAS. n. p. *Pelopidas, æ.* m.
PÉNÉLOPE. n. p. *Penelope, es.* f.
PENSER. v. a. *puto, as, avi, atum, are.* act.
PERDICCAS. n. p. *Perdiccas, æ.* m.
PÈRE. s. *pater, patris.* m.
PÉRICLÈS. n. p. *Pericles, is.* m.
PÉRIR. v. n. *pereo,* sur *Eo.*
PÉRISSABLE. adj. *caducus, a, um.*
PERSES (les). *Persæ, arum.* m. pl.
PERTE. s. *interitus, ûs.* m.
PETIT, E. adj. *parvus, a, um.*
PEUPLE. s. *populus, i.* m.
PHAÉTON. n. p. *Phaeton, ontis.* m.
PHARAON. n. p. *Pharao, nis,* m.
PHARSALE. n. p. *Pharsalum, i.* n.
PHÈRE. n. p. *Pheræ, arum.* f. pl.
PHILADELPHIE. *Philadelphia, æ.* f.
PHILÉMON. n. p. *Philemon, is.* m.
PHILIPPE. n. p. *Philippus, i.* m.
PHILISBOURG. *Philisburgum, i.* n.
PHILOSOPHE. s. *philosophus, i.* m.
PHILOSOPHIE. s. *philosophia, æ.* f.
PHILOTAS. n. p. *Philotas, æ.* m.
PHILOXÈNE. n. p. *Philoxenus, i.* m.
PHOCION. n. p. *Phocion, is.* m.
PIERRE. s. *lapis, lapidis.* m.
PIERRE (hom.). n. p. *Petrus, i.* m.
PIÉTÉ. s. *pietas, atis.* f.
PIEUX, SE. adj. *pius, a, um.*
PILATE. n. p. *Pilatus, i.* m.
PINDARE. n. p. *Pindarus, i.* m.
PIRE. adj. *pejor,* n. *pejus.*
PITIÉ (AVOIR). v. *misereor, eris, misertus sum, misereri.* dép. gén.; ou *me miseret,* sur *Pœnitet.*
PLACER. v. a. *pono, is, posui, positum, ponere.* act.
PLAINE. s. *planities, ei.* f.
PLAIRE. v. n. *placeo, es, placui, placitum, placere.* n. dat.
PLANTE. s. *planta, æ.* f.
PLATON. n. p. *Plato, nis.* m.
PLEURER. v. a. et n. *fleo, es, flevi, fletum, flere.* act. et n.

PLINE. n. p. *Plinius, i.* m.
PLUME. s. *pluma, æ.* f.
PLUSIEURS. adj. *plures,* m. f. *plura.* n. gén. *plurium;* ou *multi, æ, a.*
PLUTON. n. p. *Pluto, nis.* m.
POËTE. s. *poeta, æ.* m.
POISON. s. *venenum, i.* n.
POISSON. s. *piscis, is.* m.
POLYCARPE. n. p. *Polycarpus, i.* m.
POLYDORE. n. p. *Polydorus, i.* m.
POLYMNESTOR. *Polymnestor, is.* m.
POMPÉE. n. p. *Pompeius, i.* m.
PORSENNA. n. p. *Porsenna, æ.* m.
PORTE. s. *porta, æ.* f.
PORUS. n. p. *Porus, i.* m.
POSSÉDER. v. a. *possideo, es, possedi, possessum, possidere.* act.
POURQUOI. conj. *cur.*
POURSUIVRE. v. a. *persequor, eris, ecutus sum, sequi.* dép. acc.
PRATIQUER. v. a. *colo, is, colui, cultum, colere.* act.
PRÊCHER. v. a. *prædico, as, avi, atum, are.* act.
PRÉCOCE. adj. *præcox, cocis.*
PRÉFÉRER. v. a. *præfero,* sur *Fero.* ac.
PRENDRE. v. a. *capio, is, cepi, captum, capere.* act.
PRÊTRE. s. *sacerdos, dotis.* m.
PRÉVOYANT, E. adj. *providus, a, um.*
PRIÈRE. s. *oratio, nis.* f.
PRINCE. s. *princeps, cipis.* m.
PRIX. s. *præmium, i.* n.
PROCÈS. s. *lis, litis.* f.
PROCHAIN. *proximus, a, um.*
PRODUIRE. v. a. *produco, is, duxi, ductum, ducere.* act.
PROJET. s. *consilium, i.* n.
PROMENADE. s. *ambulatio, nis.* f.
PROMESSE. s. *promissio, nis.* f.
PROMETTRE. v. a. *promitto, is, misi, missum, mittere.* act.
PROPHÈTE. s. *propheta, æ.* m.
PROPOSER. v. a. *propono, is, posui, positum, ponere.* act.
PROVINCE. s. *provincia, æ.* f.
PRUDENCE. s. *prudentia, æ.* f.
PTOLÉMÉE. n. p. *Ptolemæus, i.* m.
PUISSANT, E. adj. *potens, entis.*
PUITS. s. *puteus, i.* m.
PUNIR. v. a. *punio, ivi, itum, ire.* act.
PURIFIER. v. a. *mundo, as, avi, atum, are.* act.
PUTIPHAR. n. p. *Putiphar, is.* m.
PYRRHUS. n. p. *Pyrrhus, i.* m.
PYTHAGORE. n. p. *Pythagoras, æ.* m.

## Q.

QUAND. conj. *cum.*
QUATRE CENTS. *quadringenti, æ, a.*
QUELQUEFOIS. adv. *aliquando.*
QUINTE-CURCE. n. p. *Quintus Curtius, i-i.* m.
QUINTILIEN. n. p. *Quintilianus, i.* m.

## R.

RACINE. n. p. *Racinius, i.* m.
RAPHAEL. n. p. *Raphael, elis.* m.
RAPIDE. adj. *rapidus, a, um.*
RÉBECCA. n. p. *Rebecca, æ.* f.
RECEVOIR. v. a. *accipio* et *recipio, is, cepi, ceptum, cipere.* act.
RÉCOMPENSE. s. *merces, edis.* f.
RÉCOMPENSER. v. a. *remuneror, aris, atus sum, ari,* dép. acc.
RECONNAÎTRE. v. a. *agnosco, is, agnovi, agnitum, agnoscere,* act.
RÉCRÉATIF, VE. adj. *festivus, a, um.*
RÉFLÉCHIR. v. n. *recogito, as, avi, atum, are.* act. et n.
RÈGLE. s. *regula, æ.* f.
RÈGLEMENT. s. *institutum, i.* n.
RÉGNER. v. n. *regno, as, avi, atum, are.* n.
REINE. s. *regina, æ.* f.
RÉJOUIR (se). v. pronom. *lætor, aris, atus sum, ari.* dép. ablat.
RELIGION. s. *religio, nis.* f.
REMARQUABLE. adj. *conspicuus, a, um.*
REMORDS. s. *conscientiæ stimulus, i.* m.
REMPORTER. v. a. *refero, retuli, referre.* act., sur *Fero.*

**RENCONTRER.** v. a. *occurro, is, curri, cursum, currere.* n. dat.
**RENARD.** s. *vulpes, is.* f.
**RENOMMÉE.** s. *fama, æ.* f.
**RENVERSER.** v. a. *everto, is, everti eversum, evertere.* act.
**REPENTIR.** s. *pœnitentia, æ.* f.
**RÉPONDRE.** v. n. et act. *respondeo es, di, sum, dere.* n. dat.
**RÉPONSE.** s. *responsum, i.* n.
**REPOSER** (se). *quiesco, is, quievi quiescere.* n.
**RÉPUTATION.** s. *fama, æ.* f.
**RESPECTER.** v. a. *veneror, aris atus sum, ari.* dép. acc.
**RESTER.** v. n. *remaneo, es, mansi, mansum, manere.* n.
**RETENIR.** v. a. *retineo, es, tinui, tentum, tinere.* act.
**REVENIR.** v. n. *redeo, is,* sur *Eo.*
**RÉVÉRER.** v. a. *revereor, eris, reveritus sum, revereri.* dép. acc.
**RHODIEN.** adj. *Rhodius, a, um.*
**RICHE.** adj. *dives, divitis.*
**RICHESSES.** s. *divitiæ, arum.* f. pl.
**ROBOAM.** n. p. *Roboamus, i.* m.
**ROCHER.** s. *rupes, is.* f.
**ROI.** s. *rex, regis.* m.
**ROMAIN, NE.** adj. *Romanus, a, um.*
**ROME.** s. *Roma, æ.* f.
**ROMULUS.** s. *Romulus, i.* m.
**ROUGE.** adj. *ruber, bra, brum.*
**ROYAUME.** s. *regnum, i.* n.
**RUBICON.** n. p. *Rubico, nis.* m.
**RUSÉ, E.** adj. *callidus, a, um.*
**RUSSES.** n. p. *Russii, iorum.* m. pl.
**RUSSIE.** n. p. *Russia, æ.* f.
**RUTH.** n. p. *Ruth.* indécl

**S.**

**SABA.** n. p. *Saba, æ.* f.
**SACRÉ, E.** adj. *sacer, cra, crum.*
**SACRIFICE.** s. *sacrificium, i.* n.
**SACRIFIER.** v. a. et n. *sacrificia facio, is, eci, actum, acere.* dat.
**SAGE.** adj. *sapiens, entis.*
**SAGESSE.** s. *sapientia, æ.* f.
**SAGONTE.** n. p. *Saguntum, i.* n.
**SAGONTINS.** *Saguntini, orum.* m. p.
**SAINTETÉ.** s. *sanctitas, atis.* f.
**SAISIR.** v. a. *capto, as, avi, atum, are.* act.
**SALAMINE.** n. p. *Salamis, inis.* f.
**SALLUSTE.** n. p. *Sallustius, i.* m.
**SALOMON.** n. p. *Salomo, nis.* m.
**SALUT.** s. *salus, utis.* f.
**SALUTAIRE.** adj. *salutaris, e.*
**SAMSON.** n. p. *Samson, is.* m.
**SAMUEL.** n. p. *Samuel, elis.* m.
**SANGLIER.** s. *aper, apri.* m.
**SANTÉ.** s. *sanitas, atis.* f.
**SARA.** n. p. *Sara, æ.* f.
**SATISFAIRE.** v. a. et n. *satisfacio, is, feci, factum, facere.* n. dat.
**SAUL.** n. p. *Saül, is.* m.
**SAUVER.** v. a. *salvo, as, avi, atum, are.* act.
**SAVANT, E.** adj. *doctus, a, um.*
**SCÉE.** n. p. *Scææ, arum.* f. pl.
**SCIPION.** n. p. *Scipio, nis.* m.
**SECOND, E.** adj. *secundus, a, um.*
**SECOURIR.** v. a. *opitulor, aris, atus sum, ari.* dép. dat.
**SÉMÉÏ.** n. p. *Semei.* indécl.
**SÉMIRAMIS.** *Semiramis, midis.* f.
**SERMENT.** s. *jusjurandum,* génit. *jurisjurandi.* n.
**SERPENT.** s. *serpens, entis.* m.
**SÉSOSTRIS.** n. p. *Sesostris, is.* m.
**SERVIR.** v. a. *servio, is, ii, itum, servire.* n. dat.
**SERVIR** (se). *utor, eris, usus sum, uti.* dép. ablat.
**SERVITEUR.** s. *servus, i.* m.
**SEUL, E.** adj. *solus, a, um.*
**SIDON.** n. p. *Sidon, is.* f.
**SIMÉON.** n. p. *Simeon, is.* m.
**SIMON.** n. p. *Simon, is.* m.
**SIMPLICITÉ.** s. *simplicitas, atis.* f.
**SINCÈRE.** adj. *sincerus, a, um.*
**SINGULIER, ÈRE.** adj. *singularis, e.*
**SINON.** conj. *sin aliter.*
**SISARA.** n. p. *Sisara, æ.* m.

SOBRIÉTÉ. s. *sobrietas, atis.* f.
SOCRATE. n. p. *Socrates, is.* m.
SODOME. n. p. *Sodoma, æ.* f.
SOGDIENS. *Sogdiani, orum.* m. pl.
SOLDAT. s. *miles, militis.* m.
SOLEIL. s. *sol, solis.* m.
SOLENNEL, LE. adj. *solemnis, e.*
SOLITAIRE. adj. *solitarius, a, um.*
SOMMET. s. *cacumen, minis.* n.
SOPHOCLE. n. p. *Sophocles, is.* m.
SOPHONISBE. n. p. *Sophonisba, æ.* f.
SORT. s. *sors, sortis.* f.
SORTIR. v. n. *exeo*, etc.; sur *Eo, is.*
SOU. s. *as, assis.* m.
SOUFFRANCE. s. *dolor, oris.* m.
SOURIS. s. *sorex, soricis.* m.
SOUTENIR. v. a. *sustineo, es, tinui, tentum, tinere.* act.
SOUVENT. adv. *sæpe.*
SPARTE. n. p. *Sparta, æ.* f.
SPARTIATE. adj. *Spartanus, a, um.*
SPIRITUEL, LE. adj. *spiritualis, e.*
SPITAMÈNE. n. p. *Spitamenes, is.* m.
SPHINX. n. p. *Sphinx, Sphingis.* f.
STÉRILE. adj. *sterilis, e.*
SUBLIME. adj. *sublimis, e.*
SUBLIMITÉ. s. *sublimitas, atis.* f.
SUCCOMBER. v. n. *succumbo, is, cubui, cubitum, cumbere.* n.
SUBSISTER. v. n. *sto, stas, steti, statum, stare.* n.
SUCCÈS (avec). *fauste.* adv.
SUISSE. n. p. *Helvetia, æ.* f.
SUPERBE. adj. *superbus, a, um.*
SURTOUT. adv. *præsertim.*
SUZANNE. n. p. *Suzanna, æ.* f.
SYLLA. n. p. *Sylla, æ.* m.
SYMPHORIEN. *Symphorianus, i.* m.
SYPHAX. n. p. *Syphax, acis.* m.
SYRACUSAIN. adj. *Syracusanus, a, um.*

## T.

TABLE. s. *mensa, æ.* f.
TACHE. s. *macula, æ.* f.
TACITE. n. p. *Tacitus, i.* m.
TAIRE (se) v. pron. *taceo, es, tacui, tacere.* n.
TANTE. s. *amita, æ.* f.
TARQUIN. n. p. *Tarquinius, i.* m.
TÉLÉMAQUE. n. p. *Telemachus, i.* m.
TEMPÊTE. s. *tempestas, atis.* f.
TEMPS. s. *tempus, poris.* n.
TÉNÉDOS. n. p. *Tenedos, i.* f.
TENTER. v. a. *tento, as, avi, atum, are.* act.
TERRE. s. *terra, æ.* f.
TERRESTRE. adj. *terrestris, e.*
TERRIBLE. adj. *terribilis, e.*
TÊTE. s. *caput, capitis.* n.
THÉBAÏDE. n. p. *Thebaïs, idis.* f.
THÉMISTOCLE. *Themistocles, is.* m.
THÉODOSE. n. p. *Theodosius, ii.* m.
THÉOPHRASTE. *Theophrastes, is.* m.
THÉRÈSE. n. p. *Theresia, æ.* f.
THÉSÉE. n. p. *Theseus, i.* m.
THESSALONIQUE. n. p. *Thessalonica, æ.* f.
THOMAS. n. p. *Thomas, æ.* — d'Aquin. *Aquinas, atis.* m.
THRASYBULE. n. p. *Thrasybulus, i.* m.
THUCYDIDE. n. p. *Thucydides, is.*
TIBÈRE. n. p. *Tiberius, i.* m.
TIMIDE. adj. *timidus, a, um.*
TIMOLÉON. n. p. *Timoleon, ontis.* m.
TIMOTHÉE. n. p. *Timotheus, i.* m.
TITE. n. p. *Titus, i.* m.
TITE-LIVE. n. p. *Titus-Livius, i-i.* m.
TOBIE. n. p. *Tobias, æ.* m.
TOIT. s. *tectum, i.* n.
TOUFFU, E. adj. *densus, a, um.*
TOUJOURS. adv. *semper.*
TOUT, E. adj. *omnis, e.*
TRAJAN. n. p. *Trajanus, i.* m.
TRANQUILLE. adj. *tranquillus, a, um.*
TRAVAIL. s. *labor, oris.* m.
TRAVAILLER. v. a. et n. *laboro, as, avi, atum, are.* act. et n.
TRAVERSER. v. a. *transeo*, sur *Eo.*
TREMBLANT, E. adj. *tremens, entis.*
TRÉSOR. s. *thesaurus, i.* m.
TRISTE. adj. *tristis, e.*
TROADE. n. p. *Troas, adis.* f.

TROMPER. v. a. *decipio, is, cepi, ceptum, cipere.* act.
TROMPEUR, SE. adj. *fallax, acis.*
TROUPEAU. s. *pecus, pecoris.* n.
TROUPES. s. *copiæ, arum.* f. pl.
TROYEN. adj. *Trojanus, a, um.*
TUER. v. a. *interficio, is, feci, fectum, ficere.* act.
TURENNE. n. p. *Turennius, ii.* m.
TYRIENS. n. p. *Tyrii, orum.* m. pl.
TYRTÉE. n. p. *Tyrtæus, i.* m.

U.

ULYSSE. n. p. *Ulysses, is.* m.
UNIVERS. s. *universus, i.* m.
USAGE (faire). v. *utor, eris, usus sum, uti.* dép. abl.
UTILE. adj. *utilis, e.*

V.

VAINCRE. v. a. *vinco, is, vici, victum, vincere.* act.
VAINCU, E. part. *victus, a, um.*
VAINQUEUR. s. *victor, is.* m.
VAISSEAU. s. *navis, is.* f.
VALEUR. s. *fortitudo, dinis.* f.
VARRON. n. p. *Varro, nis.* m.
VASE. s. *vas, vasis.* n.
VASTE. adj. *vastus, a, um.*
VAUBAN. n. p. *Vaubanius, ii.* m.
VÉNÉRABLE. adj. *venerabilis, e.*
VENIR. v. n. *venio, is, veni, ventum, venire.* n.
VENT. s. *ventus, i.* m.
VÉNUS. n. p. *Venus, Veneris.* f.
VERGER. s. *viridarium, ii.* n.
VÉRITABLE. adj. *verus, a, um.*
VERRÈS. n. p. *Verres, is.* m.
VERTU. s. *virtus, utis.* f.
VESPASIEN. n. p. *Vespasianus, i.* m.
VEUVE. s. *vidua, æ.* f.
VICE. s. *vitium, ii.* n.
VICTIME. s. *victima, æ.* f.
VICTORIEUX, SE. adj. *victor, is.* m. *victrix, tricis.* f.
VIE. s. *vita, æ.* f.
VIEILLARD. s. *senex, senis.* m.
VIERGE. s. *virgo, ginis.* f.
VIEUX de la montagne. s. *senior montis,* gén. *senioris.* m.
VIGILANT, E. adj. *vigilans, antis.*
VILLAGE. s. *vicus, i.* m.
VILLE. s. *urbs, urbis.* f.
VIN. s. *vinum, i.* n.
VINCENT. n. p. *Vincentius, ii.* m.
VIRGINIE. n. p. *Virginia, æ.* f.
VISAGE. s. *vultus, ûs.* m.
VISITER. v. a. *inviso, is, visi, visum, visere.* act.
VIVANT. adj. *vivus, a, um.*
VIVRE. v. n. *vivo, is, vixi, victum, vivere.* n.
VOEU. s. *votum, i.* n.
VOIR. v. a. *video, es, vidi, visum, videre.* act.
VOISIN, E. adj. *vicinus, a, um.*
VOIX. s. *vox, vocis.* f.
VOLER (dans l'air). v. n. *volo, as, avi, atum, are.* n.
VOLEUR. s. *fur, furis.* m.
VOLUME. s. *volumen, minis.* n.
VORACE. adj. *vorax, acis.*
VOYAGE. s. *iter, itineris.* n.
VOYAGER beaucoup. *multa itinera facio, is, feci, factum, facere.*
VOYAGEUR. s. *viator, is.* m.
VRAI, E. adj. *verus, a, um.*

X.

XANTIPPE. n. p. *Xantippus, i.* m.
XÉNOPHON. n. p. *Xenophon, tis.* m.
XERXÈS. n. p. *Xerxes, is.* m.

Y.

YEUX. *Voyez* OEIL.

Z.

ZACHARIE. n. p. *Zacharias, æ.* m.
ZACHÉE. n. p. *Zachæus, i.* m.
ZÉNOBIE. n. p. *Zenobia, æ.* f.
ZÉNON. n. p. *Zeno, onis.* m.

FIN.

# TABLE DES MATIÈRES.

## Première Partie.



## Supplément à la Première Partie.



## Seconde Partie ou Syntaxe.



## Supplément à la Seconde Partie.



FIN.



Dijon. Impr. Peutet-Pommey, sr de Douillier.

## OUVRAGES DES MÊMES AUTEURS

GRAMMAIRE FRANÇAISE complète, 6e édition, augmentée d'un *dictionnaire des verbes irréguliers, défectifs ou difficiles*. Prix, cart. . . . . . . . . . . . . . . . . . 1 f. [illegible] c.

GRAMMAIRE FRANÇAISE de Lhomond, 4e édition, *complétée, mise dans un ordre meilleur, et augmentée d'un petit dictionnaire des verbes irréguliers, défectifs ou difficiles*. Prix, cart. . . . . . . . 60 c.

NOTA. — Cette petite Grammaire est en harmonie parfaite avec la Grammaire française complète.

GRAMMAIRE LATINE de Lhomond, *un peu complétée et mise dans un ordre meilleur*. Prix, cart. . . . . . . . . . . . . . . 1 f. [illegible] c.

GRAMMAIRE GRECQUE, 2e édition, *augmentée d'un dictionnaire des verbes irréguliers, défectifs ou difficiles*. Prix, cart. . . . . . 2 f. [illegible]

NOTA. — Ces trois Grammaires, rapprochées l'une de l'autre, forment un cours d'enseignement grammatical complet, tel qu'il ne s'en est peut-être pas encore présenté de semblable. Quel avantage, en effet, pour l'élève de pouvoir étudier constamment, pour ainsi dire, à l'école du même maître, et de retrouver dans ses trois Grammaires, autant que le permet la différence des trois langues, la même marche, le même ordre, les mêmes divisions et souvent les mêmes exemples!

PROSODIE LATINE, 3e édition. Prix, cart. . . . . . . . . . . . . . . 1 f.

COURS COMPLET D'EXERCICES FRANÇAIS, 6e édition, considérablement augmentée (216 pages). Prix, cart. . . . . . . . . . 1 f. 25 c.

CORRIGÉ. Prix. . . . . . . . . . . . . . . . . . . . . . . . . . . 1 f. 50 c.

PETIT COURS D'EXERCICES FRANÇAIS, [illegible] édition. Prix, cart. 60 c.

CORRIGÉ. Prix. . . . . . . . . . . . . . . . . . . . . . . . . . . . 75 c.

COURS DE THÈMES LATINS. Prix, cart. . . . . . . . . . . . . [illegible] c.

CORRIGÉ. Prix. . . . . . . . . . . . . . . . . . . . . . . . . . . . . 3 f.

Ces différents ouvrages sont adoptés dans un très-grand nombre de Maisons d'éducation, telles que :

1o LES PETITS-SÉMINAIRES de *Langres, Pignelin, Semur, Meximieux, Strasbourg, Vernoux, Saint-Chéron, Sainte-Garde, Blois, Saint-Mesmin, Nozeroy, Malines* (Belgique), *Hoogstraeten* (Belgique), *Basse-Wavre* (Belgique), *Verdun-sur-Meuse, Auxerre, L'Argentière, Chavagnes, Sables-d'Olonne, Saint-Martin-des-Vignes, Châtel, Semaize, Bourges, Verrières, Laon, Saint-Omer, Pleaux, Servières, Montpellier, Montbrison, Nantes, Guérande, Belmont, Aubenas, Beaucaire, Metz, Mâcon, Notre-Dame-de-Liesse, Moissac, Luxeuil,* etc., etc.

2o LES COLLÈGES, INSTITUTIONS OU MAITRISES de *Saint-Étienne* (RR. PP. Jésuites), *Digne, Langres, Soissons, Annot, Forcalquier, Oloron, Poitiers; Saint-Nizier* à Lyon, *Notre-Dame-de-Sainte-Croix* au Mans, *Bourbonne-les-Bains, Aubenas, Albertville* (Haute-Savoie), *Angers, Narbonne, Pont-de-Beauvoisin, Autun, Colmar, Buis, Auxerre, Saint-Dizier, Toulouse, Ancenis, Châteaubriand, Chauve, Nantes, Machecoul*, et plusieurs du diocèse de *Malines* (Belgique), etc., etc.

3o LES CONGRÉGATIONS RELIGIEUSES des sœurs du Saint-Sacrement à *Romans*, des sœurs de la Providence à *Séez*, des sœurs de Saint-Martin à *Bourgueil*, des sœurs de Saint-Régis à *Aubenas*, des sœurs de l'Éducation chrétienne à *Argentan*, des frères de l'Instruction chrétienne à *Saint-Laurent-sur-Sèvres*, des frères de Sion-Vaudémont à *Vézelise*, des sœurs de la Providence à *Langres*, des sœurs de Saint-François-d'Assise à *Lyon*, des sœurs de l'Union chrétienne à *Fontenay-le-Comte*, des sœurs de la Société de Sainte-Marie à *Angers*, des sœurs de la Miséricorde à *Billom*, des sœurs de la Présentation de Marie au *Bourg-Saint-Andéol*, des sœurs Ursulines du Sacré-Cœur à *Pons*, des frères-directeurs de l'Institution des sourds-muets et des jeunes aveugles à *Fives-lez-Lille*, des clercs de Saint-Viateur aux *Ternes*, des frères de la Croix-de-Jésus à *Moûtiers-en-Tarentaise* (Savoie), etc., etc.

www.ingramcontent.com/pod-product-compliance
Ingram Content Group UK Ltd.
Pitfield, Milton Keynes, MK11 3LW, UK
UKHW012159240726
13966UKWH00002B/451

9 782013 36709